L'aube du désert

Du même auteur
aux Éditions J'ai lu

FLEUR DU DÉSERT
N° 5560

WARIS
DIRIE

JEANNE D'HAEM

L'aube du désert

TÉMOIGNAGE

Traduit de l'anglais
par Marie-France Girod

J'AI LU

À vous

À rêver et à lire
À découvrir le monde autour
De notre monde limité
– Ce monde de problèmes –
À rêver de vastes horizons de l'âme
Avec des rêves intacts,
Sans entraves, libres – aidez-moi !
Vous tous qui aussi rêvez,
Aidez-moi
À refaire le monde.
À vous je tends mes rêves.

Langston HUGHES

Que tu es belle, l'Afrique

T'a-t-on jamais dit
Combien tu es belle
Toi, l'Afrique ?
Ton corps généreux
Tes lèvres sensuelles
M'ont embrassé l'âme
Et tu me lies à toi, l'Afrique
Par le rythme sourd
De mon cœur qui pompe
Le sang de mon patrimoine
Tu m'appartiens.

Rashidah ISMAILI

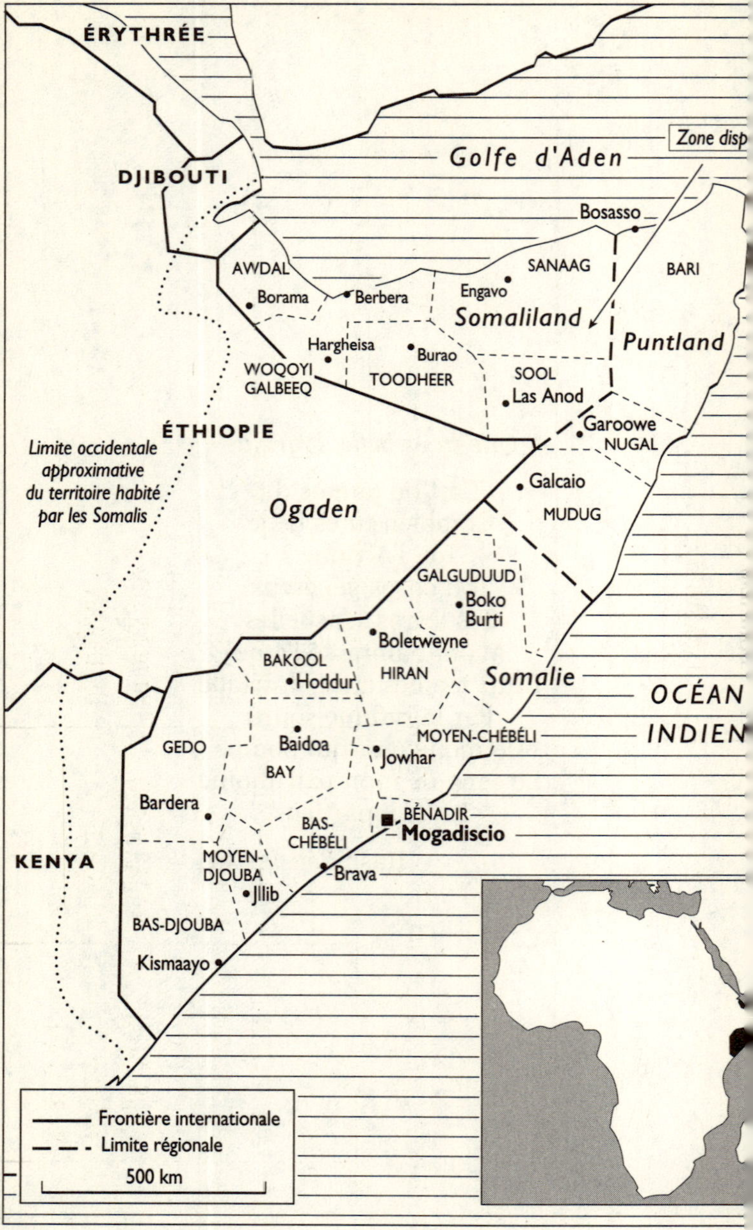
ÉRYTHRÉE
DJIBOUTI
Zone disp
Golfe d'Aden
Bosasso
AWDAL
SANAAG
BARI
Borama
Berbera
Engavo
Somaliland
Puntland
Hargheisa
Burao
WOQOYI GALBEEQ
TOODHEER
SOOL
Las Anod
Garoowe
NUGAL
ÉTHIOPIE
Limite occidentale approximative du territoire habité par les Somalis
Galcaio
MUDUG
Ogaden
GALGUDUUD
Boko Burti
Boletweyne
BAKOOL
Hoddur
HIRAN
Somalie
OCÉAN INDIEN
GEDO
Baidoa
MOYEN-CHÉBÉLI
Jowhar
BAY
Bardera
BÉNADIR
BAS-CHÉBÉLI
Mogadiscio
KENYA
MOYEN-DJOUBA
Brava
Jilib
BAS-DJOUBA
Kismaayo
Frontière internationale
Limite régionale
500 km

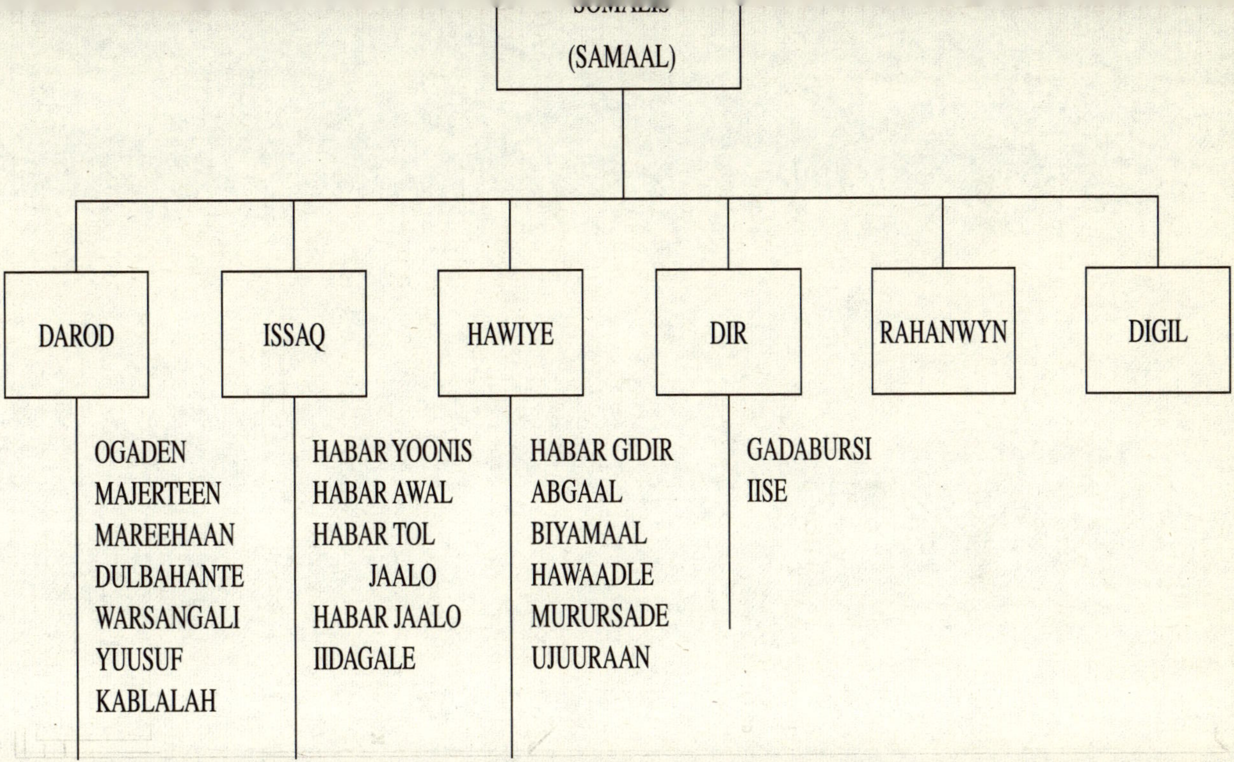
(SAMAAL)
DAROD
ISSAQ
HAWIYE
DIR
RAHANWYN
DIGIL
OGADEN
MAJERTEEN
MAREEHAAN
DULBAHANTE
WARSANGALI
YUUSUF
KABLALAH
HABAR YOONIS
HABAR AWAL
HABAR TOL
JAALO
HABAR JAALO
IIDAGALE
HABAR GIDIR
ABGAAL
BIYAMAAL
HAWAADLE
MURURSADE
UJUURAAN
GADABURSI
IISE

1
Rêves du désert

Un homme s'approcha de l'Envoyé de Dieu et demanda : « Ô Envoyé de Dieu, qui a le plus droit à toute mon amitié ? – Ta mère », répondit le Prophète. « Et ensuite ? » demanda l'homme. « Ta mère », répondit le Prophète. « Et ensuite ? » demanda alors l'homme. « Ta mère », répondit le Prophète. « Et ensuite ? » demanda de nouveau l'homme. « Ensuite, ton père », répondit le Prophète.

Récit traditionnel somalien
sur le Prophète Mohammed.

En Somalie, les démons sont de couleur blanche. On les appelle *djinn* et ils sont partout. Partout. Ils se glissent à l'intérieur des gens et des bêtes et les rendent malades. Ils leur jouent des tours et leur font perdre la tête. Si l'objet qu'on a posé quelque part disparaît pendant qu'on a le dos tourné, c'est qu'un *djinn* est assis dessus. Ma mère criait : « Hé, le démon, ôte-toi de là ! Ces affaires ne sont pas à toi et tu n'as rien à faire ici. » Elle savait tout des *djinn* et de la manière de s'en débarrasser. Elle connaissait les incantations et les préparations à base de feuilles ou d'écorces capables d'expulser le *djinn* quand nous étions malades. Elle faisait des tisanes à base de fleurs et de racines ou bien nous les donnait à mâcher. Dans une besace de cuir, elle conservait des feuilles et des champignons aux vertus particulières. Elle lisait dans la fumée et dans les étoiles et connaissait les périodes propices. On la respectait pour les nombreux pouvoirs magiques dont elle était dotée. Je me souviens que dans mon enfance, les gens lui apportaient les animaux malades pour qu'elle les soigne.

Je suis née dans le désert somalien. J'ignore combien ma mère a eu d'enfants en tout. Beaucoup sont morts à la naissance. Comme la plupart des Somalis, nous gardions des chèvres et des dromadaires et le lait de chèvre et de chamelle constituait la base de notre alimentation. Traditionnellement, les garçons s'occupaient des dromadaires et les filles des autres bêtes.

Ma famille ne passait jamais plus de trois ou quatre semaines au même endroit. Dès que les bêtes avaient épuisé l'herbe autour de nous, nous devions lever le camp à la recherche d'un autre pacage.

Je me souviens d'un jour – j'avais alors connu environ huit *gu*, huit saisons des pluies – où je gardais les chèvres non loin de notre campement. Le matin, après avoir franchi les rives sableuses et escarpées du lit asséché d'une rivière, que nous appelons un *tuug*, j'ai gagné un endroit repéré la veille, où poussaient de l'herbe fraîche et quelques acacias. En se dressant sur leurs pattes postérieures, les plus grandes des chèvres pourraient atteindre les branches et manger les feuilles du bas. Durant la saison humide, les chèvres ne nécessitent pas beaucoup de surveillance, car elles ne s'éloignent pas trop du campement, mais à la saison sèche, il faut les mener à des endroits herbeux et ne pas les quitter des yeux à cause des prédateurs qui rôdent derrière chaque buisson. Durant les heures chaudes de l'après-midi, je suis restée à l'ombre, à chantonner et à jouer avec les poupées que j'avais faites avec des bouts de bois. J'ai toujours su ce que je voulais être. Toute petite, déjà, j'imaginais mon avenir, le genre d'homme que j'épouserais. Je jouais à avoir une maison et un troupeau. J'utilisais des petites pierres pour les chèvres et des plus grosses pour les dromadaires et le bétail. Pour la maison, je tassais le sable. Le sable humide était le meilleur, car j'arrivais à le modeler pour faire une belle hutte ronde, semblable à la nôtre, mais en mieux, dans mon style à moi. Ma mère montait notre hutte et la recouvrait de nattes d'herbes tressées, de façon à pouvoir la charger rapidement sur les dromadaires quand nous repartions. Ma maison de sable était comme la sienne, jolie et sûre. Elle nous abritait, moi, mon mari et mes enfants, et nous vivions loin de ma famille.

Le soleil violent écrasait le paysage et je pouvais voir très loin des deux côtés du *tuug*. La veille au soir, en rentrant au camp, j'avais aperçu les méchants yeux jaunes d'une bande de hyènes qui nous observaient, mes chèvres et moi. Mon père disait qu'elles n'approcheraient pas en ma présence, mais j'avais peur tout de même. Les hyènes sont malignes. Si vous n'êtes pas sur vos gardes, elles se glissent entre vous et l'une des chèvres. Il faut prendre un air très assuré, sinon elles sentent que vous avez peur.

Blanchette, la chèvre préférée de ma mère, a levé la tête et humé le vent. J'ai regardé dans la même direction. Un homme marchait au bord du *tuug*, tirant derrière lui un dromadaire attaché à une corde tressée. D'habitude, les dromadaires sont conduits par une bête de tête, porteuse d'une clochette en bois au son creux. Ils la suivent en file indienne, un peu comme les éléphants qui marchent en tenant dans leur trompe la queue de celui qui les précède. Celui-ci avait un comportement bizarre. Il ne cherchait pas à se débattre, il se tortillait et se déportait de côté, tremblant, l'écume aux lèvres. De temps en temps, il s'arrêtait en tremblant de plus belle. Aucun doute, l'animal avait un *djinn*. Il était habité par un démon. J'ai regardé l'homme le tirer le long de la crête, jusqu'à ce que, soudain, la pauvre bête s'effondre. Il a crié, hurlé pour la faire repartir, avant de la frapper sur le ventre avec un bâton. Elle tressaillait toujours, couchée dans le sable. Je me suis dit que c'était une *hahl*, une femelle qui allait avoir un petit. Un animal de prix. L'homme s'est assis, la tête dans ses mains. J'étais étonnée de voir un adulte assis par terre. Les nomades restent debout, une jambe pliée, le pied contre la cuisse opposée, les bras passés dans un bâton glissé en travers des épaules et parfois ils s'accroupissent sur le sol. Je n'avais jamais vu personne battre un dromadaire de cette manière. Dans ma famille, les dromadaires étaient des biens précieux. Un homme qui possède des chameaux jouit d'un certain pouvoir. Il peut les vendre ou les échanger contre une épouse et s'acheter tout ce dont il a envie. Ce sont des animaux magiques. Mon père et mes oncles se montraient fermes avec notre troupeau, mais ils ne frappaient jamais les bêtes, sauf si elles refusaient obstinément de leur obéir. Les dromadaires sont vicieux et j'avais appris à me tenir à distance pour éviter les coups de pied et les morsures.

J'ai pris garde à ne pas me faire remarquer par l'homme, de peur qu'il ne me batte, moi aussi. J'avais envie de courir jusqu'à chez nous raconter à ma mère ce qui se passait, mais je n'osais pas abandonner mes chèvres. Si jamais elles s'égaillaient dans la nature ou si une hyène en attaquait une, mon père me donnerait des coups de fouet. Je suis donc restée immobile, telle une jeune gazelle surprise, osant à peine respirer.

Finalement, la *hahl* a cessé de trembler. Elle a regardé autour d'elle et semblé découvrir qu'elle était allongée sur le sol. Elle a ramené ses pattes sous elle, puis s'est relevée d'un seul coup. Ses mouvements étaient gracieux, comme c'est généralement le cas chez les dromadaires, mais elle bavait et écumait toujours. L'étranger s'est levé lui aussi, comme si ce n'était pas la première fois qu'il était face à ce comportement, et il a recommencé à tirer sur la corde. Ils sont descendus dans le *tuug* et remontés de l'autre côté, en direction de notre campement. Sans doute était-il inquiet. Si sa chamelle mourait, il perdrait aussi le petit et ses chances d'avoir d'autres chamelons.

Nous n'avions jamais connu une aussi longue période de chaleur et de sécheresse. Mes parents étaient inquiets, même s'ils ne le montraient pas. Nous manquions d'eau, car les puits du *tuug* s'asséchaient de plus en plus. Nous nous étions déplacés à plusieurs reprises afin de permettre aux bêtes de s'abreuver. Pendant la nuit, un chamelon nouveau-né, une petite femelle, était mort. Mon jeune frère, que nous appelions Vieil Homme parce qu'il était né avec les cheveux blancs, l'avait trouvé au matin. Vieil Homme savait toujours tout avant tout le monde, malgré son jeune âge. Du bout d'un bâton, mon père avait retourné le petit cadavre, puis il avait observé le ciel sans nuages. Quand le temps était sec, il levait toujours les yeux vers le ciel et vers Allah, espérant voir tomber la pluie. Nous n'allions même pas pouvoir manger le chamelon, parce que dans la religion musulmane, un animal qui n'a pas été égorgé dans les règles est impropre à la consommation. Les vautours tournaient déjà au-dessus de nous, si près qu'ils projetaient l'ombre de leurs grandes ailes à chaque passage. J'entends encore le bruit du vent sec et le murmure des prières de ma mère.

Même dans les pires circonstances, ma mère n'aurait jamais manqué l'une de ses prières quotidiennes. Si l'on est malade, on peut prier trois fois par jour au lieu de cinq et l'on n'est pas tenu de se prosterner, mais ma mère priait toujours cinq fois. Avant la prière, le musulman se lave, de manière à être propre et purifié pour parler à Dieu. « Allah, que ces ablutions purifient mon âme... » Malheureusement, nous manquions d'eau. Nous en avions tout juste assez pour rester en vie, nous et nos bêtes. Quand maman n'en trouvait pas, elle se nettoyait avec du sable. Cinq fois par jour, elle creusait soigneusement sous un buisson et ramenait du sable qu'aucun homme ou animal n'avait foulé. Elle le prenait dans ses mains et se lavait avec, comme si c'était de l'eau, en frottant son visage et ses pieds. Puis elle dépliait son tapis de prière, se tournait vers l'orient, vers la ville sainte de La Mecque, et priait à genoux, en se prosternant et en psalmodiant. « Il n'y a de Dieu qu'Allah et Mohammed est Son prophète... » Nous lisions l'heure au soleil. Ces cinq prières quotidiennes rythmaient notre journée, à l'aube, à midi, avant le coucher du soleil, après le coucher du soleil et la nuit.

Son incantation à Allah terminée, ma mère a roulé son tapis de prière et l'a rangé dans notre hutte ronde, qu'elle avait construite de ses mains en formant un dôme avec les racines longues et flexibles d'un arbre appelé *galol*, et en le recouvrant d'herbes nattées. Dans notre famille, c'est ma mère qui faisait tout. Elle préparait les repas, s'occupait des petits enfants, construisait la maison, tressait les nattes sur lesquelles nous dormions, confectionnait des paniers et des cuillères en bois. Elle était à la fois la cuisinière, l'entrepreneur, le médecin et mon seul professeur. Sans mentionner le chamelon mort, elle a continué à vaquer à ses occupations. Comme tous les jours, elle a prononcé la phrase qui accompagnait la traite des chèvres et des chamelles. « Si Dieu le veut, les chèvres donneront du lait ce matin. » Ma mère savait y faire avec les bêtes. Elles ne bougeaient pas lorsqu'elle les touchait. En revanche, quand j'essayais d'en traire une, je devais coincer sa tête entre mes genoux dans les replis de ma robe et me courber au-dessus d'elle pour éviter qu'elle ne donne des coups de pied ou ne fasse ses crottes dans le bol. Mais avec maman, c'était différent. Elles semblaient apprécier qu'elle manipule leurs mamelles soyeuses. Tout en les trayant, maman chantonnait et plaisantait.

Ce matin-là, c'est Blanchette qui a donné le plus de lait et ma mère l'a partagé entre nous huit. Elle a regardé mon père droit dans les yeux, une attitude rare chez elle, et lorsqu'elle lui a tendu le bol, ils l'ont tenu ensemble pendant quelques instants. Mon père était si fort qu'il pouvait prendre à bras-le-corps la plus grosse de nos chèvres. Il appartenait au clan des Darod, le plus important et le plus rude de toute la

Somalie. On le surnomme *Libah*, le Lion. Papa était l'homme le plus grand que j'aie jamais connu et il avait une vue si perçante qu'il pouvait distinguer une gazelle femelle d'une gazelle mâle à l'autre bout de la plaine. Je savais qu'il était beau, car les femmes plaisantaient avec lui pour attirer son attention.

J'ai vu l'étranger conduire sa chamelle jusqu'à notre campement. Je devais rester avec les chèvres, mais je mourais d'envie de savoir ce qui se passait avec cet homme rude et son étrange bête. Soudain, j'ai aperçu Vieil Homme qui marchait de l'autre côté du *tuug*, en quête de petit bois. Les mains en porte-voix, je l'ai appelé. « *Calli, calli,* viens par ici, viens par ici ! » Je me demandais pourquoi nous avions besoin de bois. Il a dévalé la pente jusqu'au fond du *tuug* et a levé les yeux vers moi.

— Qu'est-ce qui se passe, Vieil Homme ?

— Maman veut alimenter le feu. Un cousin lui a amené une chamelle malade pour qu'elle la soigne.

Mon petit frère avait un joli visage et des yeux ronds d'un brun doré comme l'encens, qui contrastaient avec sa stupéfiante chevelure blanche. Il ressemblait à ma mère, la véritable beauté de la famille, mais personne n'osait le dire, car cela aurait aussitôt attiré un *djinn* et il lui serait arrivé malheur.

— Viens ici, Vieil Homme. Je te laisse t'occuper des chèvres. Il faut que j'aille voir maman.

Il n'a pas hésité longtemps. Il lui tardait trop d'être jugé assez grand pour garder les chèvres. Avant de pouvoir exercer le noble métier de chamelier, les garçons commencent par s'occuper des chèvres et des moutons quand ils sont petits. D'habitude, je ne le laissais pas approcher mes bêtes, sous prétexte qu'il risquait de les effrayer. Mais ce jour-là, ma curiosité était si forte que j'ai pris le risque de recevoir une raclée de la part de mon père si Vieil Homme nous perdait une chèvre.

J'ai rejoint la hutte en rampant, de peur qu'on ne découvre que j'avais abandonné mon poste. Mais personne n'a remarqué ma présence parmi les autres gosses maigrichons. L'odeur du feu et du thé me chatouillait les narines. J'ai vu ma sœur aînée verser le thé à mon père et à l'étranger dans l'un des deux verres que nous possédions, en tenant la théière très haut pour que le liquide répande son arôme poivré. Elle gardait les yeux baissés, comme il se doit pour une femme. Je me demandais pourquoi ce n'était pas maman qui faisait le service.

La chamelle était attachée près de notre hutte. Elle a été de nouveau prise de tressaillements et de convulsions, sous le regard de ma mère, qui était accroupie tout près, dans l'ombre allongée de la hutte, et l'observait avec attention, comme si elle envisageait de l'acheter. La bête, au ventre très arrondi, avait un pelage brun clair comme la crinière d'un lion. Sa peau était écorchée et ses genoux saignaient à force de tomber. Ma mère, les yeux braqués sur elle, semblait pétrifiée – mais pas par la peur, c'était évident. Je suis allée m'accroupir derrière elle en silence pour voir comment elle allait s'y prendre, parce que moi aussi, je voulais devenir guérisseuse.

Ma mère s'est tournée vers les hommes qui buvaient leur thé. Le visiteur, un lointain cousin de mon père, en fait, était moins grand que lui, avec une tête d'une forme curieuse et un long cou d'autruche. Elle l'a écouté parler d'un certain parti politique et des combats dans l'Ogaden. Elle voyait bien à quel genre de personne elle avait affaire. Il restait des poils et du sang séché de la chamelle sur son bâton. Enfin, elle s'est levée et s'est approchée doucement de l'animal en psalmodiant : « *Allah Bah Wain*, Allah est grand », puis elle a posé sa main sur sa joue et lentement, délicatement, l'a fait descendre le long du cou et du poitrail jusqu'au ventre. La chamelle tremblait toujours, mais elle n'a pas cherché à s'enfuir. Maman tâtait son ventre, sentant la jeune vie qu'il abritait. Malgré sa grossesse, la bête était maigre. Ses côtes saillaient. Maman a collé son oreille contre son ventre pour écouter les battements du cœur du petit. Puis elle a reculé et a essuyé un peu de l'écume qui coulait des lèvres noires de la chamelle, l'a roulée entre ses doigts et l'a goûtée. Elle lui a ouvert la bouche et a examiné ses dents et sa langue épaisse. Quand la chamelle a uriné, maman a humé le sable humide. Elle attendait pour intervenir le moment propice, celui où le soleil descendrait lentement au loin, entre les collines. Elle savait ces choses-là. Elle savait lire dans des étoiles et à quel moment la saison des pluies, *gu*, céderait la place à *hagaa*, la saison sèche. Elle savait quand il fallait agir et quand il valait mieux attendre.

Elle a pris la longe tressée et l'a tirée en arrière en incitant de la voix la chamelle à *faardisimo*, à s'asseoir. J'ai vu les deux oreilles de la bête s'orienter tour à tour vers cette voix, comme si elles n'attendaient que ça. Puis la chamelle s'est agenouillée, avant de s'asseoir lourdement en repliant les pattes sous elle. On dresse les dromadaires à s'agenouiller, car une fois debout, ils sont trop hauts pour qu'on puisse les charger.

Quand maman s'est accroupie, son visage à la hauteur de la tête de la chamelle, le silence s'est fait dans le camp. Les deux hommes se sont tus. Les femmes ont cessé de remuer les marmites. Même la fumée du feu semblait suspendue en l'air. Maman a pris la face de la chamelle entre ses mains, comme si c'était un enfant et, les yeux dans les siens, elle lui a donné de petites tapes en disant : « Sors d'ici, démon ! Nous ne voulons pas de toi ! » Elle savait exactement le nombre et la force des tapes qu'elle devait donner à la chamelle pour chasser le *djinn*. Avec l'amulette de cuir qu'elle portait autour du cou, elle lui a touché le nez, l'organe qui donne accès à l'âme, tout en prononçant des paroles sacrées du Coran. La chamelle est restée parfaitement immobile le temps de plusieurs inspirations, puis ses tremblements ont cessé et elle s'est mise à ruminer paisiblement.

Maman s'est relevée et s'est couvert le visage de son foulard avant de se diriger vers mon père et son cousin. Les yeux fixés au sol, elle leur a annoncé qu'un mauvais esprit, un certain *djinn*, avait pris possession de la chamelle et provoquait ses crises.

— Elle va mettre bas avant que la lune ne s'assombrisse. Le *djinn* qui la faisait trembler est parti. Il faut qu'elle se repose et qu'elle mange avant la délivrance. Cela l'aidera à combattre le *djinn* s'il revient.

Le cousin de mon père a hoché négativement la tête.

— Elle refuse de manger.

— C'est parce qu'elle a peur du démon. Si on la caresse en lui parlant doucement, elle va manger et grossir.

Les deux hommes ont approuvé d'une seule voix. « *Hiiyea*, je vois. » Puis mon père a ajouté :

— Nous allons égorger une chèvre et festoyer. Nous devons aussi faire de nombreuses prières à Allah pour tenir ce *djinn* à l'écart.

J'ai dû sursauter en l'entendant prononcer le mot « chèvre », car il a levé les yeux et m'a aperçue. Avant que j'aie pu m'enfuir, il m'a attrapée par le bras et giflée si violemment que j'ai senti le goût du sang qui coulait de mon nez. Je me suis dégagée et j'ai couru rejoindre mes chèvres. Le fond du *tuug* était plus sombre encore que le ciel et je n'y voyais pas à trois pas dans la nuit tombante. Je butais tout le temps sur des pierres et les épines des buissons de *galol* m'arrachaient la peau. Enfin, j'ai entendu Bébé, l'une des chèvres, qui chevrotait. On l'appelait Bébé parce qu'elle faisait toujours beaucoup de bruit. Vieil Homme marchait dans le *tuug*, suivi sagement par les chèvres. J'étais si soulagée d'apercevoir sa chevelure argentée dans l'obscurité que je me suis mise à sangloter sans pouvoir m'arrêter. Mon bras me faisait mal comme s'il était cassé et je savais que mon père me battrait de nouveau à notre retour. J'aurais aimé sentir la douceur des mains de maman sur mon visage au lieu de cette méchante gifle. Pourquoi une chamelle comptait-elle plus qu'une fille ?

Quelques années plus tard, lorsque j'ai été en âge d'être mariée, je me suis enfuie pour échapper à mon père et à la dureté de la vie en Somalie. Pourtant, par bien des aspects, l'Occident s'est révélé plus dur encore. Mieux valait encore une gifle paternelle que la solitude qui m'attendait dans le monde moderne. Quand, aux États-Unis ou en Angleterre, je me retrouvais toute seule dans une chambre d'hôtel où tournaient les démons, les yeux rouges et gonflés à force de pleurer, j'avais désespérément besoin du contact de mains aimantes, même sous forme d'une gifle. J'étais perdue. Ma vie n'avait plus de sens. En Somalie, la famille compte plus que tout. Les liens affectifs sont aussi vitaux que l'eau et le lait. Quand on disait à quelqu'un : « Que les gazelles jouent dans ta maison », c'était la pire des insultes. Cela voulait dire en fait : « Que ta famille disparaisse. » Les gazelles sont des animaux timides, qui ne s'approcheront pas d'une maison, sauf si elle est abandonnée. Chez nous, la solitude est pire que la mort. Je me retrouvais loin de ma famille et les rapports avec mon compagnon, Dana, s'étaient détériorés. Je voulais retrouver ma mère en Somalie, mais lorsque j'ai demandé à un compatriote quelle était la situation là-bas, il m'a dit, le regard éteint comme s'il n'avait plus une étincelle de vie en lui : « Oublie la Somalie. Elle n'existe plus. » C'est comme s'il m'avait annoncé que je n'avais pas de mère. Si la Somalie n'existe pas, qui suis-je ? Mon langage est unique, ma culture et mes coutumes sont uniques, et même notre apparence physique est particulière. Comment un pays avait-il pu disparaître comme de l'eau dans un *tuug* ?

Nous étions maintenant en l'an 2000, dix-neuf ans après ma fuite. Mon pays était ravagé par la famine et la guerre et j'ignorais ce qui était arrivé à ma famille. Je me trouvais à Los Angeles, où l'on m'avait invitée à participer à une table ronde sur les mutilations génitales féminines, les MGF. J'avais accepté, même si c'était difficile pour moi. En 1995, j'avais brisé un tabou fortement ancré dans notre tradition en acceptant de parler publiquement de ma propre excision. J'étais devenue le porte-parole de l'Onu sur le sujet, mais à chaque fois que je l'évoquais, cela ravivait des souvenirs douloureux, dans ma chair et dans mon âme. Petite fille, j'avais entendu dire que cette pratique me rendrait propre et pure et je n'avais de cesse de la réclamer à ma mère. J'étais donc à peine plus haute qu'une chèvre lorsqu'une vieille femme m'a amputée du clitoris, des petites lèvres et d'une partie des grandes, tandis que ma mère me maintenait. Elle m'a ensuite cousue en ne laissant qu'une minuscule ouverture, pas plus grosse qu'une tête d'allumette, pour l'urine et le sang menstruel. À l'époque, je n'avais aucune idée de ce qui se passait, car nous n'en parlions absolument jamais. C'est un sujet tabou. Ma sœur, la belle Halimo, y a laissé la vie. Personne dans ma famille ne l'admettra jamais devant moi, mais je suis sûre qu'elle est morte suite à l'infection ou à une hémorragie. Les exciseuses du clan Midgaan se servent d'une lame de rasoir ou d'un couteau aiguisé sur une pierre. Elles sont considérées comme des intouchables au sein de la société somalienne, car elles appartiennent à une tribu qui ne descend pas du Prophète Mohammed. Elles utilisent une pâte de myrrhe pour stopper l'hémorragie, mais si l'opération tourne mal, elles n'ont pas de pénicilline. Plus tard, quand la jeune fille qui a été ainsi cousue se marie, son époux essaie de forcer l'ouverture au cours de la nuit de noces. Si la fente est trop petite, elle est élargie à l'aide d'un couteau. J'ai fini par admettre au bout de quelques années qu'il s'agissait d'une véritable mutilation, sans pour autant pouvoir en parler ouvertement sans angoisse, car je craignais qu'il ne m'arrive malheur si je brisais la loi du silence.

Il était tard quand je suis arrivée à l'hôtel où se tenait la conférence. Comme j'ignorais que des réunions avaient lieu dans différentes salles, j'ai eu du mal à trouver celle où je devais intervenir. Finalement, quelqu'un m'a dirigée vers le grand salon. Quand j'ai ouvert les doubles portes, j'ai eu la stupeur de voir que cinq ou six cents personnes attendaient dans l'immense pièce. L'organisatrice, Nancy Leno, était déjà installée sur l'estrade en compagnie des autres intervenants. Dans ce genre de circonstances, j'ai appris à feindre la plus grande assurance. J'ai respiré un bon coup et, la tête haute, je suis montée sur l'estrade. Nancy est venue m'accueillir. Son affabilité et son attitude rassurante ont apaisé mes craintes.

Je suis intervenue dans un débat avec une avocate spécialisée dans le droit d'asile et une femme médecin soudanaise. Toutes les deux disposaient de faits et de chiffres pour étayer leurs affirmations. On estime que quelque soixante-dix millions de femmes dans le monde ont été victimes de cette tradition ancestrale, mais le secret qui l'entoure empêche de remonter aux origines. L'ablation est plus ou moins sévère. La *sunna* consiste en l'ablation du clitoris. L'excision y ajoute celle des petites lèvres. La circoncision pharaonique ou infibulation, quant à elle, est la forme la plus sévère de mutilation génitale féminine. C'est celle que subissent les filles en Somalie. On ôte le clitoris, les petites et les grandes lèvres et l'on recoud en laissant seulement une petite ouverture pour le sang menstruel et l'urine. D'après le médecin soudanais, 84 % des jeunes Égyptiennes âgées de trois à treize ans ont subi une MGF. Mais cette pratique n'est plus limitée aux pays musulmans. En Occident, elle touche plus de six mille petites filles.

J'ai tenté de décrire devant l'assistance ce qui m'était arrivé en Somalie dans mon enfance, la difficulté pour uriner, les problèmes liés à la menstruation. Après mon infibulation, ma mère m'a dit de ne pas boire pour éviter d'élargir l'ouverture et de dormir sur le dos pour que la cicatrice soit bien nette. Elle pensait assurer ainsi mon avenir, car l'on considère que les filles dont le sexe est resté intact sont impures et prêtes à coucher avec n'importe qui. Aucune mère ne voudrait d'une épouse pareille pour son fils. La mienne croyait, comme toutes les autres, que l'infibulation était prescrite par le Coran. Parler de la mutilation génitale que j'ai subie était pour moi à la fois une bénédiction et une malédiction. J'appréciais que l'on veuille lutter contre cette tradition cruelle, mais en même temps cela m'obligeait à revivre sans cesse la souffrance physique et morale qu'elle m'avait causée. Et à chacune de mes interventions, je dénonçais une croyance fermement ancrée dans l'esprit de ma mère, de mon père et de mon peuple. En voulant aider les femmes qui avaient vécu cette expérience douloureuse, je devenais l'ennemie de mon propre pays. Si j'étais restée dans ma famille, je n'aurais jamais osé en parler publiquement. C'est pourquoi j'étais angoissée et apeurée chaque fois que j'intervenais à propos des MGF. Dans ma culture, on ne parle pas de ces choses-là, pas plus que des morts ou de la beauté des gens. On les garde secrètes, car sinon, on est sûr qu'un malheur va arriver. C'est pourquoi, ce jour-là, quand l'avocate a affirmé que la circoncision féminine constituait en fait une torture, cela m'a perturbée. Ma mère ne m'a pas infligé une torture. Elle pensait faire de moi une femme pure. Une femme qui serait une bonne épouse et une bonne mère et ferait la fierté de sa famille.

Après mon intervention, de nombreuses personnes dans le public ont voulu en savoir plus, mais j'ai eu honte et j'ai préféré me taire. Je trouvais que j'avais été lamentable. J'ai quitté l'auditorium par la porte de derrière et j'ai pris l'ascenseur jusqu'au dix-neuvième étage de l'hôtel. J'ai toujours été terrifiée par les étages élevés. Le monde de mon enfance était horizontal et ouvert, et l'idée d'être emportée dans les airs enfermée dans une boîte m'angoisse. C'est contraire à la nature.

Ma main tremblait lorsque j'ai glissé la carte d'accès dans la fente de la porte de ma chambre. J'ai accroché le panneau « Ne pas déranger » à la poignée et fermé les doubles rideaux. C'était une journée radieuse et le soleil me rappelait la Somalie de mon enfance. J'ai ouvert la porte du minibar et un *djinn* m'a adressé un large sourire de bienvenue. J'ai pris les petites bouteilles de gin, de scotch et de rhum et les ai emportées dans le lit. Chacune était un démon différent. Je les ai toutes bues à la file.

Ma mère, elle, aurait été capable de tenir ces démons à distance, mais j'ignorais où elle se trouvait. Je ne savais même pas si elle me considérait encore comme sa fille. Elle ignorait tout du monde de la photo, sans parler des mannequins. Les gens de notre clan m'arracheraient les yeux s'ils savaient ce que je racontais sur notre culture. Je voulais être guérisseuse, comme ma mère, mais je l'insultais en m'élevant contre les MGF. Elle m'a toujours appris à ne rien dire de mal, parce qu'une fois les mauvaises paroles lâchées dans la nature, il est impossible de les rattraper. On a un ange noir, Malick, assis sur une épaule et un démon blanc, Behir, posé sur l'autre. Quand Behir poussait ma mère à dire des paroles désagréables, elle demandait à Malick d'aller les rechercher. « Rattrape-les, rattrape-les », disait-elle aussitôt, avant qu'elles ne soient allées trop loin. J'ai essayé de rattraper les miennes, mais je savais que c'était trop tard. Toutes les choses épouvantables que j'avais dites sur mon peuple étaient lâchées dans la nature. Impossible de les récupérer.

J'avais envie de rester enfermée à jamais dans cette chambre. J'ai tiré le drap sur ma tête et je suis restée enfouie dessous, comme une tortue. J'étais seule, apeurée. Je me sentais lamentable. Les larmes qui m'étouffaient depuis longtemps ont fini par jaillir. Je voyais tout en noir. Lorsque j'ai fini par m'endormir, j'ai rêvé que mes chèvres s'étaient enfuies et que malgré mes efforts, je n'arrivais pas à les retrouver. J'avais les pieds en sang à force de buter sur les pierres et sur les branches basses des épineux. Je les entendais chevroter, mais quand je me suis réveillée, il n'y avait que le bruit de mes propres sanglots.

J'avais beau désespérer de mon sort, le suicide était exclu pour moi. Ma mère m'avait parlé d'une jeune fille de quinze ans qui s'était immolée par le feu parce que ses parents refusaient de lui faire épouser celui qu'elle aimait. On ne l'avait pas enterrée et même les vautours n'approchaient pas du corps. Je suis allée dans la salle de bains au carrelage étincelant et j'ai ouvert le robinet de la douche en pensant que ma mère se lavait avec du sable tandis que moi, je laissais se perdre des litres d'eau. Je me suis regardée dans les glaces murales. Ma mère était d'une très grande beauté et pourtant elle n'avait jamais vu son reflet. Elle n'avait aucune idée de ce à quoi ressemblait son image. J'avais honte de mes jambes, qui sont un peu arquées suite à la malnutrition dont j'ai souffert dans l'enfance. Elles m'ont fait perdre des contrats en tant que modèle. En Somalie, la famine est une menace permanente, comme les démons qui guettent aux carrefours. Je me demandais si les membres de ma famille étaient toujours en vie. Les nouvelles étaient rares et, quand j'en avais, elles étaient terribles. Vieil Homme, mon frère, était mort, tout comme mes sœurs Aman et Halimo. Mon oncle Wold'ab, le frère de ma mère qui était si drôle et lui ressemblait beaucoup, avait été tué par une balle perdue dans sa cuisine à Mogadiscio. Ma mère avait été également blessée par un coup de feu, mais elle avait survécu. Je ne savais rien des autres.

Quand j'avais environ treize ans, mon père a essayé de me marier de force à un homme âgé et je me suis enfuie. En Somalie, les hommes offrent une dot pour une vierge et ce vieil homme presque chauve, qui s'appuyait sur un bâton, avait proposé plusieurs dromadaires pour m'épouser. Là-bas, les filles n'ont pas le choix. Elles doivent se marier. Dans le désert, une femme seule n'a d'autre moyen d'existence que la mendicité ou la prostitution. Mais au fond de moi-même, je savais que je n'étais pas faite pour élever des chèvres et m'occuper d'un vieillard. J'ai défié mon père. Je me suis enfuie. Ma mère m'a aidée, je ne sais trop pourquoi. Peut-être ne voulait-elle pas que je sois mal mariée. Elle m'a appris cette chanson :

C'est toi qui t'en vas dans la nuit noire
Pour te retrouver avec un mauvais mari
Et il te bat avec son bâton de berger
C'est ton foulard qui se défait dans la bagarre.

J'étais là, toute seule dans cette chambre d'hôtel, ivre et entourée de démons, et ma mère me manquait. Je savais qu'elle pouvait m'aider. Lorsque j'ai eu mon fils Aleeke, j'ai eu terriblement besoin d'elle, de ses bras autour de moi, de sa voix qui aurait murmuré à mon oreille : « Ne t'inquiète pas, tout ira bien. » Quand on met au monde un enfant, on a besoin de sa mère. Qu'importe ce qui a pu vous séparer, qu'importe si vous avez choisi une autre voie que la sienne. Chaque fois que je tenais contre moi Aleeke, mon petit Leeki, aujourd'hui âgé de trois ans, ma terre africaine me manquait, tout comme ma mère, qui appartient à l'Afrique.

Ma mère a une foi viscérale en Allah. Allah accompagne chacun de ses gestes. Elle ne peut piler le grain ou traire les chèvres sans remercier Dieu. Elle m'a élevée dans cette foi et c'est ce que j'aime chez elle. En vivant en Occident, je me suis coupée de cette forme de vie où l'on est en contact avec Dieu à chaque pas. Petit à petit, je me suis dit que si je voulais retrouver mon âme, je devais retourner dans le désert.

Mon prénom, *Waris*, signifie Fleur du Désert en somali. Les pétales ovales des fleurs de ce petit buisson sont jaune orangé et ses branches restent près du sol pour que la terre d'Allah demeure entre ses racines. En Somalie, il faut parfois attendre la pluie pendant un an et pourtant cette plante survit. Quand il pleut enfin, les fleurs s'épanouissent dès le lendemain. Elles sortent des crevasses du sol comme des papillons nomades. Cette floraison délicate décore le désert alors que rien d'autre ne survit. Une fois, j'ai demandé à ma mère pourquoi elle m'avait prénommée ainsi.

Elle a répondu par une pirouette :

— Parce que tu es quelqu'un de spécial, sans doute.

Pour moi, ce que ce prénom signifie, c'est que je suis une survivante, comme la fleur du désert. Je le sens au plus profond de mon âme. Après les épreuves que j'ai traversées, j'ai l'impression d'avoir cent trente ans, voire plus. Je sais que m'en suis déjà sortie à plusieurs reprises. Quand je considérais ma vie, avec ses joies et ses peines, j'avais la certitude que je survivrais. J'ignore pourquoi ma mère a choisi cette plante, j'ignore pourquoi Allah m'a choisie, mais toutes les deux, nous sommes en harmonie. J'en ai la certitude.

Quand on a grandi en Somalie, on sait ce que c'est que de se lever et de se mettre en marche malgré l'épuisement. Ce jour-là, c'est ce que j'ai fait. Je suis sortie du lit et j'ai avancé. Je voulais retrouver ma mère. Je voulais retrouver les lieux de ma naissance et poser sur eux un regard neuf. Simplement, je ne savais pas comment m'y prendre. Retrouver ma famille me semblait une tâche impossible, presque aussi difficile que de devenir mannequin quand on est une fille du désert.

2
Seule

Femme sans famille danse avec ses enfants sur le dos.

Proverbe somalien.

À mon retour à New York, l'employée de l'agence de voyages m'a regardée comme si j'avais perdu la tête. Mes amis ont poussé les hauts cris. « Tu as lu les journaux ? Mogadiscio est une ville en guerre. » Quant à Dana, il a purement et simplement refusé de m'accompagner en Somalie. Il consacrait tout son temps à sa musique, car il tenait à ce que son groupe de musiciens devienne célèbre. Je voulais à tout prix essayer de retrouver ma famille, mais à New York, personne de mon entourage ne me soutenait dans cette démarche. La fille de l'agence m'a conseillé d'appeler le ministère des Affaires étrangères. « Renseignez-vous auprès d'eux. Vous n'ignorez pas que la Somalie est l'un des pays les plus dangereux du monde ? » J'ai alors découvert que le gouvernement américain déconseille aux voyageurs de se rendre en Somalie. La Somalie n'a pas de gouvernement constitué. La situation politique actuelle est totalement anarchique, marquée par les conflits interclaniques et le banditisme. Les kidnappings, les viols, les assassinats sont monnaie courante. En l'absence de gouvernement national, on ne peut compter sur une aide d'aucune sorte, ni sur une protection policière. Dans le nord, la République autodéclarée de Somalie, constituée en 1991, présente moins de danger, mais il n'existe aucune représentation diplomatique.

Quant à l'employé de la compagnie d'aviation auquel j'ai demandé comment me rendre à Mogadiscio, il est tombé des nues. « Je n'en ai aucune idée, m'a-t-il répondu. Nous ne desservons pas cette destination. Je ne vois aucun vol programmé. » Il a ajouté que si je voulais me rendre en Afrique, je devais me faire vacciner contre la fièvre jaune, la variole, la typhoïde, l'hépatite B et la polio. L'écran de son ordinateur indiquait qu'il y avait eu récemment des cas de variole en Somalie. Je devrais aussi prendre des médicaments contre la malaria. Tout cela était si décourageant que je ne lui ai même pas montré mon passeport. Mes documents de voyage britanniques interdisent tout voyage en Somalie. Quand je les ai obtenus, les autorités ne voulaient pas avoir à assumer la responsabilité d'une citoyenne britannique dans ce pays. « Vous devriez plutôt faire une escapade dans une chouette petite île des Caraïbes », a conclu l'employé de la compagnie d'aviation.

Mais je n'avais pas envie de faire une escapade. Je voulais retrouver les miens.

J'ai donc appelé des gens que je connaissais aux Nations Unies. Ils m'ont expliqué que ce serait beaucoup trop dangereux pour moi de me rendre là-bas. Je devrais engager des gardes du corps armés qui m'accompagneraient en permanence et louer un camion pour me déplacer. Ils redoutaient qu'un groupe de fondamentalistes musulmans ne me prennent pour cible ou ne m'enlèvent, compte tenu de mes prises de position publiques sur les MGF.

Je suis rentrée chez moi complètement découragée. Comme d'habitude, tout était sale et en désordre. C'était toujours à moi de nettoyer, à moi de faire les courses et la cuisine, à moi de m'occuper de notre fils, à moi de faire bouillir la marmite. Dans la cuisine, la poubelle débordait de reliefs de repas et de papiers. L'évier était plein de vaisselle sale et une énorme pizza à peine entamée était restée sur la table de la cuisine. J'avais horreur de voir de la nourriture gâchée de cette manière. Dans mon enfance, nous ne mangions pas tous les jours. Une fois, mon frère a voulu s'emparer de ma part de lait de chamelle après avoir avalé la sienne. Je l'ai repoussé et il m'a donné un coup de poing si brutal dans les côtes que j'ai lâché mon bol. Le lait délicieux s'est répandu sur le sol qui l'a absorbé aussitôt. Impossible de lécher quoi que ce soit. Il ne me restait plus qu'à boire mes larmes.

De l'eau gouttait du robinet de la cuisine mal fermé. Là aussi, c'est un gâchis que je ne comprendrai jamais. Quand j'étais petite, l'eau était un bien trop précieux pour en perdre la moindre goutte et aujourd'hui encore, je ne la laisse jamais couler pendant que je me lave les dents ou que je fais la vaisselle. C'est une question de respect vis-à-vis de ce don du ciel. Durant mon absence, personne n'avait ouvert les fenêtres dans l'appartement, ni fait brûler de l'encens pour rafraîchir l'atmosphère. L'encens et la myrrhe sont originaires de Somalie. Nous en brûlons toujours pour accueillir un hôte, un futur époux ou une future épouse, ou pour fêter l'arrivée d'un bébé dans la famille. Quand son mari rentre de voyage, la femme se tient au-dessus du brûle-parfum afin d'imprégner sa chevelure et ses vêtements de ce parfum.

Dana était sorti et Aleeke était chez sa grand-mère. J'ai ramassé le courrier sur le sol et examiné les factures, pour voir lesquelles il fallait payer. Cet appartement était un nid de *djinn* et d'ennuis. Quand Dana a fini par revenir, nous nous sommes violemment disputés. À la fin, j'ai hurlé : « Va-t'en ! On ne veut plus de toi ici ! » Puis je suis allée boire une bière avec des amies. J'avais besoin de me calmer. Dans la religion musulmane, l'alcool est formellement interdit et ma mère n'en a jamais bu une goutte. Je me sentais coupable d'enfreindre la règle, mais je me retrouvais sans attaches en Occident alors que j'étais déjà coupée de ma famille de Somalie.

En Somalie, tout le monde essaie de faire en sorte que les couples restent ensemble pour le bien des clans concernés. Les femmes n'ont pas le droit de divorcer dans les mêmes conditions que les hommes. L'homme décide quand son mariage est terminé, ce qui fait courir à la femme le risque de perdre la garde de ses enfants et de devoir mendier pour vivre, faute d'autres moyens de subsistance. L'homme peut annoncer : « Je divorce » à sa femme, à la famille de sa femme, à la sienne propre. Si les familles ne réussissent pas à le faire changer d'avis, c'est la fin du couple. La femme, elle, a le droit de partir si son mari ne subvient pas à ses besoins. Mais où peut-elle aller ? Que peut-elle faire ? L'homme est tenu de donner à sa femme, en son nom propre, un certain nombre de chèvres ou de moutons, mais c'est tout ce qu'elle peut emporter en cas de séparation.

Mes amies m'ont félicitée. « Waris, tu as bien fait. Tu dois tenir tête aux hommes, sinon ils profiteront de toi. » Je m'attendais à ce qu'elles me disent que les hommes étaient ainsi et que je risquais de recevoir une raclée à mon retour. L'une d'elles, Sharla, m'a proposé d'aller habiter quelques jours chez elle. Elle avait été témoin de précédentes disputes entre Dana et moi et elle pensait que tout s'arrangerait, mais je savais que non. Les choses étaient allées trop loin. À vrai dire, je ne sentais plus notre couple. Notre histoire était comme une coquille d'œuf d'autruche vide, comme le lit asséché d'une rivière : la vie l'avait quittée. Un couplet d'une chanson que chantaient les femmes m'est revenu en mémoire :

Les chèvres ont besoin d'être soignées gentiment
Les dromadaires ont besoin d'être attachés à la longe
Tes enfants ont de nombreux besoins
Ton mari a besoin de toi pour faire ses courses
Et besoin de te battre pour des fautes imaginaires.

Quand je suis rentrée à la maison, Dana n'y était pas. Il n'y aurait pas d'excuses, pas de réconciliation. Mon fils Aleeke était toujours avec sa grand-mère et je me suis sentie seule avec les *djinn*. Ils m'attendaient. Ils me sont entrés dans le crâne et m'ont empêchée de dormir toute la nuit. Je me suis tournée et retournée dans mon lit, furieuse et de nouveau angoissée. Je savais que cette fois, tout était fini entre Dana et moi.

Le lendemain, quand il est enfin rentré, je lui ai dit de partir. Il m'a regardée et a secoué négativement la tête : « Pas question. Je ne vais nulle part. Si quelqu'un doit s'en aller, c'est toi. » Il y avait une telle détermination dans sa voix que j'ai compris qu'il parlait sérieusement. Je suis restée dans l'encadrement de la porte à l'observer. Il faisait exactement comme si je n'étais pas là et continuait à taper sur le clavier de son ordinateur, les yeux fixés sur l'écran. Ce qu'il voulait dire, en vérité, c'est qu'il avait l'intention de m'en faire baver. S'il devait partir, moi aussi.

Même si, dans mon enfance, j'avais mené une vie de nomade, j'avais horreur de changer d'endroit. Nous avions tous horreur de changer d'endroit. Quand les chèvres et les dromadaires avaient brouté toute la végétation, nous devions installer ailleurs notre camp. La tactique de mon père était de nous faire partir au milieu de la nuit, pour que nous soyons les premiers à arriver sur un site où il y avait de l'herbe fraîche et de l'eau. Il nous secouait en plein sommeil et nous ordonnait de nous lever. Nous devions tout ranger afin de pouvoir charger les dromadaires. L'obscurité était totale et nous cherchions nos affaires à l'aveuglette en butant partout. Mon père, non. C'était comme s'il voyait dans le noir.

— Passe-moi la marmite, Waris.

— Je ne la trouve pas, papa.

— De l'autre côté du foyer.

Je filais à sa recherche à tâtons, en espérant ne pas marcher sur une braise.

Avec l'aide de ma mère, il chargeait nos maigres possessions sur le dos des dromadaires. Maman passait derrière la tête de l'animal et sous son ventre les solides cordes de cuir que les femmes tressent là-bas. Elle le faisait s'agenouiller pour avoir facilement accès à son dos et commençait par placer nos couvertures sur sa bosse. Il fallait qu'elle attache tous les objets solidement, en répartissant la charge, car rien ne devait glisser ou se déplacer durant le long trajet. Dans le noir, ce n'était pas facile et parfois tout le chargement se défaisait. Si tel était le cas, mon père battait ma mère avec la semelle de sa chaussure. Maman plaçait sur chaque flanc du dromadaire les objets lourds, comme nos paniers à lait, avant d'ajouter notre marmite et les paniers moins volumineux. Puis elle roulait les nattes qui couvraient notre hutte ronde et les installait sur les flancs d'un autre dromadaire. Elle construisait la charge comme une maison et veillait à ce que la bête puisse la porter facilement. Au milieu, on pouvait toujours placer un petit enfant ou un jeune animal, qui n'auraient pu suivre le rythme de la marche. Nous avions tous entendu des histoires d'enfants morts abandonnés dans le désert parce qu'ils ne marchaient pas assez vite pour suivre la caravane. Pendant que ma mère chargeait les dromadaires avec mon père, elle chantait un *salsal*, un chant de travail.

Mari qui a plusieurs épouses chez lui
Vit avec tracas et chamailleries...

Mon père n'aimait sans doute pas cette chanson, mais toutes les femmes la chantaient. Il n'avait donc rien à dire. Une fois les dromadaires chargés, ma famille marchait toute la nuit et une grande partie du lendemain. Chez moi, personne ne monte jamais sur un dromadaire, sauf si l'on est un bébé, une vieille personne ou un malade.

Avec Dana, j'avais le choix entre partir ou m'accommoder de sa présence en attendant de voir lequel de nous deux céderait le premier. Je suis allée dans mon bureau, je me suis assise dans mon fauteuil et j'ai pris une profonde inspiration. Du calme. C'était mon appartement. Je payais chaque mois le loyer, l'eau et l'électricité. En Somalie, les hommes impliqués dans un conflit en discutent et le règlent. Personne ne domine les débats. Chaque homme parle à son tour. Les femmes ne sont pas considérées comme faisant partie de la tribu de leur mari. Si une querelle survient, ce sont donc leurs frères ou des hommes de leur famille qui les représentent. En épousant mon père, ma mère n'est pas devenue une Darod. Elle est restée du côté des Hawiyé. Les hommes se réunissent sous un arbre et discutent du problème jusqu'à ce qu'ils parviennent à une solution acceptable par toutes les parties.

Mais je n'étais plus en Somalie. Je vivais à Brooklyn, dans un pays où j'avais des droits. Néanmoins, j'ai fini par découvrir que dans la mesure où le nom de Dana était sur le contrat de location, il avait le droit de demeurer dans les lieux. Quand j'avais trouvé cet appartement, j'étais sur le point d'accoucher et j'étais aussitôt partie pour Omaha, la ville du Nebraska, où réside la famille de Dana, afin d'être auprès d'elle quand Aleeke naîtrait. L'idée de signer un document officiel interminable comme le bail m'angoissait. C'est difficile à lire et j'avais du mal à en comprendre les clauses. J'avais donc laissé des chèques signés à Dana, qui était resté à New York pour régler la question avec le propriétaire.

Chez les nomades, dont l'environnement change souvent, la maison tient une place importante, mais j'ai regardé autour de moi et j'ai décidé que cet endroit était devenu stérile. Je ne pouvais vivre dans le lit desséché d'une rivière, dans un antre vide, dans un lieu sans âme d'où toute l'herbe avait disparu, mais qui était plein de *djinn* néfastes. Le temps était venu pour moi de partir ailleurs.

Je savais que je devais commencer par me changer moi-même, car une grande partie du problème venait de moi, mais je ne savais comment m'y prendre. Je m'étais toujours méfiée des hommes, non seulement à cause de mon père, mais aussi de certaines histoires particulièrement pénibles qui m'étaient arrivées. Avec Dana, j'avais cru que tout serait différent, car dans les premiers temps, il était particulièrement doux et timide. En quittant la Somalie, je pensais laisser derrière moi les hommes paresseux qui faisaient faire tout le travail à leur épouse, mais j'ai retrouvé la même situation en Occident. Trop d'hommes ont profité de moi, voire pire.

En Somalie, quand je n'étais qu'une petite fille, un ami de mon père, nommé Guban, est venu vivre quelque temps avec nous, de la saison sèche jusqu'à *gu*, la saison des pluies. Il arrivait de la ville de Galcaio, où il s'était battu avec un homme d'un autre clan et lui avait pratiquement tranché le bras d'un coup de couteau. Quand il y a effusion de sang, chaque membre d'un clan doit payer le prix du sang – ou *diya* – pour régler le conflit. Puis ils avaient envoyé Guban séjourner auprès de nous, loin de la ville, jusqu'à ce que les esprits se soient calmés.

Guban était drôle. Il m'asticotait tout le temps. Quand je passais près de lui, il tendait le bras et m'attrapait par ma *guntino*, cette robe dans laquelle on s'enroule. Il me regardait toujours dans les yeux, ce qui me plaisait beaucoup. Pour moi, il était quelqu'un à part. Un soir, il m'a dit : « Waris, veux-tu que je vienne t'aider à rentrer les chèvres ? » J'étais flattée qu'il s'intéresse à la petite fille que j'étais.

Halimo, ma sœur, m'a prévenue : « Méfie-toi de lui. » Mais je ne l'ai pas écoutée, car elle était toujours sur mon dos. Guban et moi sommes donc allés de l'autre côté du *tuug* pour rassembler les chèvres au moment où le soleil se couchait derrière les collines. En passant devant un bel acacia, il a proposé que nous nous reposions un peu dessous. Il a ôté sa veste et a voulu que je m'assoie dessus auprès de lui.

Il y avait quelque chose de bizarre dans son attitude et j'ai préféré refuser. « Non, ramenons les chèvres tout de suite. » Mais il a insisté et j'ai fini par obéir. Il s'est installé à côté de moi, si près que je sentais l'odeur de sa respiration. Pendant quelques minutes, j'ai observé les chèvres qui broutaient l'herbe et fouillaient le sol du museau, à la recherche des savoureuses jeunes pousses.

« Je vais te raconter des histoires, Waris, a dit Guban. Allonge-toi et regarde le ciel. Tu vas voir les étoiles s'allumer une à une. » L'idée m'a plu. Je me suis étendue sur sa veste, le plus loin possible de lui.

Il s'est tourné vers moi, appuyé sur un coude et il a commencé à me raconter l'histoire d'une jeune fille dotée d'un grand nez. Tout en parlant, il me touchait le nez. Elle avait aussi un cou épais, a-t-il ajouté en me caressant le cou. Et puis un gros ventre et de gros seins. À chaque fois, il caressait l'endroit qu'il évoquait. Soudain, il a tiré sur ma *guntino* et a défait les nœuds. Je me suis retrouvée sous lui. Je me suis débattue en criant, mais personne ne pouvait m'entendre. Nous étions trop loin du camp. Son *maa-a-weiss*, la pièce d'étoffe qui entourait sa taille, était défait. Il a relevé ma robe sur ma poitrine, m'a écarté les cuisses et a pesé de tout son poids sur moi. Je sentais son machin pousser contre mon vagin. J'ai crié : « Qu'est-ce que tu fais ? Arrête ! » Il a mis sa grosse main sur ma petite bouche et j'ai senti quelque chose jaillir entre mes jambes. Il a roulé sur le côté en riant, en me laissant humide de ce liquide poisseux. Jamais je n'avais senti une odeur pareille et aujourd'hui encore, je la déteste. Je me suis relevée et me suis essuyée. Puis j'ai couru à toutes jambes jusqu'à la hutte et me suis accrochée à la jambe de ma mère. Je respirais son odeur, une bonne odeur de terre. Je ne savais que dire, car j'ignorais ce qui était arrivé. Je n'avais aucune idée de ce qu'était le sexe. On n'en parlait jamais chez moi. Tout ce que je savais, c'est que cet homme avait fait quelque chose de mal. Faute de trouver les mots pour le décrire, j'ai donc continué à entourer la jambe de ma mère de mes bras.

Elle m'a caressé la tête en murmurant : « Voyons, mon bébé, calme-toi. Que se passe-t-il ? Tu as été poursuivie par une hyène ? » Mais j'étais incapable d'émettre un son. Incapable de parler, incapable de pleurer. Je restais là, collée contre elle. Je me sentais sale et honteuse sans savoir pourquoi. Je détestais cet homme parce qu'il s'était mal conduit au sein de la famille qui l'avait aidé.

La rupture avec Dana n'a pas pour autant résolu mes problèmes. J'étais une mère célibataire, sans domicile et sans famille pour m'aider. Notre séparation aurait dû améliorer ma situation, mais c'est le contraire qui s'est produit. Dans ma solitude, ma mère me manquait de plus en plus, et pourtant je ne voyais pas comment réaliser mon rêve de retrouver ma famille. Les journaux ne donnaient que des nouvelles terribles concernant la Somalie. En octobre 1992, je suis tombée sur un article qui disait : « Deux millions de Somaliens seraient menacés de mourir de faim et deux mille personnes meurent déjà chaque jour dans le pays. » La population somalienne ne dépasse pas quatre millions cinq cent mille personnes. Aussi, lorsque la presse évoquait la « descente aux enfers de la Somalie », je savais que ce n'était pas un cliché. J'ignorais ce qui était arrivé à ma famille depuis mon départ, plusieurs années auparavant, dans ce pays ravagé par la famine et les luttes interclaniques. Après la fuite du général-président Muhammad Syiad Barré en 1991, le gouvernement s'était effondré. Presque dix ans plus tard, le nouveau gouvernement n'avait pas été capable d'imposer la paix aux factions rivales.

Ma mère ne savait même pas que j'avais eu un fils. Aleeke avait maintenant trois ans et je n'avais aucun moyen de lui faire parvenir l'information. Le semblant de services postaux qui avait existé à un moment en Somalie avait été démantelé et ma famille n'avait jamais habité près d'une poste. Et même si tout cela avait fonctionné, personne chez moi ne savait lire ou écrire et je ne pouvais leur envoyer ni lettre, ni fax, ni e-mail. Loin de suivre les avancées technologiques, mon malheureux petit pays était revenu en arrière.

Je me retrouvais seule, coupée des miens. J'aurais tout aussi bien pu être morte.

3

Téléphone arabe

La chance voyage sur l'aile de Dieu
Portant sur ses flancs un heureux présage
Retrouve ton calme, mon fils, et reprends espoir.

Chanson somalienne.

Par une journée maussade, le téléphone a sonné et, instinctivement, j'ai su que je devais répondre. C'était quelqu'un qui appelait de la part d'Oprah Winfrey*. Cette grande professionnelle est une femme d'affaires influente et je respecte ce genre de personne.

— Nous préparons un sujet sur les violences que la société inflige aux femmes dans le monde et nous souhaiterions que vous y participiez, m'a expliqué

* Animatrice d'un très célèbre talk-show à la télévision américaine (*NdT*).

mon interlocutrice. Une partie de l'émission portera sur la prise de conscience des femmes.

— Vous voulez que je parle des MGF ?

— Les mutilations génitales féminines seront effectivement l'un des sujets traités, mais Calista Flockhart va interviewer des femmes en Afrique à ce propos.

— Calista Flockhart ?

Ce nom ne me disait rien.

— C'est l'actrice qui joue le rôle d'Ally McBeal dans la série télé.

— Ah !

En moi-même, je me demandais ce qu'elle connaissait aux MGF.

Pourquoi Oprah Winfrey me voulait-elle dans son émission si ce n'était pour parler des MGF ?

— Nous souhaiterions votre témoignage dans la partie *Remembering Your Spirit*, a précisé sa collaboratrice.

Autrement dit, on me demandait de témoigner sur mon énergie vitale. J'étais abasourdie. Je me sentais comme une éléphante qui essaierait d'apercevoir le bout de sa queue.

— Exactement. Pour nous, vous illustrez parfaitement le sujet.

J'étais stupéfaite qu'on ne me propose pas d'intervenir sur le thème des MGF. L'énergie vitale ! À cette époque, j'en manquais totalement. J'étais comme un de nos paniers à lait en pleine sécheresse, toute desséchée et sans rien de bon à l'intérieur. Drôle d'idée de vouloir mon témoignage sur ce thème et de demander à une Blanche qui n'avait jamais été infibulée de parler des MGF ! D'ailleurs, je ne voyais pas quel type d'énergie je pouvais évoquer. Tout ce que j'entreprenais semblait me filer entre les doigts comme du sable. J'ai répondu à la collaboratrice d'Oprah Winfrey que j'allais réfléchir et la rappeler. Je croulais sous les problèmes et je n'en voyais pas la solution.

Au cours de la même semaine, j'ai été réveillée très tôt le matin par la sonnerie stridente du téléphone. Le réveil sur la table de nuit marquait cinq heures, mais nous venions de changer d'heure et j'étais un peu perdue, surtout dans les brumes du sommeil. Était-il six heures, ou quatre ? Un ami m'avait avertie que nous passions à l'heure d'été, en m'expliquant qu'il s'agissait d'économiser l'énergie, mais j'avais eu du mal à le suivre.

— Pourquoi donc faut-il changer d'heure ? Comment peut-on modifier le temps ?

— On retarde les pendules à l'automne et on les avance au printemps. À l'automne, on recule d'une heure, parce que le soleil se lève de plus en plus tard. On veut que le lever du soleil ait lieu à la même heure.

— Pourquoi ne pas se lever avec le jour, tout simplement ?

En Somalie, personne ne dit au soleil ce qu'il doit faire. Près de l'équateur, le jour a à peu près la même durée tout au long de l'année. Je me repérais à la longueur des ombres pour connaître le temps qu'il restait avant le crépuscule. Je ne voyais pas le rapport entre les horloges et le soleil. En Occident, les villes sont tellement éclairées qu'il n'y a guère de différence entre le jour et la nuit, et de toute façon la pollution et les nuages cachent le soleil la moitié du temps. En Somalie, nous réglions notre vie sur le soleil. Nous nous couchions avec la nuit et nous levions avec le jour. Mon ami m'a expliqué quelque chose à propos des fermiers du Michigan qui se levaient pour traire les vaches. Si les chèvres somaliennes se réveillent avec le soleil, pourquoi les vaches du Michigan n'en font-elles pas autant ?

Ce matin-là, j'ai eu l'intuition que c'était un membre de ma famille qui appelait. En Afrique, ce que l'on appelle ici le téléphone arabe est un sujet de plaisanterie. La communication passe par un sixième sens, que je ne saurais pas décrire dans une autre langue que la mienne. Souvent, on sait de cette manière qu'une personne va venir ou qu'elle est malade. En Occident, nous avons des fax, des répondeurs, des téléphones portables. Des instruments formidables, mais pour moi, tant qu'on demeure en contact avec Dieu, le courant passe. On me demande tout le temps :

— Votre fax est branché ? J'ai pas mal de choses à vous envoyer.

— Non.

— Alors vous devez avoir un e-mail ?

Je dois dire que côté technologie occidentale, je suis un peu à la traîne. On peut communiquer avec ceux qu'on aime par des moyens qui n'ont rien à voir avec la technologie.

Je me suis extirpée du lit et je suis allée décrocher. C'était mon frère aîné, Mohammed, qui m'appelait d'Amsterdam, où il habite. « *Nihyea*, femme », a-t-il lancé et du coup, ça m'a complètement réveillée. Il avait besoin d'argent. J'ai promis d'en envoyer. C'est bien son genre de me réveiller à cinq heures du matin. Je l'adore, mais quand il veut de l'argent, il s'accroche. Mohammed m'a expliqué qu'il avait rencontré des proches qui rentraient de Somalie. Ils n'avaient eu là-bas aucun problème. Mieux, ils avaient rendu visite à des membres de la famille qui habitaient près de chez notre mère. Maintenant, ils s'apprêtaient à retourner là-bas et Mohammed voulait essayer de faire parvenir de l'argent à maman par leur intermédiaire. Dans ma famille, quand on a de l'argent, on le partage. On est comme ça.

Je connaissais mal Mohammed, car il avait grandi à Mogadiscio auprès du frère de mon père, un homme aisé. Chez moi, ce genre d'arrangement est chose courante. Si un membre de la famille a de l'argent, on lui demande de prendre en charge les enfants des proches moins fortunés. L'autruche elle-même peut pondre dans le nid d'une autre, qui va couver les œufs et élever les petits. On voit ainsi jusqu'à treize œufs dans le même nid.

Mohammed et moi étions enfants quand un putsch militaire a porté à la tête de la Somalie le général Siyad Barré. Très vite, on a surnommé Siyad Barré *Afweine*, c'est-à-dire Grande Gueule. Il était impatient de réformer le pays. À l'époque, le somali n'était qu'une langue parlée, car les religieux et les membres du gouvernement ne parvenaient pas à s'entendre sur le choix d'une écriture. Les gens cultivés penchaient en faveur de l'alphabet latin, mais les cheiks préféraient l'alphabet arabe parce que le Coran était écrit en arabe. Barré, qui voulait obtenir de l'aide de l'URSS et de la Chine, tenait à faire plaisir aux deux pays. Le président Mao a informé la délégation somalienne en Chine de sa préférence pour l'écriture latine, disant qu'il regrettait que les Chinois ne l'ait pas utilisée depuis le début. Les Russes, quant à eux, y étaient également favorables. Siyad Barré a donc décrété que le somali s'écrirait selon l'alphabet latin, ce qui a mis fin à la querelle et a permis à la langue d'être écrite pour la première fois. Le gouvernement a entamé une révolution culturelle et décidé que tout le monde saurait lire dans les deux ans. De nouvelles écoles ont été ouvertes à Mogadiscio et c'est là que Mohammed a fait ses études en somali, en italien et en arabe. L'arabe est la langue du Coran, le texte sacré étudié par tous. Quant à l'italien, le sud de la Somalie ayant été un temps colonie italienne, la plupart des documents officiels étaient encore écrits dans cette langue.

En grandissant, Mohammed a vu l'anarchie s'installer à Mogadiscio. La Somalie avait reçu des aides étrangères pour la construction d'écoles et d'hôpitaux, mais aucun bâtiment n'était mis en œuvre. Seule l'armée se développait. Siyad Barré appartenait au clan des Darod et pour un Darod, les opportunités de traiter avec les militaires ne manquaient pas. Il y avait une forte demande en *khat* de la part de l'armée et Mohammed a commencé à en faire le trafic. Le *khat* est la feuille d'un arbuste qui sécrète une amphétamine. À l'origine, les chefs religieux la mâchaient quand ils récitaient le Coran nuit et jour. Puis les hommes ont fait de même en discutant de politique et autres sujets des après-midi entières. On peut les voir arracher les feuilles vertes de branches posées devant eux et les mâcher jusqu'à avoir une boule qu'ils gardent d'un côté de la bouche. Ça leur fait une grosse joue et la substance finit par colorer leurs dents en noir. Je n'ai jamais compris l'intérêt du *khat*. Le goût est désagréable, l'apparence encore plus : quand les hommes le mâchent, un jus verdâtre coule de leur bouche. Mohammed introduisait le *khat* en contrebande depuis les hauts plateaux d'Éthiopie et du Kenya où il pousse et le vendait aux militaires.

Pour les jeunes recrues de l'armée, mâcher du *khat* était une façon d'être dans le coup. Pourtant, au bout d'un moment, la drogue provoque une agitation et de la confusion mentale. Durant les deux premières heures, l'effet est euphorisant, mais un état dépressif s'installe ensuite, accompagné de lassitude et de découragement, sans que le consommateur puisse trouver le sommeil pour autant.

Je me souviens qu'après la prise du pouvoir par Siyad Barré, au début des années soixante-dix, mon oncle Ahmed est arrivé un jour de Galcaio pour voir si ses dromadaires et ses chèvres se portaient bien.

Il semblait agité et il a entamé une longue conversation avec mon père. Ma mère et moi, nous étions en train de tresser des cordes en poil de chameau à côté et nous avons tendu l'oreille.

— Les soldats de Siyad Barré cherchent des jeunes garçons, disait mon oncle.

— Pour quoi faire ?

— Ils les emmènent dans un camp d'entraînement pour en faire des soldats. Beaucoup ont déjà été kidnappés. Il va y avoir une guerre avec l'Éthiopie qui nous a volé le territoire de l'Ogaden. Je ne veux pas que mes fils aillent se battre. Ils sont trop jeunes. Je vais les cacher quelque part.

— Où trouvent-ils les fusils ? C'est de la folie de confier un fusil à un gamin !

— *Afweine* reçoit de l'argent de partout. L'Italie, les États-Unis, l'Allemagne, l'URSS, la Chine, tout le monde lui en donne et avec, il équipe son armée. Maintenant qu'il a l'armement, il lui faut des soldats pour s'en servir.

Oncle Ahmed a fini sa tasse de thé et craché par terre.

— Je tiens ça de plusieurs proches. Les gosses disparaissent quand ils mènent les dromadaires loin des camps. Ils sont enlevés par les soldats, qui volent le troupeau au passage.

Après sa visite, mon père et ma mère ont cherché comment mettre mes frères à l'abri. Mon père a fini par les envoyer vivre dans la famille au nord du pays et il m'a demandé de l'aider à s'occuper des dromadaires. J'étais très fière, car d'habitude seuls les garçons ont cet honneur, et j'étais bien déterminée à me montrer à la hauteur de ma tâche.

Je conduisais régulièrement les dromadaires au puits, en suivant un chemin que mon père m'avait indiqué. Il avait un instinct infaillible pour trouver de l'eau. Les dromadaires ne stockent pas l'eau dans leur bosse : celle-ci contient une sorte de nourriture grasse qui leur sert de réserve. La bête de tête connaissait la route et les autres la suivaient au son de sa cloche de bois. Je portais une outre en peau de chèvre confectionnée par ma mère que je faisais descendre dans le puits au bout d'une longue corde. Un jour, je suis tombée sur des tentes et des camions de l'armée. Mon cœur s'est arrêté de battre. Je savais que les soldats violaient les filles et volaient tous les animaux qu'ils trouvaient sur leur passage. J'ai escaladé une petite butte et, accroupie, j'ai observé les allées et venues des soldats armés de longs fusils et de mitrailleuses à l'arrière des camions. J'ai laissé partir les dromadaires, en espérant qu'ils finiraient par se diriger vers le point d'eau. Désorientés par le bruit et les odeurs étranges, ils sont passés très au large du camp militaire. Puis j'ai rampé jusqu'au puits en faisant un long détour pour ne pas me faire repérer. Les dromadaires étaient arrivés avant moi. Après avoir puisé de l'eau pour eux, j'ai regagné notre camp dans l'obscurité, la peur au ventre.

Mon oncle riche expliquait à mon père qu'il avait décidé de quitter Mogadiscio, car la ville était en plein chaos.

— Pour vivre, les gens se livrent à la corruption, aux bakchichs, aux vols et aux pillages. Il y a partout des *muryaan*, des gosses des rues livrés à eux-mêmes.

Mon père a hoché la tête.

— Quand on est un homme sans honneur et qu'on a la faim au ventre, on mange n'importe quoi et on fait n'importe quoi pour manger.

— Ils n'ont aucun endroit où aller et aucun moyen de gagner leur vie. Je ne veux plus jamais remettre les pieds à Mogadiscio. La clique qui est au gouvernement ne pense qu'à ses intérêts. Les gens ne sont plus en sécurité là-bas.

La guerre avec l'Éthiopie a éclaté en 1974, laissant la Somalie en proie à la guerre civile et à la famine. En 1991, les troupes de Siyad Barré ont été vaincues et l'opposition a pris le contrôle de certaines parties de Mogadiscio. Mais, faute d'une entente sur le choix d'un président, les luttes interclaniques ont repris de plus belle.

Peu de temps après la visite de cet oncle, je me suis enfuie de chez moi et je suis partie pour Londres. Les nouvelles de ma famille se sont faites de plus en plus rares et bientôt je n'en ai plus eu du tout. En décembre 1992, juste après que je me fus installée à New York pour y poursuivre ma carrière de mannequin, une amie m'a apporté l'édition du dimanche du *New York Times*. Les photos du journal étaient si terribles que j'avais du mal à les regarder. La famine avait tué plus de cent mille personnes en Somalie. Cette catastrophe n'était pas due à la sécheresse. Elle était la conséquence de la guerre civile qui avait déchiré le pays après la chute du régime de Siyad Barré. Le pays n'était plus gouverné et des bandes rivales se partageaient le pouvoir. Il n'y avait plus de cultures et pratiquement plus de bétail. Les photos en noir et blanc montraient des gens en train de mourir de faim. L'aide humanitaire, détournée par des bandits, ne leur parvenait pas. On voyait des enfants en larmes, les yeux enfoncés dans leurs orbites et les joues creuses. Une femme, prostrée sur le bas-côté de la route, ressemblait à un vieux parapluie cassé. J'ai entendu dire qu'au cours de ces années terribles, un enfant sur quatre est mort de faim. Les enfants et les femmes ont été les premières victimes de ce drame. Quant à ma famille, je n'avais aucun moyen de savoir ce qui lui était arrivé. « Sur cette terre oubliée de tous et ravagée par la guerre, la sécheresse et la famine, disait le journal, les morts sont encore les plus chanceux. » La télévision faisait état de l'opération internationale organisée sous l'égide de l'Onu et baptisée *Restore Hope* (Rendre l'espoir), qui s'efforçait de plus en plus désespérément de débarrasser les villes des bandes armées incontrôlables.

Un million de Somaliens ont fui leur pays. Mon frère Mohammed a eu cette chance. Il m'a appelée à son arrivée à Amsterdam. J'étais si heureuse de le savoir en vie que j'ai sauté dans le premier avion pour le rejoindre.

Quand je l'ai eu en face de moi, j'ai eu du mal à le reconnaître, tant il était amaigri. Il avait la lèvre inférieure fendue jusqu'à l'os à force d'être resté de longues périodes sans boire et ses omoplates saillaient sous sa chemise. Il n'était plus que l'ombre de lui-même, une enveloppe vide, comme si une partie de son être était morte. Je l'ai serré très fort dans mes bras.

— Mohammed, que t'est-il arrivé ?

— Ils m'ont enfermé dans un enclos grillagé et je suis resté dans cette prison pendant des mois. Ils nous donnaient très peu d'eau et de nourriture.

— Mais pourquoi t'ont-ils fait ça ?

— On était en pleine folie, Waris. Les soldats buvaient et mâchaient du *khat* toute la journée, du matin au soir. Ils se battaient pour des broutilles et vidaient leur chargeur en patrouillant dans la ville, juste pour rigoler.

— *Hiiyea*.

De quoi mon frère avait-il pu être témoin ?

— En début de soirée, les militaires étaient défoncés et prêts à tout, et les officiers soupçonnaient tous les gens qui restaient sobres. Si tu avais l'audace de leur dire de se calmer parce qu'ils risquaient de blesser quelqu'un, ils t'insultaient.

Mohammed s'est tu quelques instants avant de poursuivre.

— L'armée était là pour faire appliquer les décisions gouvernementales. Pas question de discuter. Quand le gouvernement a pris des mesures sur l'héritage des femmes qui allaient à l'encontre de la tradition islamique, beaucoup de cheiks se sont élevés contre et les troupes personnelles d'*Afweine*, les Bérets rouges, ont exécuté dix d'entre eux dans leur mosquée. Ceux qui ont protesté contre le meurtre de leurs chefs religieux ont été massacrés dans la rue. Les soldats leur ont tiré dessus et ont violé les femmes et les petites filles comme si c'était un jeu.

Au cours des jours suivants, Mohammed m'a expliqué comment *Afweine* a commencé à se méfier des membres des clans Majerteen, Hawiyé et Issaq. Il a recruté des membres de sa propre famille clanique, des Mareehaan, pour former le Conseil suprême de la Révolution et ils ont fait la loi. Une nuit, mon frère s'est retrouvé en prison, accusé de manquer de loyauté envers le président.

— Ils soupçonnaient tous les Majerteen. Ils m'ont tiré de mon lit et tabassé, puis m'ont enchaîné dans une pièce sans lumière pendant plus d'une semaine. Sans jugement. Sans raison. Juste pour me punir.

Mohammed ne tenait visiblement pas à s'appesantir sur ces moments pénibles.

— Qu'avais-tu à manger, Mohammed ?

Il était si maigre que ses yeux étaient enfoncés dans leurs orbites.

— Pratiquement rien. On avait juste un peu de riz et un verre d'eau pour se laver.

— Mon Dieu ! Comment t'en es-tu sorti ?

— Ils étaient tout le temps ivres ou défoncés. Mon oncle a réuni assez d'argent pour graisser la patte aux gardiens et j'ai pu m'échapper. Mes proches savaient que si je restais en Somalie, j'étais mort. Ils se sont cotisés et j'ai pu quitter Mogadiscio pour

Kismaayo, sur la côte sud, où le clan d'*Afweine* était moins puissant. Là, j'ai embarqué sur un *dhow* qui m'a conduit à Mombasa, où j'ai pris l'avion.

Huit ans après avoir fui ces horreurs, mon frère n'avait pas perdu le contact avec la Somalie. Son coup de fil matinal arrivait au moment même où j'avais pratiquement renoncé à l'idée de me rendre là-bas. J'y vois la main d'Allah. Un vrai miracle. Si quelqu'un pouvait m'aider, c'était bien lui. Il m'a expliqué que notre mère vivait dans un village proche de la frontière éthiopienne, dans une zone calme et sûre. Mon père, lui, vivait dans la brousse aux environs de Galcaio. Il n'était plus nomade, même s'il était encore trop fier pour habiter un village. Les luttes qui déchiraient le pays avaient causé la perte de la majorité de ses dromadaires et il avait des problèmes aux yeux. Il vivait avec les deux femmes qu'il avait épousées après ma mère.

J'ai dit à Mohammed que je rêvais de retourner en Somalie, mais il ne m'a pas prise au sérieux Ce n'était pas la première fois qu'il m'entendait l'affirmer.

— Franchement, Waris, ça fait vingt ans que tu n'y as pas remis les pieds. Mieux vaut essayer d'envoyer de l'argent là-bas.

— Non, cette fois je suis décidée. Je veux aller en Somalie, mais je ne sais pas trop comment m'y prendre. Tu vas m'aider ?

— *Hiiyea*.

Hiiyea ? Je m'attendais à ce que mon frère, comme les autres, me mette en garde contre les dangers d'un tel voyage. Mais *hiiyea* veut dire quelque chose comme « ah, bien ! ». C'était une lueur d'espoir.

— D'après toi, Mohammed, est-ce que je peux prendre le risque ? Est-ce que j'ai une chance de retrouver des proches ? Il y a des années que je n'ai pas parlé le somali.

J'étais à la fois inquiète et excitée. Quelques années plus tôt, en 1995, j'avais accepté de participer à un documentaire tourné par la BBC, parce qu'ils m'avaient promis de m'aider à retrouver ma mère. J'avais passé trois jours avec elle en Éthiopie, à Galadi, près de la frontière somalienne. Je n'étais pas entrée en Somalie, c'était trop dangereux. À l'époque, j'avais eu du mal avec la langue.

J'ai répété à Mohammed que j'avais vraiment l'intention de me rendre en Somalie et il a finalement accepté de m'accompagner si je prenais ses frais à ma charge. L'État néerlandais lui verse une petite allocation et il n'avait pas les moyens de se payer un voyage de ce genre. Avec mon frère, je me sentirais en sécurité. Il parlait parfaitement le somali et cela me serait très utile si la langue ne me revenait pas. Aleeke pourrait rester auprès de sa femme et de ses enfants pendant notre absence. J'ai décidé de partir dès la semaine suivante. L'information sur l'endroit où vivait notre mère pouvait très bien être périmée dans quelque temps et je n'aurais peut-être plus jamais une occasion pareille. Quand Mohammed m'a dit qu'il pensait pouvoir retrouver également notre père, j'ai eu soudain les mains moites. Même après toutes ces années, penser à mon père m'angoissait. Quant à Mohammed, l'idée de retourner en Somalie le rendait anxieux, lui aussi. Il avait échappé de peu à la mort et il revivait dans ses cauchemars les mauvais traitements subis à Mogadiscio. Il lui avait fallu des années pour obtenir le simple statut de réfugié aux Pays-Bas et il n'avait pas le droit d'y faire des études ou d'y travailler. Il ne pouvait qu'attendre. Comme moi, il devait trouver des solutions pour son avenir.

Dans le courant de l'après-midi, j'ai rappelé la collaboratrice d'Oprah Winfrey pour lui dire que je ne pourrais participer à leur émission, car je serais en Somalie à ce moment-là. Je n'avais pas envie de faire semblant d'être pleine d'une magnifique énergie alors que mon cœur n'était qu'une plaie.

Une fois ma décision prise, cela a été l'affolement. En Somalie, les femmes ne s'habillent pas avec des pantalons moulants, des T-shirts et des casquettes de base-ball. Or, dès mon arrivée à Londres, j'avais jeté mes tenues somaliennes élimées, telle une sauterelle tropicale qui mue. Je devais maintenant revenir au stade antérieur. J'ai couru tout New York à la recherche de *dirah*, les robes somaliennes. En vain. Ces tenues, qui tombent jusqu'aux chevilles, sont coupées simplement, dans un tissu ultraléger imprimé de motifs fleuris ou géométriques. On prend environ quatre mètres de tissu, qu'on mesure entre le bout du bras tendu et le nez, et on le confie au tailleur du village. Celui-ci le plie en deux dans le sens de la longueur, fait un trou pour la tête, le surfile et coud chaque côté en laissant libres quelques centimètres pour les aisselles. Un ourlet et le tour est joué. En dessous, on porte un jupon. Je n'ai jamais rencontré de Somalienne qui ait besoin de mettre un soutien-gorge. Elles ont en général une petite poitrine, moi la première ! Elles dissimulent leur chevelure sous un long foulard qu'elles tirent sur leur visage lorsqu'elles sortent ou adressent la parole à un homme, sauf s'il s'agit de leur mari ou de leur père. Quant aux jambes, les montrer serait une telle provocation que celle qui s'aviserait de porter un short ou un pantalon moulant serait lapidée, voire pire.

J'ai demandé conseil à mon amie Sharla. Elle m'a envoyée à la boutique de vêtements Banana Republic.

Je me suis adressée à une vendeuse.

— Qu'est-ce que vous avez pour aller dans le désert ?

— Voyons... des treillis, des shorts, des chapeaux de toile.

— J'ai besoin de vêtements souples et lâches, sans ceinture, sans fermeture Éclair. Les pantalons tiennent trop chaud, dans le désert.

Elle est allée chercher une longue robe noire.

— Vous n'avez pas autre chose ? J'aime les couleurs vives. Avec ça, j'aurais l'air sinistre.

Le seul vêtement qui se serait approché de nos tenues était le sari indien. Le tissu correspondait à peu près et je pensais pouvoir en faire une *guntino*, une robe drapée, même si ce n'est pas exactement ce que portent les femmes dans ma famille. Le tissu du sari est beaucoup plus long parce qu'on l'enroule autour de la taille et, chez nous, nous ne marquons pas le buste. Les robes somaliennes tombent tout droit à partir des épaules.

J'avais l'intention d'arriver avec des cadeaux pour tous les membres de ma famille, mais dès que j'ai commencé à faire les magasins, je me suis sentie piégée. Que pouvais-je leur apporter ? Les nomades n'ont que le strict nécessaire et je n'avais aucune idée des besoins et des envies de chacun.

Ils n'auraient que faire de babioles représentant des gratte-ciel new-yorkais ou la statue de la Liberté, d'un stylo géant ou d'un T-shirt avec l'Empire State Building imprimé dessus. Ils n'apprécieraient que des choses utiles ou comestibles. J'ai donc acheté de l'huile pour bébé, du beurre de cacao et de l'huile de coco, parce qu'il est bon d'avoir de quoi lutter contre la sécheresse de la peau dans le désert. J'ai aussi pris des peignes, des savonnettes jaunes parfumées en forme d'éventail, des huiles capillaires, des brosses à dents et de la pâte dentifrice. Quand j'étais petite, on se nettoyait les dents avec un bâtonnet et je me demandais si ma famille trouvait encore les arbustes dont on utilisait le bois à cet effet. En Somalie, il n'y a pas de dentistes et une brosse à dents serait un cadeau très utile. Pour ma mère, j'ai acheté le plus beau miroir que j'ai pu trouver. Je voulais qu'elle puisse se voir et qu'elle découvre sa beauté. Cette séance de shopping a été une épreuve. Je déambulais dans les rayons des magasins sans trouver grand-chose. L'essentiel, là-bas, c'est l'eau, la nourriture, les bêtes. Pour des nomades, les objets n'ont pas d'importance. Nous ne nous servons pas de mouchoirs ou de serviettes en papier, de couches jetables, de papier toilette, de garnitures périodiques. Quand les femmes ont leurs règles, elles restent à la maison, vêtues d'une vieille robe de couleur sombre. Elles ne mettent pas de rouge à lèvres, de poudre, de mascara, de crayon à sourcils. Elles ne peuvent se servir de séchoir à cheveux ou de grille-pain, car elles n'ont pas l'électricité. J'ai pensé aux vêtements, mais les nomades se contentent de ce qu'ils ont sur le dos. Ils n'ont pas un placard rempli de tenues diverses. D'ailleurs, je n'ai jamais eu envie d'en posséder beaucoup. J'aime les porter en tant que modèle, mais cela ne va pas au-delà.

J'ai finalement choisi des foulards colorés pour les femmes et des sandales pour mon père et ma mère. Nous ne mangeons pas de sucreries et la nourriture n'aurait pas résisté au voyage. J'ai donc décidé de ne rien apporter de comestible. J'ai acheté des rasoirs pour mes frères. Pour mon père, j'ai pris un peigne et une brosse à cheveux, mais j'ai fini par les rapporter au magasin. Il n'en voudrait pas. Il m'avait toujours rejetée. Je ne pourrai jamais oublier qu'il m'a dit un jour : « Je me demande d'où tu viens. Tu n'es pas des nôtres. » Peut-on arriver avec un peigne et une brosse devant ce genre d'homme ? Les larmes que je n'avais pas versées tant que j'étais trop occupée à survivre étaient encore bloquées dans ma poitrine, mais je n'avais pas le temps de pleurer maintenant. Je devais m'occuper du voyage.

4
Différences

En protégeant mutuellement leurs flancs
Les hommes deviennent frères
Va-t-on s'aider les uns les autres
Ou faire chacun pour soi ?

Chant de travail somalien.

À l'agence de voyages d'American Express, l'employée m'a dit que pour me rendre à Amsterdam, je pouvais acheter mon billet d'avion vingt et un jours à l'avance, ou bien partir le mardi ou le mercredi et revenir le mercredi ou le jeudi en passant la nuit du samedi au dimanche sur place. Je lui ai expliqué que mon frère avait repéré où se trouvait ma mère, mais qu'elle pouvait à tout moment se déplacer et donc que je devais partir tout de suite. Elle m'a regardée comme si j'avais une araignée au plafond. J'avais remarqué en arrivant l'énorme sac à main posé sur sa table. Avant que je ne m'installe face à elle, elle en avait sorti un flacon de lait hydratant, format économique, et s'en était enduit les mains. Je n'arrive toujours pas à comprendre pourquoi les femmes emportent partout avec elles une véritable parfumerie ambulante. Ce genre de femme ne pouvait pas comprendre une nomade et je n'ai pas insisté. J'ai simplement dit que je voulais deux billets pour la semaine prochaine, un adulte et un enfant. Quand elle m'a demandé la date de retour, j'ai haussé les épaules.

— Voyez-vous, une fois à Amsterdam, je m'envole pour la Somalie. Je ne sais même pas comment les choses vont se passer à l'aller et au retour. Enfin, si Dieu le veut, nous reviendrons sains et saufs.

Elle a ouvert des yeux immenses.

— J'ignorais qu'on pouvait se rendre en Somalie.

— En tout cas, je vais essayer. Ma mère est là-bas.

Son regard s'est adouci et elle a hoché la tête d'un air compréhensif. Elle m'a expliqué que si je ne retenais pas le retour, cela me coûterait plus cher et qu'avec un billet open, je risquais des problèmes avec les services de l'immigration. J'ai donc réservé notre billet de retour pour la veille du jour où j'avais une réunion prévue à l'Onu. J'ai payé avec ma carte de crédit et réclamé un billet en bonne et due forme, un bout de papier que je pouvais tenir dans ma main et montrer au contrôle à l'aéroport. Avec les réservations électroniques, il y a toujours le risque que l'employé de la compagnie ne retrouve pas trace de l'achat sur son ordinateur à l'aéroport.

Elle a éclaté de rire.

— Je suis comme vous.

Notre départ était prévu le mardi soir. L'après-midi même, j'ai appelé Mohammed pour lui dire à quelle heure nous arriverions. J'ai eu beau lui assurer que nous étions en route pour l'aéroport, il ne me croyait toujours pas.

— Vraiment ? Je le croirai quand tu débarqueras de l'avion, Waris !

Dans l'avion, j'ai été très fière d'Aleeke. Mon fils a passé toute la durée du vol à dessiner et à regarder sagement autour de lui, comme un grand. Il aime l'avion et la voiture, même s'il ne peut courir et sauter partout comme il le fait toute la journée à la maison. Il a trouvé très drôle de mettre des écouteurs sur ses oreilles et de manger avec une fourchette en plastique de la nourriture pré-emballée. Quand il a dû aller aux toilettes, il s'est levé et a descendu l'allée comme s'il n'avait fait que ça toute sa vie. Aleeke est un nomade, comme moi.

Assise sur le siège voisin du sien, je contemplais le sommet de son petit crâne. Il avait un problème de peau qui me laissait désemparée. Ses cheveux fins et frisés tombaient par poignées et des petites pustules blanches étaient apparues à l'arrière de sa tête. J'avais tout essayé pour l'en débarrasser. Des frictions avec de l'huile essentielle d'eucalyptus additionnée d'eau. De l'origan réduit en poudre pour tuer les microbes. Un onguent de miel et de myrrhe. En désespoir de cause, j'étais allée voir le pédiatre, qui s'était contenté de prescrire une pommade blanche collante en disant que les enfants avaient toujours ce genre de choses. Mais les pustules blanchâtres étaient toujours là. Mon fils était malade et j'allais le confier à quelqu'un que je ne connaissais pas.

Je n'avais en effet jamais rencontré Dhura, la femme de Mohammed. Quand j'avais vu mon frère pour la dernière fois, c'était après qu'il avait fui Mogadiscio et s'était réfugié à Amsterdam. À l'époque, il n'avait pas encore fait la connaissance de Dhura. Dhura venait de Somalie, elle aussi. Je l'avais eue au téléphone depuis deux ans et elle me faisait l'impression d'être quelqu'un de bien. Elle incitait mon frère à agir et à s'occuper de la famille. Quand Mohammed et moi avions cessé de nous parler à la suite d'une dispute, elle l'avait poussé à prendre l'initiative de la réconciliation. « Tu es l'aîné. C'est à toi de téléphoner à ta sœur, ne serait-ce que pour lui dire bonjour et lui donner les dernières nouvelles d'Afrique. » Au fond de moi, je savais qu'elle veillerait affectueusement sur mon fils.

Il ne suffit pas d'être un parent proche pour bien s'occuper des enfants de la famille. Quand j'étais petite, pas plus haute que la poitrine de ma mère, je suis allée vivre avec une tante. Malheureusement, je suis tombée malade dès le lendemain de mon arrivée. J'avais chaud, j'avais froid, j'avais très mal à la tête et j'étais si faible que je pouvais à peine parler. C'était sans doute la malaria. Ma tante n'a rien fait. Elle s'est contentée de me laisser dans mon coin pendant qu'elle allait bavarder avec ses amies. J'avais beau ne pouvoir tenir debout sans être prise de vertiges, je devais m'occuper de ses enfants. J'avais tellement besoin de ma mère que j'ai demandé à Allah de la prévenir. Elle savait soigner les gens avec des écorces qu'elle récoltait et réduisait en poudre tout en chantonnant des prières pour obtenir leur guérison. Parfois, le contact d'une main et la fraîcheur d'un chiffon humide peuvent guérir aussi bien qu'un antibiotique. Ma tante ne m'a préparé aucune potion. Elle semblait surtout vouloir éviter d'attraper ma maladie. Mais Dhura, elle, m'inspirait confiance. Je savais qu'elle s'occuperait de mon fils comme si c'était le sien. Je tenais à ce qu'Aleeke connaisse le mode de vie somalien et il ne risquait pas de l'apprendre de son père, qui ne comprenait pas l'esprit de l'Afrique.

Quand j'ai rencontré Dana, il était fier de mes origines africaines. Il me trouvait exotique et spéciale, mais ensuite, nous avons été en désaccord sur beaucoup de choses. Nous avions la même couleur de peau, mais nous venions de deux mondes différents. Il est afro-américain. Par exemple, il me disait : « Allons au cinéma. On avalera un morceau de pizza en route. » Chez nous, on ne se comporte pas ainsi. La nourriture est un don d'Allah. Avant le repas, nous nous lavons et nous disons une courte prière. Nous mangeons avec nos doigts, mais nous prenons les aliments lentement, avec respect. J'ai toujours été choquée de voir les Américains manger dans la rue. Est-ce parce que j'ai été élevée en Afrique que Dana et moi avons eu des différends ? Parce que je gagnais de l'argent ? Que j'étais connue ? Que j'étais mannequin ?

Dana m'a attirée dès que je suis entrée dans le club de jazz où il jouait avec son orchestre. Je me suis mise à danser pour pouvoir l'observer. Ce soir-là, je portais un pull vert, des boots à hauts talons et j'étais coiffée à l'afro. Il m'a dit qu'il ne pouvait détacher son regard de moi. Un peu plus tard, je lui ai déclaré qu'il serait le père de mon enfant. Il a été effrayé, comme s'il avait affaire à une folle. Lorsque j'ai été enceinte d'Aleeke, je lui ai rappelé ces paroles. La première fois où j'ai vu cet homme, quelque chose m'a dit qu'il m'était destiné.

Tout de suite, j'ai été impressionnée par sa mentalité. Il avait passé son enfance dans le Midwest et il était sensible et timide. J'ai vu en lui quelqu'un de fondamentalement honnête et bon. Je me méfie des hommes, mais la réserve de Dana a fait des miracles. Il n'y a pas que l'infibulation qui m'ait traumatisée. Ma découverte de la sexualité chez mes parents, quand j'étais toute petite, aussi. Une nuit, j'ai entendu des bruits bizarres. J'ai vu ma mère, allongée sur sa natte de l'autre côté de notre hutte ronde, mon père sur elle. Elle ne disait rien, mais il donnait des coups de reins en gémissant et en grognant. Je me suis levée et me suis approchée d'eux pour voir ce qui se passait. Quand j'ai tendu le bras vers ma mère pour attirer son attention, je me suis retrouvée projetée de l'autre côté de la pièce. Mon père m'avait attrapée par la jambe et rejetée en arrière. J'étais tellement stupéfaite que je n'ai rien dit, le souffle coupé. Halimo, ma grande sœur, m'a prise dans ses bras en chuchotant : « Chut, Waris, il faut laisser maman tranquille, maintenant. Viens te coucher. » Lorsque j'ai interrogé ma mère, le lendemain matin, elle m'a fait signe de me taire. Le sexe était quelque chose de secret.

Dana était doux et rafraîchissant comme la pluie au matin. Plus j'étais à l'aise et en confiance avec lui, plus je me sentais sexy. Il suffisait qu'il effleure ma main pour que je sois excitée. Je ne crois pas que l'infibulation anéantisse tout désir sexuel. En revanche, elle m'a rendue très méfiante, très réticente, mais dès que je me sens bien, j'ai envie d'être prise dans les bras, touchée sur tout le corps. Mon peuple et ma famille sont des gens très affectueux, même si les hommes et les femmes ne sont jamais ensemble dans les lieux publics. Il arrive que deux hommes se promènent dans les rues en se tenant par la main. Cela ne veut pas dire pour autant qu'ils sont homosexuels. En Somalie, les hommes entre eux expriment leur amitié de la même manière que les femmes entre elles. En Occident, on ne s'étreint amicalement qu'au moment où l'on se retrouve. J'étais donc ravie d'avoir une intimité physique avec quelqu'un. Les femmes à qui l'on a ôté un sein à la suite d'un cancer peuvent très bien continuer à se sentir séduisantes. On m'a amputée d'une partie de mon corps, mais lorsque Dana m'embrassait, rien d'essentiel ne me manquait. Pour moi, le sexe est en rapport avec les sentiments que j'éprouve envers mon partenaire. L'orgasme prend naissance dans ma tête et finit dans mon cœur. Je m'effarouche facilement, mais Dana m'a approchée timidement et je suis tombée amoureuse de lui.

Après la naissance d'Aleeke, nos différences ont été de plus en plus marquées. En Somalie, les bébés ne portent pas de couches. La mère est si proche de son enfant qu'elle sait lorsqu'il va faire pipi. Elle s'assoit alors sur le sol et installe l'enfant entre ses jambes écartées. L'enfant se soulage dans le sable et, si nécessaire, la mère essuie ses petites fesses avec une feuille – le papier toilette d'Allah. Comme, pendant tout ce temps, elle lui parle et lui explique ce qui se passe, l'enfant associe l'acte à ses paroles. Et quand il commence à marcher, elle n'a aucun mal à le faire s'accroupir et se soulager tout seul. Jusqu'à l'âge de trois ans environ, tous les petits Somaliens ne portent qu'un T-shirt et quand ils ont l'âge de revêtir une robe ou un short, ils sont très fiers.

Dana ne comprenait pas ça. Sa grand-mère, qui l'a élevé, non plus. Nous lui rendions très souvent visite. Pour elle, un petit enfant devait porter des couches en permanence. J'admets que ce soit nécessaire lorsqu'il fait froid, mais dans la maison, j'ai laissé Aleeke se promener avec juste une petite chemise dès qu'il a commencé à se traîner à quatre pattes. Dana s'en plaignait, mais il ne s'est jamais levé pour changer l'enfant. Pour lui, ce que je faisais était abominable. Pour moi, un bébé tout nu est un spectacle délicieux, avec son petit corps parfait. La famille de Dana trouvait que c'était une chose honteuse de laisser mon fils nu. Un péché. Je ne comprenais pas quelle faute je commettais. Les commentaires de Dana et de sa famille étaient blessants, mais comme je voulais me faire accepter par eux, j'ai fini par habiller mon fils avec des chemises, des pantalons, des socquettes et des souliers. Malgré tout, je ne me suis pas faite aux couches jetables. Quel gâchis ! Toutes ces quantités de papier jeté à la poubelle ! Où finissaient-elles ensuite ?

Même si Dana et moi n'étions pas officiellement mariés à la naissance d'Aleeke, sa grand-mère, que nous appelions Granny, a toujours adoré mon fils. Elle était ravie d'avoir un arrière-petit-fils. Par certains aspects, elle me rappelait ma propre grand-mère. Granny est une femme autonome, aux valeurs anciennes et solides, une grand-mère américaine typique, sans doute. Ma grand-mère de Mogadiscio était une dame somalienne extrêmement correcte. Elle ne sortait jamais sans se couvrir le visage. « Comment arrives-tu à y voir ? » demandais-je toujours. Elle avait dû élever seule ses enfants, mais elle l'avait bien fait. Granny avait des mœurs très différentes des miennes et remettait sans cesse en cause ma façon d'agir. Elle n'avait apparemment pas envie de connaître les mœurs africaines, elle voulait m'apprendre les siennes. Elle vivait à Omaha, dans le Nebraska, et elle n'était même jamais allée voir la mer. Je lui disais en riant qu'un jour je l'emmènerais mettre ses deux pattes de poulet dans l'océan et qu'à ce moment-là, elle comprendrait mon univers.

J'ai toujours eu envie de nourrir mes enfants au sein, avant même d'être assez grande pour m'occuper des chèvres. Ma mère nous a nourris, mes frères et moi, jusqu'à l'âge de trois ou quatre ans, tout en ayant un bébé. En Somalie, nous n'avons pas de biberons, et même si c'était le cas, l'eau manquerait pour les laver. Lorsque ma mère veut nettoyer son bol à lait en bois, elle le rince avec de l'urine fraîche de chèvre, puis elle le stérilise à l'aide d'une braise ardente. Elle fait la vaisselle en nettoyant les plats avec de la cendre et du sable. Quand j'étais petite, le sein de ma mère était à la fois un refuge et ma seule source de nourriture. En grandissant, je les ai vues allaiter, elle et les autres femmes, et j'ai eu envie de les imiter plus tard. Je me demandais quelle impression ça faisait. Il y avait visiblement beaucoup de douceur et d'intimité dans ce geste. Le bébé dort avec sa mère, qui le porte sur son dos, de sorte qu'à chaque fois qu'il pleure, elle n'a qu'à le basculer par un mouvement tournant pour lui donner le sein.

Un jour, lorsque je n'étais encore qu'une petite fille dont la tête ne dépassait pas les hautes herbes, j'ai surveillé le nouveau-né de ma tante pendant qu'elle était allée ramasser du bois. Il n'était pas plus gros qu'une tête de dromadaire et l'amulette protectrice qu'il portait était presque plus volumineuse que son petit ventre. Il s'est mis à pleurer et je me suis dit que c'était l'occasion de voir ce que ça faisait d'avoir un bébé au sein. Quand je l'ai approché de ma poitrine plate, il a essayé de prendre le bout de mon sein dans sa bouche arrondie en « o ». C'était une impression bizarre. Je l'ai rapproché de moi, pour qu'il puisse avoir une meilleure prise. Bien sûr, il a tété dans le vide. Sa petite frimousse s'est plissée comme le museau d'un chameau mécontent, il a arqué son dos et s'est mis à hurler. Impossible de l'arrêter. Finalement, je l'ai attaché dans mon dos pour qu'il ne me voie pas et il s'est calmé. Je me suis dit que ce devait être plus facile quand il s'agissait de son propre bébé.

L'une de mes petites sœurs est morte peu après la naissance et les seins gonflés de lait de ma mère ont commencé à la faire souffrir. Elle a essayé de se traire comme une chèvre, mais sans succès. Au bout de quelques jours, ses seins étaient rouges et brûlants au toucher et les veines saillantes évoquaient le relief d'une écorce d'arbre. Elle en pleurait de douleur. J'étais terrifiée, car je ne l'avais jamais vue fondre en larmes, même lorsque mon père la battait. Je l'ai suppliée : « Maman, laisse-moi t'aider. Je peux sucer ton lait. » Je l'ai fait. J'ai sucé, recraché, sucé, recraché jusqu'à ce qu'elle se sente mieux. Son lait n'avait pas le même goût que celui que j'avais l'habitude de boire. Il était acide et malodorant.

Quand j'ai découvert que j'étais enceinte, je ne me suis pas inquiétée le moins du monde. J'avais vu autour de moi tant de maternités que j'avais l'impression d'être déjà passée par là plusieurs fois. Je suis allée faire des photos de mode en Espagne enceinte de huit mois. La famille de Dana était horrifiée, comme si la grossesse était une maladie. Ils ne voulaient pas me voir prendre l'avion pour l'Europe. Pourtant, ma mère et mes tantes ne s'étaient pas arrêtées de travailler pendant leur grossesse. Cela ne me serait pas venu à l'idée non plus. J'ai mis un grand pull et j'ai sauté dans l'avion. Sur les photos, on voit une femme rayonnante de bonheur. J'ai eu une grossesse merveilleuse. J'adorais mon gros ventre et les mouvements que je sentais à l'intérieur. C'était une bénédiction de porter une vie en moi, un honneur qu'Allah me faisait en me permettant de créer une nouvelle famille. Je me sentais forte, sûre que rien de mal ne pourrait m'arriver.

Chaque fois que j'allais voir le médecin, il me demandait :

— Voulez-vous connaître le sexe du bébé ?

— Inutile, répondais-je. Mon intuition me suffit. Je sais ce que va être cet enfant.

Je savais ce que seraient sa personnalité, son apparence, sa conception du monde. Je voulais seulement que le docteur me dise s'il aurait bien deux mains, deux pieds et deux yeux. Chaque jour, je priais pour que mon bébé soit sain. Petite fille, j'avais vu des bébés naître non viables. Ma mère les enveloppait dans des linges blancs et mon père les plaçait sur une étagère jusqu'à ce qu'Allah vienne les prendre. Quand Aleeke est sorti de mon corps, j'ai su que mon intuition était juste. Mon petit frère, Vieil Homme, revit à travers lui en tant que guide spirituel. Dès que l'infirmière me l'a tendu, nous nous sommes regardés, les yeux dans les yeux. « Oh, ai-je dit, c'est vraiment toi, Vieil Homme ! » J'ai lu dans le regard d'Aleeke qu'il savait, lui aussi. Je ne remercierai jamais assez Dieu de m'avoir fait un tel don et d'avoir réintroduit mon petit frère dans ma vie.

Nous avons fait circoncire Aleeke à l'hôpital le lendemain de la naissance. Cette pratique est très différente des mutilations génitales féminines. Chez les garçons, la circoncision est pratiquée pour des raisons médicales – par hygiène. J'ai entendu Aleeke pleurer, mais il s'est calmé dès que je l'ai pris dans mes bras. Malgré mon opposition aux MGF, je savais que j'avais raison de faire circoncire mon fils. Le pénis d'Aleeke est beau, avec un aspect très harmonieux et très propre. L'autre jour, quand il m'a dit qu'il voulait aller faire pipi, je lui ai répondu : « Tu es un grand garçon, maintenant, tu peux y aller tout seul. » Mais il a tenu à ce que je l'accompagne, pour me montrer sa petite verge bien droite et bien nette. C'était tout mignon.

C'est triste à dire, mais mes tentatives pour allaiter Aleeke n'ont pas été couronnées de succès. Il était en parfaite santé, mais il semblait ne pas boire assez de lait. Il criait. J'étais déconcertée. J'avais les seins si gonflés que je ne pouvais croire qu'ils ne contenaient pas assez de lait. Pourtant, il pleurait et se rejetait loin de moi. Je me demandais ce qu'auraient fait ma mère ou mes tantes. Elles n'avaient jamais eu de problème de ce genre. Leur bébé tétait et cela paraissait très simple. Dana et Granny parlaient d'une seule voix : « Donne-lui donc le biberon, c'est mieux pour lui. » Après trois nuits d'insomnie, je lui ai donné le biberon et il l'a bu sans faire d'histoires jusqu'à ce qu'il soit repu. J'ai donc arrêté le sein. « Le lait en poudre est meilleur pour les bébés », affirmait Granny. Je ne voulais pas discuter avec elle. Je tenais à ce que mon enfant ait le ventre plein et le sourire aux lèvres. J'avais toujours en mémoire le spectacle des enfants morts enveloppés de blanc, la couleur du démon, la couleur du deuil.

Quand ma mère devait s'absenter quelques instants pour prier ou aller aux toilettes, elle me confiait son dernier-né pour que je le prenne dans mes bras, et si ce n'était pas à moi, c'était à l'une de mes sœurs ou de mes tantes. Chez nous, nous n'avions ni chaises hautes, ni transats, ni parcs comme ici. Je n'arrivais pas à croire que l'on puisse enfermer un enfant comme un tigre ou un lion dans sa cage. Mon fils était toujours dans mes bras et je lui chantais des berceuses somaliennes, même si elles me donnaient le mal du pays, de la terre d'Afrique.

Papa dromadaire est en marche
Loin, bien loin d'ici
Ne t'inquiète pas mon petit
Allah le ramènera
Vers notre tribu.

Parfois, je choisissais celle-ci :

Ton père chemine, chemine, chemine
Ta tante chemine, chemine, chemine
Ton frère chemine, chemine, chemine
À son retour ton père aura plein de présents
À son retour ta tante aura plein de présents
À son retour ton frère aura plein de présents
Pour toi, mon cher petit enfant.

J'ai appris à Aleeke à boire dans un bol à l'âge de deux mois, parce que c'est ce qui s'était passé pour moi. J'ai versé un peu de lait dans un bol, puis je l'ai installé sur mes genoux et j'ai appuyé légèrement sur ses joues pour qu'il ouvre la bouche. Ensuite, doucement, j'ai mis le bol au bord de ses lèvres et je lui ai fait boire quelques gouttes. Granny m'a dit : « Voyons, Waris, il est beaucoup trop petit pour apprendre à boire au bol. » En moi-même, je me suis dit qu'Aleeke se débrouillait très bien. Mais je l'ai laissée lui donner le biberon.

Le jour où elle m'a vue prendre mon fils dans mes bras et le laver avec un chiffon trempé dans de l'eau chaude, elle s'est proposé de m'apprendre à lui donner un « bon bain ». Pour elle, c'était beaucoup mieux de le placer dans l'évier où l'on fait la vaisselle. Quand elle a mis le pauvre enfant dans cette espèce de cuvette en métal, il s'est mis à hurler de terreur et à agiter les bras et les jambes jusqu'à ce que je le prenne contre moi pour le bercer.

Après avoir lavé les enfants, ma mère les enduisait de ce beurre que nous appelons *subaq-ghee*. Lorsqu'elle avait assez de lait de chèvre ou de chamelle, elle le versait dans un *dhill*. Un *dhill* est un panier ovale, tressé si serré qu'il ne peut laisser passer une seule goutte et entouré de branches courbées en forme de « U ». Maman le rebouchait soigneusement et le laissait un jour ou deux ainsi, jusqu'à ce que le lait ait la consistance du yoghourt. À ce moment-là, elle glissait une couverture sous le *dhill*, de façon à ce qu'on puisse le bercer. C'est l'un des enfants qui était chargé de cette tâche. Il y consacrait la journée entière et en fin d'après-midi, quand notre mère rentrait, elle débouchait la petite ouverture du haut du *dhill* et vérifiait le contenu. Si du lait en sortait, c'était trop tôt. Dans le cas contraire, le beurre était prêt. Maman ouvrait le *dhill* et récupérait les morceaux de *subaq* au fond et sur les côtés. C'est un beurre délicieux. Ensuite, elle nous donnait à boire le lait restant. Les jours où ma mère faisait du *subaq* étaient des jours fastes, parce que généralement nous n'avions pas assez de lait. On utilise le *subaq* dans la cuisine, pour frire les viandes, pour mettre sur les crêpes ou dans le thé. C'est aussi un produit de beauté : on s'en enduit le visage, le corps et les cheveux. Ma mère massait les bébés avec, pour qu'ils gardent une peau souple et douce.

Un jour où je séjournais dans la famille de Dana, j'ai attaché Aleeke sur mon dos avec un morceau de tissu en coton. Il avait à l'époque deux ou trois mois. Comme il faisait très frais, j'ai enfilé ma veste verte par-dessus. J'ai porté mes frères et mes petits cousins de cette manière, qu'ils appréciaient beaucoup, et je connais la technique. Je me suis servie de mon foulard, car il est tissé aussi solidement qu'un drap de lit, sans être aussi large. Le mien est jaune citron, orné d'un motif africain rouge et vert. Il faut se pencher en avant et placer doucement l'enfant sur son dos. Ensuite, tout en maintenant l'un de ses petits bras serré sous une aisselle pour qu'il ne risque pas de tomber, on fait passer le tissu sur une épaule et sous le bras opposé et on le noue entre les seins. C'est un système confortable et léger. Le bébé est tout proche et on le sent respirer. Je n'ai jamais compris comment on pouvait laisser un bébé seul dans un landau. Pourtant, dès avant la naissance d'Aleeke, sa grand-mère a décidé qu'il fallait en acheter un.

Quand je lui ai dit que c'était inutile, elle a eu l'air étonné.

— Comment ça ? Comment feras-tu pour les courses et la promenade ?

— Je le porterai.

— Waris, c'est ton premier enfant et tu manques d'expérience, mais tu dois suivre mon conseil. Un landau est quelque chose d'essentiel. Tu ne pourras porter ton bébé dans toutes les circonstances.

— Granny, je sais bien que vous faites comme ça ici, mais chez nous, on transporte les enfants d'une autre manière.

Elle a quand même acheté un landau, un énorme engin gris d'une grande laideur. Je l'ai pris tout de suite en grippe et j'ai cessé de m'en servir au bout de quelques semaines. J'adorais Granny, mais je ne me faisais pas à ce monstre peu maniable, qui tenait toute la place sur les trottoirs de New York déjà bien encombrés. Le pire, c'était pour entrer dans les magasins. Je devais me pencher en avant pour ouvrir la porte, puis tirer en toute hâte le landau derrière moi. J'avais toujours peur que la porte n'écrase le bébé en se refermant. Impossible par ailleurs de prendre le métro. Même si j'allais très loin, je devais marcher à pied. Je devais le laisser au rez-de-chaussée pendant que je montais Aleeke à l'appartement, puis me ruer en bas en abandonnant mon fils pour pousser ce machin ridicule jusque sous l'escalier, afin qu'il ne gêne personne dans l'entrée de l'immeuble. Non, vraiment, je préférais me passer de cet objet soi-disant si pratique.

Ce matin-là, donc, j'ai dévalé les escaliers de la maison de Granny avec Aleeke attaché sur mon dos. J'ai gardé de mon enfance dans le désert des habitudes tenaces et je cours toujours, même quand je n'ai aucune raison de le faire. La petite tête de mon bébé était cachée sous ma veste. J'étais bien. Granny lavait la vaisselle du petit déjeuner dans la cuisine.

— À tout à l'heure, Granny !

— Attends !

Elle s'est avancée dans le couloir, le torchon à la main.

— Où est le bébé ? Tu as dit que tu sortais te promener avec lui.

— Il est sur mon dos.

Elle n'en revenait pas. J'ai ramené Aleeke sur ma poitrine en le faisant passer sous mon bras et j'ai ouvert ma veste. « Regardez, le voilà. » Il lui a offert un grand sourire. Granny a manqué avoir une attaque. Elle n'avait jamais vu ça et ne comprenait pas comment l'enfant pouvait tenir là-dessous sans étouffer.

— S'il te plaît, Waris, ôte-le de là !

— Vous n'avez aucune raison de vous inquiéter, Granny. À tout à l'heure.

J'ai prononcé ces mots d'un ton léger, mais j'étais préoccupée. J'aurais eu besoin d'être soutenue et rassurée, au lieu d'entendre que j'allais étouffer mon enfant. J'avais envie qu'elle m'interroge sur ma méthode, plutôt que de décider qu'elle était mauvaise parce qu'elle était africaine.

5

Interminables voyages en avion

Toutes proches sont la langue et les dents et même elles se battent.

Proverbe somalien.

Sortant des nuages, l'avion est descendu vers la piste d'atterrissage et s'est posé près du bâtiment gris et plat du terminal d'Amsterdam. Le temps était gris et maussade, mais j'avais le sourire. En arrivant dans l'aéroport, j'ai aperçu une haute silhouette, sèche comme une épine, parmi les personnes qui attendaient les passagers à l'arrivée du vol. Aucun doute, c'était bien le mètre quatre-vingt-dix de Mohammed. Mon frère était là avec un ami, un grand sourire aux lèvres. Il avait un regard couleur d'Afrique, brun foncé et riche de secrets. Lorsqu'il s'était échappé de Mogadiscio, il semblait sur le point de mourir de faim, de soif, de désespoir. Mohammed n'était plus aussi maigre, mais il n'avait pas perdu pour autant son air affamé. La fente de sa lèvre inférieure, due à la soif, n'avait toujours pas disparu et je crains que cette marque de son séjour dans les geôles de Mogadiscio ne cicatrise jamais. Derrière ses petites lunettes rondes, il nous regardait approcher, Aleeke et moi, avec le regard du chameau qui attend de boire au point d'eau.

C'était un bonheur de serrer de nouveau mon frère dans mes bras. Aleeke dévisageait cet oncle immense avec des yeux ronds. Quand Mohammed l'a soulevé du sol et l'a juché sur ses épaules, il a poussé des cris de joie.

Dhura nous attendait sur le seuil de leur modeste appartement, à une heure de voiture d'Amsterdam. Ma belle-sœur est exactement comme je l'avais imaginée, avec un visage rond et des yeux rieurs. Elle est grande, comme Mohammed, et ils forment un couple bien assorti. Elle portait une longue robe somalienne et un foulard sur les cheveux. Elle m'a pris les mains et les a gardées dans les siennes pendant que Mohammed faisait les présentations, puis elle m'a fait faire le tour de l'appartement et m'a montré l'endroit où nous allions dormir. Elle avait une chaleur et une force communicatives. Dhura est aussi une Darod. Elle a deux enfants d'un précédent mariage. Le garçon était âgé de onze ans. Elle l'avait appelé Mohammed, suivant en cela la tradition somalienne, qui veut qu'on donne le nom du Prophète au premier-né. Sa fille Zhara avait dix ans et elle promettait déjà d'être aussi grande que sa maman. Le premier mari de Dhura avait disparu dans la folie de Mogadiscio sans que personne, même pas ses proches, ait su où il était. Quand, une nuit, l'immeuble où Dhura habitait s'est à moitié effondré, touché par un obus, elle a fui vers Kismaayo avec ses enfants. De là, elle a embarqué pour Mombasa, où se trouvaient des camps de réfugiés, puis a gagné les Pays-Bas. Une fois là-bas, elle a cessé les recherches pour retrouver son mari et a divorcé. Elle l'a annoncé aux gens de son clan, qui l'ont approuvée.

Les deux enfants, timidement cachés derrière la longue robe de leur mère, avaient un regard doux. Ils ont souri à mon petit Leeki, qui est allé jouer avec eux sans même un regard dans ma direction. J'étais émue aux larmes. J'ai toujours eu envie que mon fils ait un tas de cousins pour partager ses jeux et faire des bêtises, comme moi quand j'étais petite. Il s'est précipité vers les enfants de mon frère comme s'il les connaissait depuis toujours.

Tout en buvant un thé à la cardamome avec ma belle-sœur, je lui ai confié mes angoisses.

— Dhura, je suis inquiète à l'idée de partir en laissant Leeki.

Elle m'a tapoté la main.

— Ne te fais pas de souci, Waris. Il sera bien, ici, avec les enfants.

— Il a des espèces de pustules sur la tête qui m'ennuient. Je n'arrive pas à les faire partir.

J'ai appelé Leeki. Il a laissé Dhura lui toucher la tête. Elle a percé une pustule et du pus est sorti. Cela n'a pas semblé troubler mon fils, qui s'est hâté de retourner jouer avec ses cousins.

— Mon Mohammed a eu la même chose, m'a expliqué Dhura. Si ça ne disparaît pas dans quelques jours, je l'emmènerai voir un docteur. Ici, en Hollande, nous n'avons pas à débourser pour les soins et les médecins sont très gentils avec nous.

J'étais stupéfaite.

— J'ai payé plus de cent dollars la visite à un toubib et sa pommade n'a rien fait !

— C'est vrai, nous sommes soignés gratuitement et nous avons de quoi manger et payer le loyer, mais Mohammed a un simple statut de réfugié F-1, qui ne lui donne pas le droit de travailler. Nous ne sommes pas considérés comme des résidents permanents. On nous autorise à rester ici jusqu'à ce que la situation s'améliore en Somalie. Nous passons notre temps à attendre et j'ai peur que Mohammed ne puisse jamais avoir le droit d'étudier ou de travailler. En fait, il n'a pas vraiment l'intention de retourner vivre en Somalie.

Tiens, tiens, me suis-je dit, les larmes qu'il verse en pensant à son pays manquent de sel.

Le lendemain matin, Mohammed et moi devions nous occuper des billets d'avion pour l'Afrique. J'ai mis une longue jupe portefeuille de coton, le genre de vêtement qui, lorsqu'il y a du vent, peut s'ouvrir et laisser voir mes jambes. J'ai aussi enfilé des socquettes, des boots, un pull-over et ma veste, parce qu'il faisait froid. Au moment de quitter l'appartement, mon frère m'a jeté un regard de biais.

— Tu as l'intention de sortir dans cette tenue ?

— Oui, pourquoi ?

— Je n'aime pas cette jupe.

— Si tu préfères, je peux aller me changer et enfiler un jean.

Il a grimacé.

— Non, c'est encore pire !

— Où est le problème, Mohammed ?

— Tu n'as rien d'autre à te mettre qu'un jean et cette jupe ?

— Écoute, mon frère, il ne fait pas chaud dans les pays où l'on vit. Comment voudrais-tu me voir habillée ? Ce sont mes vêtements habituels.

Il a poussé un soupir d'agacement.

— On va dans une agence de voyages somalienne et je vais être très gêné si tu montres tes jambes comme ça. Tu n'as rien à mettre en dessous ?

— Eh bien, ça promet ! On vient à peine de se retrouver qu'on commence déjà à se disputer. Je n'ai pas l'intention de me comporter comme une Somalienne, si tu veux savoir. Que les choses soient claires entre nous : pas question que tu agisses avec moi comme avec Dhura et que tu me dictes ce que je dois faire.

— Waris, tu n'as pas idée de la façon dont les choses se passent ici...

Je l'ai interrompu.

— Écoute, je suis partie très tôt de la maison et je me suis débrouillée toute seule. Crois-moi, aucun homme, ni toi ni personne, ne va me dire comment m'habiller. Je gagne de l'argent et d'ailleurs tu ne te gênes pas pour m'en demander. Je sais bien qu'en Somalie les jambes sont la partie la plus sexy d'une femme et qu'on les couvre en permanence, mais ici on est en Hollande. Adapte-toi un peu, bon sang !

Mohammed me regardait avec stupéfaction derrière ses lunettes rondes. Je crois qu'aucune femme ne lui avait jamais répondu sur ce ton.

La question réglée, nous sommes allés prendre le train pour Amsterdam, car je voulais passer à la banque. Comme nous allions beaucoup nous déplacer, j'avais acheté à New York des traveller's checks American Express afin de ne pas me promener avec de l'argent sur moi. J'avais besoin de changer mes traveller's pour au moins quatre mille dollars. Nous nous sommes rendus dans la plus grande banque d'Amsterdam, un bâtiment blanc à colonnades avec une porte de cuivre. Il y avait une longue file d'attente devant le guichet du change. Quand mon tour est venu, j'ai tendu mes traveller's checks et mon passeport à l'employé. C'était un homme pâle, avec un nez rouge et une nuque épaisse. Il m'a regardée pardessus ses lunettes.

— Ces traveller's checks sont à vous ?

— Évidemment.

— Pourriez-vous signer ici ?

Il a poussé vers moi une feuille de papier et j'ai signé. Il a repris le papier, l'a tourné et retourné dans sa main.

— Je regrette, a-t-il dit enfin, les signatures ne coïncident pas.

— Écoutez, c'est mon passeport. C'est le même nom et la même signature.

J'avais encore pour au moins cinq mille dollars en traveller's checks dans mon sac à dos. Je lui ai demandé s'il voulait les voir. Même si je ne suis pas allée à l'école et que je n'ai pas eu une institutrice pour m'apprendre à écrire correctement, je sais signer de mon nom.

Son cou est devenu écarlate.

— Désolé, je ne peux autoriser cette transaction. Vous devrez aller encaisser vos chèques ailleurs.

— Mais il n'y a aucun problème avec ma signature !

Il a répété, en détachant bien les mots :

— Les signatures ne coïncident pas.

Je me suis levée.

— Je veux voir le directeur.

— Je suis le directeur.

Il avait pris un ton pompeux et plissait les yeux comme s'il était en plein soleil, mais je savais qu'il mentait.

Mohammed m'a prise par le bras.

— Viens, puisque les signatures ne correspondent pas, on s'en va.

Il a récupéré les traveller's checks sur le comptoir. Comme je refusais de bouger, il est devenu nerveux.

— On s'en va, je te dis. Inutile de faire une histoire.

Je n'en revenais pas de le voir renoncer aussi facilement. Il se comportait comme un gosse et j'avais envie de le gifler. « Ne me parle plus sur ce ton. Je sais ce que je fais. » Je me suis tournée vers le prétendu directeur :

— Où suggérez-vous que j'aille ?

— Il y a une banque American Express à l'autre bout de la ville. Là-bas, ils pourront vérifier l'authenticité de vos traveller's checks.

L'employé a entrepris de nous expliquer l'itinéraire : nous devions prendre un premier métro, puis un second, marcher ensuite pendant cinq cents mètres, tourner à gauche et...

Je l'ai interrompu :

— C'est incroyable ! Nous devons perdre notre temps à courir là-bas uniquement parce que vous refusez de croire que c'est bien ma signature !

Il m'a lancé un regard noir et a fait signe à la personne suivante de venir au guichet. Mohammed se dirigeait déjà vers la sortie. Je pouvais faire une scène, mais je n'ignorais pas que je n'obtiendrais rien de ce genre de personnage et j'ai préféré renoncer.

Tout au long du trajet jusqu'à la banque American Express, mon frère a rouspété. Pour lui, tout était de ma faute.

— Tu n'en fais qu'à ta tête, Waris. Il faudrait peut-être que tu te mettes à tenir compte de ce qu'on te dit. Les deux signatures avaient l'air différentes.

— Bon, c'est le stylo qui n'était pas le même. Et j'ai dû signer de la main gauche à New York et de la main droite ici.

Avec les changements de métro, nous avons mis longtemps pour atteindre la banque. Mohammed n'arrêtait pas de me tarabuster. Je ne suis pas du genre à me laisser marcher sur les pieds, mais je restais calme. Je n'avais pas envie de me disputer à nouveau et de toute façon mon frère ne m'aurait pas écoutée.

À la banque, il n'y a eu aucun problème de signature. L'employé a pris les chèques et m'a simplement demandé : « Vous voulez des billets de combien ? » Quand je lui ai expliqué ce qui s'était passé précédemment, il a été surpris.

— Tiens, c'est bizarre. Je ne vois pas pourquoi il n'a pas voulu changer vos traveller's checks.

J'ai avancé une explication :

— Peut-être qu'il n'aimait pas les Africains.

Nous avons ensuite filé jusqu'à l'agence où, d'après mon frère, nous pourrions acheter des billets à prix réduit. Là encore, je me suis bien gardée de demander pourquoi l'on courait comme ça. Je me suis contentée de suivre Mohammed.

Il m'a conduite dans une boutique somalienne où l'on vendait des disques, des cartes et divers objets. J'avais envie de faire le tour des rayons, mais Mohammed m'a demandé de m'asseoir. « Au cas où j'aurais besoin de toi », a-t-il ajouté. Aussitôt, il s'est mis à arpenter la boutique de long en large, parlant à un ami ici, à un autre là, brassant l'air avec les bras comme s'il traitait d'affaires importantes. Même quand il restait immobile quelques instants, il remuait la jambe de façon spasmodique. Ne supportant pas toute cette agitation, je suis allée l'attendre à l'extérieur, malgré le froid et l'humidité. Mohammed m'a rejointe avec son ami, Ali. Il nous a entraînés, toujours au pas de charge, vers une agence de voyages proche. Les billets d'avion coûtaient environ deux mille dollars chacun. J'ai donné la somme en liquide à Mohammed. C'était mon rôle : fournir l'argent. Nous avons pris les billets pour Bosasso, un aéroport situé au nord de la Somalie, sur la côte. J'ai demandé à l'employé si nous pouvions partir dès le lendemain par un vol direct, car je n'avais que treize jours devant moi avant mon retour à New York. Malheureusement, il n'existait pas de vol direct pour la Somalie et il faudrait en outre attendre le samedi pour partir. Nous prendrions un avion de bonne heure pour Londres et nous aurions deux correspondances avant d'atterrir à Bosasso.

Il n'y a qu'un petit nombre de vols hebdomadaires entre Nairobi et Mogadiscio et encore sont-ils annulés si des combats se déroulent dans la capitale somalienne. Par la route, gagner la Somalie à partir du Kenya ou de l'Éthiopie est une entreprise très risquée, sauf dans le cadre d'un convoi de réfugiés, mais je n'avais rien pu organiser de ce genre par l'intermédiaire de mes contacts à l'Onu. Récemment, des hommes armés avaient attaqué des officiels qui se rendaient à une conférence sur la paix, tuant neuf personnes. Des réfugiés somaliens à Amsterdam avaient mis en garde Mohammed sur les dangers d'un voyage par la route. La région est infestée de bandits *shifta*. Ces hommes, lourdement armés, s'en prennent aux gens qui essayent de quitter le pays, surtout s'ils pensent qu'ils ont de l'argent. Si les malheureux ne payent pas, ils sont exécutés sur-le-champ. D'après les amis de Mohammed, Bosasso était la destination la plus sûre, parce que plus on allait vers le nord, moins il y avait de problèmes. Va pour Bosasso.

— Comment allons-nous rejoindre la famille à partir de Bosasso, Mohammed ?

— On louera une voiture à l'aéroport et on rejoindra Galcaio. Maman vit dans un village, pas très loin de Galcaio. Je tiens à éviter Mogadiscio.

Il ne voulait même pas survoler la ville en avion.

— À Mogadiscio, les militaires ne sont pas foutus de faire la différence entre un avion de ligne et un chasseur. Quand ils s'ennuient ou ils sont en pleine forme, ils tirent sur tout ce qui bouge, sauf les trafiquants de *khat*.

— Mais avec quoi tirent-ils ?

Il m'a regardée comme si j'avais dit une énormité.

— Avec des missiles Scud, Waris. Ce sont des engins dépassés et dangereux. Par-dessus le marché, ils sont entre les mains de types qui n'ont subi aucun entraînement, dirigés par une bande de cinglés.

— Qu'est-il arrivé à Mogadiscio, Mohammed ?

Quand j'étais adolescente, c'était pour moi la plus belle ville du monde. Hammawein, le cœur historique de la cité, est au bord de l'océan Indien. J'aimais aller sur le sable et regarder les immeubles d'un ou deux étages, dont la blancheur se détachait au clair de lune. Avant de vivre à Mogadiscio, je ne savais même pas à quoi ressemblaient des escaliers. Mon oncle disait que la ville était plus belle que Mombasa ou Zanzibar et je n'avais aucune raison de mettre sa parole en doute. La plupart des demeures avaient été édifiées par les sultans qui commerçaient avec la

Chine, la Perse et l'Inde et transportaient les marchandises sur des *dhows* dans l'océan Indien. L'une d'elles portait le nom de « Lait et Miel ». Le sultan qui l'avait bâtie était si riche qu'il avait fait mélanger du lait et du miel au mortier. Elle était d'une couleur légèrement dorée et faisait face à l'océan d'un bleu profond. On disait qu'elle ne s'écroulerait jamais, à cause du mortier. Ma tante me disait qu'au dernier étage, il y avait un long couloir sur lequel s'ouvraient quatre portes en bois sculpté de chaque côté. C'étaient les appartements des femmes du sultan, que l'on ne pouvait ouvrir que de l'extérieur.

Mohammed a soupiré.

— La plus grande partie de la ville est dévastée, Waris. Les maisons ne sont plus que des tas de gravats. Il y a des carcasses calcinées de camions et des restes de barricades plein les rues. Quand les soldats étaient sous l'effet du *khat*, ils balançaient une grenade sur un immeuble pour s'amuser, juste pour voir s'ils visaient bien. Ces abrutis adoraient ce genre de spectacle.

— Mon Dieu !

— Ils prenaient tellement de *khat* et de drogue qu'ils ne savaient plus ce qu'ils faisaient et ça leur était égal. Dans la journée, la ville était calme. Ils mâchaient leur *khat*. C'est après le coucher du soleil que les choses se gâtaient. Et puis quand l'effet des drogues se dissipait, il ne se passait plus rien.

Les yeux de mon frère lançaient des éclairs. Sa rage était palpable. Quand il évoquait ces événements, il semblait vieilli, incapable de retrouver son enthousiasme. Quelque chose était mort en lui. C'est peut-être pour cela que je ne voyais pas le ventre de Dhura arrondi par une vie nouvelle, l'enfant de Mohammed.

De retour à l'appartement, j'ai entendu Aleeke courir avec ses cousins dans la pièce du fond. Il avait beau être beaucoup plus jeune qu'eux, c'était lui qui les poursuivait. Mon Leeki est un vrai petit guerrier, un authentique Somali, un fils de l'Afrique. En somali, « homme » se dit « guerrier ». Au contact de mon frère, je redécouvrais les hommes de mon pays et mon fils en était un. Là-bas, quand j'étais petite, les hommes étaient soit des guerriers, soit des pasteurs. Les guerriers sont considérés comme les meilleurs. Aleeke appartient à cette catégorie. Cela ne fait aucun doute.

Je craignais qu'en grandissant il ne se sente seul et différent des autres, comme moi, sans comprendre quel était son héritage familial. Il est membre d'un clan puissant et qui compte. Je voulais qu'il aille chez nous, là-bas, qu'il connaisse ma mère, sa grand-mère, autrement que par son nom, qu'il découvre sa personnalité, son rapport à l'existence, sa sagesse. Je voulais qu'il rencontre sa famille africaine, mais il n'était pas question d'emmener cette fois avec moi l'enfant que j'aimais plus que moi-même. J'espérais simplement que Mohammed et moi reviendrions sains et saufs de Somalie et que notre voyage serait couronné de succès. Plus Mohammed me parlait des balles dans les rues de Mogadiscio et des bandits à la frontière éthiopienne, plus j'étais inquiète.

Inch'Allah ! Ce serait pour plus tard. Aleeke m'accompagnerait une autre fois. Je tiens à ce que ma mère sache qu'Aleeke est le portait craché de Vieil Homme, mon petit frère disparu, qu'il me le rappelle à chaque instant. Mais si je le lui dis, elle ne me croira pas. J'attendrai donc qu'elle puisse le voir de ses propres yeux.

Quand j'ai ouvert ma valise pour montrer à Dhura les vêtements que j'avais eu tant de mal à trouver à New York, le récit de mes difficultés l'a amusée. Elle a contemplé ma jupe portefeuille d'un air dubitatif.

— Mohammed ne me laissera jamais porter ce genre de jupe, Waris !

— Je croyais qu'il ne voulait pas retourner vivre en Somalie. Tu pourrais t'habiller comme une Hollandaise. Pourquoi ne le fais-tu pas ?

Elle a souri. « Nous verrons. » Je lui ai demandé s'il y avait des magasins où acheter des vêtements somaliens près de chez elle, mais en fait les femmes les confectionnaient elles-mêmes. Elle m'a proposé de me prêter certains des siens pour le voyage. L'une des *dirah* était imprimée de fleurs jaunes, ma couleur préférée. Je l'ai essayée sur un jupon brodé de fils bleus et argent et j'ai recouvert mes cheveux et mon visage d'un foulard de soie fleuri assorti. D'après Dhura, j'avais l'air d'une vraie Somalienne – on ne voyait que mes yeux. J'ai déambulé dans la pièce avant de baisser le foulard pour montrer à Dhura mon air ravi. La longue robe me tombait sur les pieds. Quand Aleeke s'est précipité vers moi en nous entendant rire, j'ai failli trébucher.

Petite fille, en Somalie, je n'arrêtais pas de batailler avec ces robes longues, comme la nuit où mon père nous a réveillés pour lever le camp et gagner un nouveau pacage. Ma mère et moi, nous avons roulé les nattes qui recouvraient la structure ronde de la hutte, puis elle a ôté les piquets porteurs et chargé le tout sur l'un des dromadaires. Les paniers à lait et les outres à eau ont été attachés sur un autre animal. Nous nous sommes mis en marche, mon père menant les dromadaires et le reste de la famille suivant derrière avec les chèvres. Nous avons marché sans arrêt du milieu de la nuit jusqu'au coucher du soleil derrière les collines bleues. Finalement, mon père a arrêté la caravane sur un terrain herbeux, proche d'un point d'eau du clan, où nous resterions jusqu'à la pleine lune. Il m'a demandé d'aller avec lui couper des broussailles pour faire un enclos pour les bêtes. Dès qu'on s'arrête quelque part, c'est notre première tâche. En Somalie, les buissons et les arbres ont en général des épines et je savais que j'aurais les mains tout égratignées en rapportant les branchages.

Mon père s'est servi d'un long couteau pour détacher les branches.

Il m'a ordonné de finir de les arracher et de les apporter à ma mère qui montait la hutte. Comme le vent soufflait, ma robe se prenait dans les épines à chaque fois que j'essayais d'attraper les branchages et je devais faire attention à ne pas la déchirer en la dégageant, parce que je n'en avais pas d'autre. Dès que mon père s'est éloigné vers le bosquet suivant, j'ai retroussé haut ma robe, mes branchages dans les bras. Au moment où je me dirigeais vers le camp, il m'a appelée. « Waris, attends-moi ! » Je savais qu'il ne me laisserait pas me promener avec ma robe au-dessus des genoux. J'ai pris une grosse épine et je me suis griffée avec, puis je me suis tartiné la figure et les bras de sang pour faire croire que je saignais de partout. Quand mon père m'a rattrapée, il a poussé une exclamation.

— Que se passe-t-il, mon petit ?

— Ce n'est rien, papa, mais regarde, je suis déjà en sang et je me prends tout le temps les pieds dans cette robe qui vole et s'accroche aux buissons.

— Bon, je veux bien que tu retrousses ta robe maintenant, mais que personne ne te voie comme ça ! Dès que tu auras terminé, je veux que tu la baisses. N'oublie pas de couvrir tes jambes, *Afdokle*.

Afdokle était mon surnom. Cela signifie : Petite Bouche.

— Entendu, Papa.

J'étais ravie d'avoir réussi mon coup. J'ai couru en avant de mon père et j'ai regagné le camp en bondissant comme un cabri. Qu'aurait-il pu faire ? Nous avions tous les deux les bras pleins de branchages.

Au cours des deux jours précédant notre départ pour la Somalie, Mohammed a failli me rendre folle.

Je l'entendais qui criait à Dhura : « Apporte-moi ma chemise à rayures ! » ou bien : « Où est mon étui à lunettes ? » Il était agité en permanence. Je souffrais pour lui, mais en même temps il m'énervait. Il n'arrêtait pas de faire les cent pas et venait voir à tout moment si j'avais fait mes valises. La veille du départ, j'avais Aleeke dans les bras et je lui donnais un peu de lait à boire. Cela n'a pas empêché mon frère de venir me demander :

— Tu es prête ?

— Hé, *guerrier* ! Tu sais à quelle heure l'avion décolle ? À neuf heures demain matin. On a toute la nuit devant nous.

— Tu n'as pas rangé tes affaires.

— Elles ne sont peut-être pas dans mes valises, Mohammed, mais elles sont prêtes. Tu n'as pas à t'inquiéter.

Il a tendu le doigt vers le sac de marin où j'avais rangé mes cadeaux pour la famille.

— Ce n'est pas la peine de te charger avec ces cochonneries. Ils n'en ont pas besoin.

— J'ai pourtant l'intention de les emporter, que tu le veuilles ou non.

Il a haussé les épaules.

— Je me demande comment tu vas faire pour porter tout ça.

Le soir, à dix-sept heures, sa valise marron était prête, posée devant la porte. Pourtant, nous ne partions pour l'aéroport que le lendemain matin à cinq heures. Pour ma part, j'ai bouclé mes valises à une heure et demie. J'ai bordé mon petit Aleeke une dernière fois dans son lit et je lui ai caressé la tête en chantonnant : « Maman s'en va en Afrique, elle ne sera pas là à ton réveil, mais elle reviendra bientôt. » Il dormait comme un ange et cela me fendait le cœur de le laisser. En même temps, je savais que je devais aller de l'avant. Dans la vie, parfois, il faut mettre un pied devant l'autre et recommencer. Notre voyage commencerait avant le lever du soleil.

Cette nuit-là, je n'ai pas pu dormir. Je commençais tout juste à m'assoupir lorsque Mohammed a frappé à la porte. Je subissais encore les effets du décalage horaire entre New York et l'Europe et c'était le milieu de la nuit pour moi.

— Debout, Waris, c'est l'heure !

— Hé, on a tout le temps !

— Il faut y aller. L'aéroport est loin.

Mohammed était paniqué à l'idée de manquer l'avion. Je me suis donc levée. Il n'était pas cinq heures quand nous sommes partis. Après une heure et demie de route, nous sommes arrivés à l'aéroport d'Amsterdam deux heures avant l'embarquement. Le soleil se levait derrière des nuages gris éléphant. J'ai demandé à Allah de nous offrir sa protection pendant ce voyage.

Lorsque nous avons embarqué dans l'avion de Londres, mon frère a commencé à se comporter comme un enfant. L'appareil n'avait pas décollé qu'il éprouvait un besoin pressant d'aller aux toilettes.

— Attends quelques minutes que l'avion ait pris de l'altitude, Mohammed. Pour l'instant le signal « attachez vos ceintures » est encore allumé.

Comme il se tortillait sur son siège, j'ai fini par lui dire d'y aller s'il ne pouvait vraiment pas attendre. Il s'est levé, mais l'une des hôtesses s'est précipitée en lui demandant de se rasseoir.

— Monsieur, vous devez attendre l'extinction du signal.

Il a obéi, jambes croisées, les mains crispées sur le ventre. Mon petit garçon se serait mieux comporté. Aleeke se serait levé en disant à l'hôtesse de se pousser de son chemin. Mais mon frère geignait de plus en plus fort et les autres passagers ont commencé à nous regarder. J'étais furieuse.

— Mohammed, tu nous fais remarquer. Vas-y, bon sang, quitte à pisser sur l'hôtesse si elle te barre la route !

— Ils vont m'en empêcher !

— Elle n'a pas le droit. Pourquoi obéis-tu ?

Cette femme le traitait comme un simple d'esprit. Chaque fois qu'il se levait, elle lui jetait un regard noir et, du coup, il se rasseyait. Je n'arrivais pas à comprendre pourquoi il avait attendu la dernière minute, ni pourquoi il se laissait faire.

À l'aéroport d'Heathrow, nous avons pris un autre avion jusqu'à Bahreïn. Après plus de dix-sept heures de vol, sans compter l'attente entre les avions et le trajet jusqu'à l'aéroport, j'étais complètement déboussolée. J'étais fatiguée, de mauvaise humeur, et j'en avez assez des sièges étroits, de l'immobilité et de la nourriture infecte.

Quand nous avons atterri à Bahreïn, j'ai demandé à Mohammed dans combien de temps je pourrais voir notre mère.

Il a sorti les billets et tendu le doigt vers un autre secteur de l'aéroport.

— On n'a pas fait la moitié du trajet, Waris. Il y a encore une correspondance. Pour Abou Dhabi.

— Pour Abou Dhabi ? Tu ne me l'avais pas dit.

J'étais déjà passée par cet endroit et j'en avais gardé un bien mauvais souvenir. Notre sœur y vivait, mais j'avais eu des problèmes avec mes papiers, tant et si bien que je n'avais pas eu le droit de sortir de l'aéroport pour aller la voir.

— Le vol ne dure qu'une heure. Ensuite, nous prendrons un autre avion pour la Somalie.

Durant ces vols interminables, j'ai été assaillie par le doute. Qui allais-je retrouver ? Qui serait en bonne santé ? Qui serait encore en vie sur cette terre de combats, de famine, de roches déchiquetées et de tourbillons de vent ? Comment ma mère réagirait-elle en apprenant que je n'étais pas mariée avec le père de mon enfant ? En Somalie, une mère célibataire est tout simplement une prostituée.

Je voulais que mon père me voie, qu'il regarde sa fille en face. Dans le monde entier, des gens avaient vu mon visage en photo, des photographes et des magazines avaient payé cher pour le capturer sur la pellicule, mais je me demandais si mon père savait à quoi je ressemblais. Quand j'étais enfant, il ne s'occupait que des garçons. Les filles étaient censées apporter le thé et disparaître aussitôt. Je ne devais pas adresser la parole à un homme, sauf pour lui répondre. J'avais à peine le droit de rester près des adultes quand ils parlaient ensemble. Depuis, j'avais vécu dans des pays où les hommes et les femmes parlent librement entre eux et je ne voyais pas de mal à ça. Je ne croyais pas que cela puisse porter malheur ou attirer un *djinn*.

Dès que j'ai été assez grande pour porter le bol à traire, ma mère m'a demandé de baisser les yeux quand je parlais à mon père.

— Pourquoi donc, maman ?

— *Ebwaye, ebwaye*, ma fille !

La honte, la honte ! C'était aussi ce qu'elle me disait si je m'asseyais les jambes écartées ou si je relevais ma jupe. Jamais elle ne répondait à mes questions, jamais elle ne me donnait d'explications. En quoi est-ce honteux ? Qu'est-ce ça prouve ? Qu'est-ce que ça signifie ? C'est ainsi en Somalie, mais ce que je n'appréciais déjà pas là-bas me paraissait encore plus haïssable après avoir vécu en Occident. Je respectais ma culture, mais j'avais envie de regarder mon père dans les yeux. Il ne détournerait pas les siens, il s'attendrait à ce que je baisse les miens, que je montre mon respect à son égard. Pas question. Je soutiendrais son regard et il me verrait en face, moi, Waris, sa fille, qu'il avait vendue à un vieil homme contre quelques dromadaires et qui gagnait maintenant sa vie toute seule. Il serait obligé de regarder cette fille qu'il n'avait jamais envoyée à l'école et qui écrivait maintenant des livres. Cette fille qui était devenue ambassadrice de l'ONU, chargée de la défense des droits des femmes.

J'avais aussi envie de parler des mutilations génitales féminines. Ma famille n'avait pas l'intention de me faire du mal en me faisant infibuler. Ma mère était passée par là, ainsi que ses sœurs et sa propre mère. Honnêtement, elles pensaient que cette pratique rituelle me rendrait pure. Elles étaient persuadées que le Coran l'exigeait. Je sais maintenant qu'il n'en est rien, mais ce n'est pas ce que disaient les *Wadaddo*, les religieux. Personne n'était capable de lire le Coran ni les hadiths – ma mère écoutait les cheiks, elle ne mettait pas leur parole en doute.

Je me souvenais de ces paroles de mon père : « Waris, tu es trop forte, trop rebelle. Tu dois prendre un époux avant que personne ne veuille de toi. » Il pensait que le mariage m'assagirait, que je cesserais d'élever la voix et de me comporter comme un garçon. En Somalie, ce n'est pas l'amour qui détermine le choix d'un mari. Ce sont les parents qui décident pour leur fille, afin d'assurer son avenir et sa descendance et d'affermir les alliances claniques. Le prix que l'homme paie pour sa future femme montre qu'il peut subvenir à ses besoins. S'il n'a rien à offrir et que son clan ne peut apporter un peu de bétail en contribution, c'est qu'il est isolé et incapable d'assumer la responsabilité d'une épouse.

— Quand Halimo se mariera, elle vaudra beaucoup de chamelles et de chèvres blanches, disaient mes tantes de ma grande sœur.

— *Hiiyea* ! approuvait ma mère en soulevant les jupes d'Halimo pour montrer ses jambes.

Bien entendu, c'était uniquement en présence des femmes, qui agrippaient sa robe pour la taquiner. Halimo virevoltait en exposant ses jolies chevilles. « Celle-là ne partira pas pour moins de vingt dromadaires, c'est moi qui vous le dis », se vantait maman. Elle ne soulevait pas ma jupe pour montrer mes jambes. Les miennes étaient arquées. Pas jolies, mais solides. Je marchais vite. Quand on s'occupe de chameaux, il faut être rapide. Si l'on avance à petites foulées, on n'arrive pas à destination avant la nuit et les hyènes ont une meilleure vision nocturne que les humains. J'aurais cru que mon père serait fier de moi parce que je me déplaçais aussi vite qu'un homme, mais il me réprimandait toujours quand je lui répondais ou que je retroussais ma robe. J'avais beau faire, je n'étais qu'une fille.

Quand mon père se fâchait, les enfants se cachaient derrière notre mère. Une fois, nous sommes arrivés sur un nouveau pâturage après avoir levé le camp au milieu de la nuit et, l'installation faite, mon père m'a envoyée garder les chèvres. J'étais si lasse d'avoir marché toute la nuit que je me suis endormie à l'ombre d'un arbre. Je n'étais qu'une petite fille et je n'arrivais pas à garder les yeux ouverts. Quand je me suis réveillée, je n'étais plus à l'ombre. Le soleil avait tourné et me brûlait tout un côté. Les bêtes avaient disparu. Disparu ! Terrifiée, j'ai voulu retrouver les traces de leurs sabots, mais elles étaient trop nombreuses pour que je puisse repérer la direction prise par le troupeau. Finalement, je suis montée au sommet d'un arbre. De là, j'ai aperçu les petites têtes des chèvres au loin, dans les hautes herbes. J'ai couru vers elles en bondissant comme une gazelle. J'étais si soulagée de les avoir retrouvées que je ne voulais même pas savoir si certaines manquaient. J'ai fait comme si rien ne s'était passé et je suis retournée au camp.

Or, chaque soir, mon père comptait tous les animaux un par un avant de les mettre dans l'enclos et il recommençait chaque matin avant qu'ils aillent paître. Dès qu'il a commencé à compter, je me suis cachée derrière ma mère. Il a compté lentement, *koe, laba, suddah, afra, shun* – jusqu'à cinquante. Au fur et à mesure qu'il s'approchait de la fin, je me recroquevillais un peu plus. Il a recompté deux fois, mais deux bêtes manquaient, une chèvre et un agneau. « Waris, viens ici », a-t-il dit. Je n'ai pas bougé. Il s'est avancé vers moi.

— Je t'ai appelée. Tu n'as pas entendu ?

— Excuse-moi, papa. Je ne savais pas que tu me cherchais.

— Approche.

— Non.

Je savais que si je m'avançais, il me réduirait en bouillie.

Personne n'avait jamais répondu non à mon père. Personne. Mais je n'avais rien à perdre. J'allais y passer de toute façon, alors autant tenter ma chance. J'ai pensé m'enfuir en courant, mais où aller ? Un jour ou l'autre les parents vous rattrapent.

Mon père a attrapé un bâton et ma mère lui a demandé de se calmer. « Ne la bats pas. Ce n'est qu'une enfant. Cherchons plutôt à comprendre où les bêtes ont pu aller. » En guise de réponse, il l'a frappée si fort qu'elle est allée heurter l'enclos et s'est effondrée sur le sol. Du sang coulait de son nez et de sa bouche. J'ai compris que si je ne m'éloignais pas de ma mère, il me tuerait, moi aussi.

Quand mon père était en colère, il me faisait penser à un lion furieux. Il était sans pitié. Rien ne l'arrêtait. Les lions sont des rois. Ils ne s'agitent pas, ne font pas de bruit et quand ils ont faim, ils tuent élégamment, avec grâce. Ils attaquent leur proie en la prenant au nez ou à la gorge et la mort est presque instantanée. Mais, tout calmes et dignes qu'ils soient, il y a une chose qu'ils ne supportent pas, c'est d'être ennuyés, surtout par les hyènes. Une fois, j'ai vu une hyène tourmenter un lion. Au début, il n'a pas bougé, puis soudain, il en a eu assez. Il s'est détendu et d'un seul bond, il a attrapé cette peste au milieu du dos et lui a cassé la colonne vertébrale. Il l'a un peu secouée dans sa gueule avant de la jeter au loin.

J'avais bien l'intention d'aller expliquer à mon père qu'une femme est capable de réussir sa vie par elle-même.

Dès que l'avion a atterri sur la piste de l'aéroport d'Abou Dhabi, j'ai eu l'estomac noué, comme si j'arrivais à un point d'eau à sec après avoir marché des jours entiers. Cet aéroport et les Émirats Arabes Unis m'avaient laissé un très mauvais souvenir. J'espérais que cette fois, tout irait bien. Malheureusement, quand nous avons voulu récupérer nos bagages, ils n'étaient pas sur le tapis roulant. Nous avons attendu longtemps. Je savais que c'était mauvais signe et j'avais peur de rater l'avion pour la Somalie. J'en aurais pleuré. Au début, j'ai cru que nous nous étions trompés de tapis roulant. Là-bas, tout est en arabe, une langue que je ne comprends pas. J'ai demandé l'avis de Mohammed.

— On est au bon endroit, Waris. J'ai reconnu d'autres passagers de l'avion.

— Qu'ont-ils fait de nos bagages ?

— Je m'en occupe.

— Laisse-moi faire, Mohammed, j'ai l'habitude. Je voyage beaucoup.

Mais il n'y a rien eu à faire. Il est allé interroger une employée dans un petit bureau, un peu plus loin. De l'extérieur, je voyais bien qu'elle ne se montrait pas coopérative et Mohammed était incapable de lui expliquer ce qui se passait. Elle secouait la tête et montrait du doigt l'étage supérieur. Visiblement, elle n'avait rien à voir avec le service des bagages et n'avait aucune idée de l'endroit où se trouvaient les nôtres. Mohammed s'est senti si frustré qu'il lui a crié quelque chose en somali avant de sortir, furieux.

J'ai pris les choses en main. « Laisse-moi parler à ces gens, mon frère. On n'arrivera à rien comme ça. » Je suis retournée voir la femme. Elle m'a dit de monter à l'étage, où je trouverais le guichet des renseignements.

Après avoir fait la queue, j'ai expliqué notre cas à l'homme derrière le comptoir. Il n'a même pas pris la peine de lever les yeux ni de m'adresser la parole et s'est contenté de faire un geste vague en direction d'un autre secteur de l'aéroport. J'ai insisté. « Excusez-moi. Vous parlez anglais ? » Un autre geste vague. J'ai compris que ne tirerais rien de lui. Mieux valait m'adresser à quelqu'un d'autre.

Un homme en uniforme m'a orientée vers la porte d'arrivée de notre vol. Nous sommes donc retournés d'où nous venions. La robe que Dhura m'avait prêtée était trop longue et j'oubliais tout le temps de la relever sur le devant, ce qui fait que je me prenais sans cesse les pieds dedans. J'avais l'impression de marcher entravée. À la porte d'arrivée, l'employé à qui nous avons expliqué notre cas nous a regardés comme si nous tombions de la lune.

Je commençais à m'énerver. « En bas, on nous a dit de venir chercher nos bagages ici. On aimerait pouvoir les récupérer. Que se passe-t-il ? » L'homme a haussé les épaules en jetant un coup d'œil à Mohammed, avant de nous tourner le dos. Voyant qu'il allait nous planter là, je me suis mise à crier. « On fait quoi, maintenant ? On s'en va sans nos bagages ? Quand vont-ils arriver ? »

Il s'est retourné et s'est adressé à Mohammed. « Je n'en sais rien. Allez vous asseoir là-bas. » Il tendait le doigt vers des bancs de bois des plus sommaires. « Quelqu'un va vous renseigner. »

Les avions atterrissaient et décollaient, des familles accueillaient les arrivants, prenaient les bébés dans les bras. Toutes les femmes ou presque portaient le tchador noir. Les hommes étaient soit habillés à l'occidentale, soit vêtus de la tunique musulmane traditionnelle. Au-dehors, le soleil se couchait. Il commençait à faire sombre.

« Mohammed, vérifie l'heure du décollage sur les billets. Je ne veux à aucun prix rater l'avion pour la Somalie. » Comme il avait du mal à déchiffrer l'horaire, j'ai pris les billets et j'ai décidé d'aller me renseigner pour être sûre de ne pas manquer cet avion. Je me suis couvert la tête et le visage, mais mon foulard en soie ne cessait de glisser. Je suis remontée au comptoir de la compagnie d'aviation. « Nous avons attendu nos bagages toute la journée et j'ai besoin de savoir à quelle heure décolle l'avion pour la Somalie. Nous ne voudrions pas risquer de le rater. »

L'employé a continué à trier ses papiers.

— Il n'y a plus de vol pour la Somalie aujourd'hui.

— Je ne comprends pas.

Mon foulard était carrément tombé sur mes épaules, mais je me fichais que cet homme ne me croie pas musulmane.

— A-t-on raté l'avion ? Personne ne nous a rien dit. Personne n'est capable de nous renseigner.

— Il n'y a plus de vol pour la Somalie aujourd'hui.

J'ai donné une petite tape sur le comptoir pour l'obliger à lever les yeux.

— Impossible. Il doit y avoir une erreur.

— Faites voir vos billets.

Il avait l'air excédé. Après les avoir examinés, il a pointé le doigt sur les chiffres marqués dans les petites cases.

— Regardez, vous êtes partis le 29 septembre et votre date d'arrivée en Somalie est le 2 octobre.

— Comment ça ?

— Aujourd'hui, on est le 30 septembre. Je répète, votre vol part le 2 octobre, dans deux jours.

À la façon dont il désignait les chiffres marqués sur les tickets, j'avais l'impression d'être une débile mentale. Il a poussé les tickets vers moi sur le comptoir, comme si j'étais une créature impure, puis il s'est désintéressé de mon cas.

Je suis redescendue voir mon frère, qui avait l'air plus inquiet et égaré que jamais.

— Mohammed, rends-toi compte, on doit passer deux jours dans cet aéroport infect ! Ces gens se moquent de moi ! C'est tout juste s'ils m'adressent la parole parce que je suis une femme. Je regrette, je suis moi-même une musulmane.

Mohammed me dévisageait, les mains entre les genoux. J'ai pris plusieurs inspirations pour me calmer, puis je me suis souvenue de notre sœur, Fartun. Elle est employée de maison dans une famille saoudienne et n'habite pas loin de l'aéroport. « Mohammed, on prend un taxi et on va voir Fartun. Autant en profiter pour lui rendre visite. On pourra prendre une douche et dormir dans un lit en attendant le départ de l'avion. » Nous avons rassemblé nos bagages à main, puis je suis allée me laver le visage aux toilettes. J'ai noué le foulard autour de ma tête, dans l'espoir de le fixer. C'était un supplice d'avoir les cheveux et le visage couverts en permanence. Qu'avais-je fait pour mériter pareille punition ?

Mohammed est passé sans problème au contrôle des passeports. Avec des documents de voyage hollandais, il n'avait pas besoin d'un visa. Mais l'employé des douanes au nez crochu qui a pris mon passeport a entrepris de l'examiner page par page.

— Vous n'avez pas de visa pour entrer aux Émirats Arabes Unis, a-t-il articulé lentement, comme s'il s'adressait à un enfant.

J'en ai eu le souffle coupé.

— Soyez gentil.

Les mots peinaient à sortir de ma gorge sèche.

— Je suis en route pour la Somalie et je n'ai pas vu ma famille depuis plus de vingt ans. Notre avion ne part que dans deux jours et je voudrais juste aller chez ma sœur en attendant.

L'homme a répété que je n'avais pas de visa tout en tapotant mon passeport de ses doigts épais.

— Vous voyez bien que je suis somalienne ! Je veux juste aller passer deux jours chez ma sœur en attendant de retrouver ma mère en Somalie.

— Vous n'avez pas les documents pour pouvoir entrer dans le pays.

Il fuyait mon regard et contemplait le mur derrière moi.

— Vous voulez dire que je ne peux quitter cet aéroport ?

— Exactement.

Il m'a pratiquement jeté mon passeport et s'est adressé au suivant dans la file.

Je ne comprendrai jamais à quoi riment ces exigences en matière de documents et de papiers. Comment peut-on exercer un tel pouvoir sur les gens ? Comment peut-on leur dicter ce qu'ils ont à faire ? En Somalie, personne n'a de papiers. Pas besoin de passeport pour mener ses chèvres vers un peu d'herbe fraîche. Si l'on veut rendre visite à quelqu'un, on y va, on n'a pas besoin de papiers pour faire entrer des gens et en faire sortir d'autres. On fait ce qu'on a envie de faire, ce qu'on a besoin de faire. On est une personne, pas un ensemble de chiffres et de lettres inscrits sur un bout de papier. Un nomade ne se préoccupe pas de l'endroit d'où il vient. Ce qui compte, c'est l'endroit où il se trouve. Une fois, j'ai interrogé ma mère sur l'année de ma naissance. Elle ne s'en souvenait pas.

— Il me semble qu'il pleuvait, Waris, mais je n'en suis pas sûre.

— Maman, tu ne te rappelles pas ?

— Quelle importance, mon petit ? Non, je ne m'en souviens pas.

J'ai effectivement l'impression d'être venue au monde à la saison des pluies. Pourquoi ? Parce que j'aime l'eau et notamment la pluie. Donc, ma mère doit avoir raison. Mais j'ignore en quelle année je suis née. J'ignore mon âge.

Il y a près de vingt ans, quand j'avais quatorze ans, mon oncle, l'ambassadeur, a décidé de m'emmener à Londres comme employée de maison dans sa famille. Il m'a expliqué que j'aurais besoin d'un passeport. J'ai dit oui, mais j'ignorais ce qu'était un passeport.

Il m'a conduite dans un endroit où l'on m'a prise en photo et le lendemain, nous avions le passeport.

Je n'ai pas regardé ce qui y était inscrit. Je n'ai vu qu'une chose : ma photographie. Je ne m'étais jamais vue auparavant. Sur le cliché, je regardais en l'air, pas en direction de l'objectif. Comme j'étais mal à l'aise, lorsque le photographe m'a demandé d'ouvrir les yeux je les ai levés au ciel. En fait, j'étais en train de prier, parce que je ne savais pas ce qui se passait. C'est seulement des années plus tard, à Londres, que j'ai compris ce qu'était un passeport. Mon oncle a juste inscrit une date de naissance sur celui qu'il m'a fait. Je me demande encore laquelle.

À Abou Dhabi, j'ai laissé mon frère dans la foule. Il fallait que je bouge, que je m'active. Je suis remontée à l'étage et j'ai découvert qu'il y avait un hôtel dans l'aéroport.

J'ai demandé à l'employé chargé des réservations s'il y avait des chambres libres.

— Oui, mais il faut payer en liquide.

Il se comportait comme si je n'avais pas de quoi payer.

— C'est cent cinquante dollars la nuit. Des dollars américains, évidemment.

Seigneur, ai-je pensé, heureusement que j'ai de l'argent. J'ai payé, trop fatiguée pour me préoccuper du prix.

La chambre était une petite pièce miteuse, avec ses serviettes de toilette bon marché, un dessus-de-lit marron crasseux et un lit pour une personne. Je me suis allongée et j'ai fondu en larmes. Je pensais à mon petit garçon, que j'avais laissé avec cette sorte d'infection sur la tête pour me lancer dans ce voyage insensé. Il avait des plaques chauves sur son adorable petit crâne et j'ignorais ce que c'était. Je me demandais si Dieu n'essayait pas de me dire quelque chose. Peut-être me punissait-Il. Je me sentais impuissante, prise au piège.

Le pire, c'est que j'avais déjà vécu une expérience traumatisante à Abou Dhabi. On m'avait renvoyée de ce même aéroport. J'y voyais une sorte de malédiction. À l'époque, ma mère avait été prise dans une fusillade entre clans rivaux. Elle était en train de ramasser tranquillement du petit bois lorsque les militaires avaient commencé à se tirer dessus. En tentant de fuir, elle avait pris deux balles dans la poitrine. J'ai alors envoyé de l'argent à Fartun pour qu'elle la fasse transporter et soigner à Abou Dhabi, puis j'ai sauté dans le premier avion. À New York, on m'avait dit qu'un visa n'était pas nécessaire, mais quand je suis arrivée à Abou Dhabi, après dix-huit heures de vol, impossible de quitter l'aéroport. Un gros type laid m'a déclaré que sans visa, je ne pouvais entrer dans le pays. Ma mère et ma sœur m'attendaient à l'arrivée, mais je n'ai pas pu les voir. J'étais si déterminée que j'ai repris l'avion pour New York, où je suis allée droit à l'ambassade des Émirats Arabes Unis et j'ai obtenu mon visa. Une fois encore, j'ai dépensé 2 704 dollars pour repartir vers Abou Dhabi. Et à l'arrivée, je suis retombée sur l'affreux bonhomme. Il lui manquait deux dents devant et je lui aurais bien cassé toutes les autres si j'avais pu. Il a pris mon passeport portant le tampon du visa et il m'a plantée là, dans la zone de la douane. J'ai attendu la journée entière, sans oser aller aux toilettes ou chercher à manger, de peur qu'il revienne et ne me trouve pas. Finalement, j'ai entendu appeler mon nom. Quand je suis arrivée, l'homme m'a déclaré d'un ton méprisant que je n'étais pas autorisée à entrer dans le pays.

Je l'ai supplié.

— Je vous en prie, je suis retournée à New York chercher le visa que vous me demandiez. Quel est le problème ? Soyez gentil, ma mère m'attend. Elle est blessée. On a tiré sur elle. Laissez-moi aller la voir.

— Je vous répète que vous n'êtes pas autorisée à entrer.

Il m'a tendu mon passeport.

— Vous repartez par le premier avion.

— Je ne partirai pas d'ici tant qu'on ne m'aura pas expliqué ce qui se passe.

— Un avion pour Londres va bientôt décoller. Je vous mets dedans.

— Pourquoi Londres ? J'habite à New York.

J'ai eu beau crier, supplier, il n'y a rien eu à faire. L'homme m'a montré des policières en uniforme à l'air peu engageant. « Vous voyez ces femmes ? À vous de choisir. Ou bien vous prenez le premier avion, ou bien c'est elles qui vous y mettent de force et, croyez-moi, elles ne prendront pas de gants. » Les femmes m'ont accompagnée à l'avion, tandis que les gens riaient sur mon passage. Je ne l'oublierai jamais.

Et j'étais de nouveau coincée dans ce même aéroport, traitée comme un être inférieur et obligée de dépenser plus de trois cents dollars pour passer deux nuits dans une chambre pouilleuse. Cela me restait sur l'estomac, me sortait par les yeux, me fendait le cœur. Les mots me manquaient pour décrire ce que j'éprouvais.

« Islam » signifie « soumission » et le musulman est celui qui se soumet à Dieu. Je suis tombée à genoux et j'ai prié Allah de m'accorder son aide. Après tous ces ennuis, je me demandais si je connaîtrais à nouveau des moments heureux et positifs. J'ai répété : « *Inch' Allah, Inch' Allah,* Allah va tout arranger. » Je suis profondément persuadée qu'il y a une raison à tout. Il fallait espérer que celle-ci était bonne.

6

Route de nuit

Prière contre les démons

Démons qui rôdez derrière nous,
soyez cloués sur place.
Démons qui guettez devant nous,
soyez forcés à fuir.
Démons qui planez au-dessus
de nous, soyez immobilisés.
Démons qui surgissez en dessous
de nous, soyez repoussés.
Démons qui foulez le sol à côté
de nous, soyez éloignés.

Gebai somalien.

Les paroles d'une chanson résonnaient dans ma tête pendant que l'avion atterrissait sur ma terre désertique après plus de vingt années d'absence : « *Hello, Mama Africa, how are you doing ? I'm feeling good and I hope you are too.* » J'avais un grand sourire aux lèvres en sortant de l'avion. J'étais enfin chez moi ! J'ai descendu la passerelle d'un pas dansant, le cœur battant en retrouvant le décor familier et surtout le ciel du désert. Le ciel somalien abrite le soleil et la lune ; immense, il englobe le lendemain. Il est si vaste que l'on se sent soi-même grand et non pas tout petit. J'ai écarté les bras, juste pour sentir l'espace, pour toucher du doigt la liberté. L'ardeur du soleil est telle que tout se détache nettement et paraît proche. Je voyais l'océan Indien et j'avais l'impression de pouvoir sauter dedans. Il y avait si longtemps que je n'avais pas entendu le doux bruit du vent dans l'immensité du désert que je l'avais presque oublié. Je connaissais les acacias, les scarabées, les termitières, le minuscule *dik-dik*, les autruches et le bruit sec que font les tortues. Les visages des gens que je voyais dans l'aéroport de Bosasso m'étaient familiers, je connaissais leurs pensées, leur façon d'agir. C'était une impression merveilleuse après toutes ces années où je n'avais été qu'une étrangère cherchant désespérement à comprendre le monde qui l'entourait et à se couler dans le moule. J'ai immédiatement identifié l'odeur qui est venue me chatouiller les narines : celle de l'*angella*, que nous prenons au petit déjeuner. C'est une crêpe aigre, qui nous tient au corps toute la journée. Exactement l'opposé des céréales soufflées trop sucrées. J'avais les larmes aux yeux, mais c'était des larmes de joie. Mama Somalie, me disais-je, tu m'as tellement manqué, comment ai-je pu rester si longtemps loin de toi, tu comptes tellement pour moi ! Qu'est-ce donc qui m'avait retenue ? Ici, les gens me regardaient dans les yeux, ils avaient l'air normal et j'éprouvais un merveilleux sentiment d'appartenance. Cette terre est la source de mes rêves. Je suis une fille d'Afrique. J'avais hâte de revoir ma mère pour être vraiment, totalement chez moi.

Le soleil était pratiquement au zénith dans un ciel sans nuages et il faisait incroyablement chaud. Après avoir vécu des années à Londres et à New York, j'avais perdu l'habitude d'une telle chaleur. Elle montait par vagues du sol et j'en avais le souffle coupé. Au loin, l'océan Indien miroitait et la petite brise qu'il apportait était la bienvenue pour m'aider à me réhabituer. Avec une pareille température, il faut être détendu. Impossible de courir partout, stressé et excité.

Il n'y avait ni bus ni trains à la sortie de ce minuscule aéroport. Sur la route, devant le terminal blanchi à la chaux, des hommes attendaient avec des voitures de location. Celles-ci appartiennent en majorité à des femmes, qui se sont prostituées en Arabie Saoudite pour ne pas mourir de faim ou mendier dans les camps de réfugiés. Elles les ont achetées avec leurs économies, les ont expédiées par bateau en Somalie, ont engagé des chauffeurs et créé des compagnies de taxis. Les Somaliennes ne conduisent pas, mais posséder une voiture est un signe de richesse.

Mohammed s'est dirigé vers la file de voitures. Il a examiné les conducteurs, puis s'est arrêté devant l'un d'eux, un membre de notre tribu, qu'il avait connu à Mogadiscio. « Voilà, nous allons prendre Abdillahi. C'est un Majerteen. » Notre père appartient au clan Majerteen.

J'étais inquiète.

— Écoute, mon frère, le plus important, c'est de choisir un véhicule qui ne va pas tomber en panne au milieu de nulle part.

Mais Mohammed avait déjà pris sa décision.

— Waris, on peut faire confiance aux gens de son clan. Voyons s'il peut nous conduire à Galcaio.

L'engin d'Abdillahi était une vieille canadienne délabrée, avec l'avant abîmé et le capot fermé par du fil de fer. Les sièges étaient défoncés et les pneus lisses comme la joue d'un bébé. La jeep Cherokee jaune que j'avais louée pour Daryl avait des pneus marqués de profondes cannelures, mais je ne m'attendais évidemment pas à trouver quelque chose de similaire en Somalie. Mohammed et Abdillahi se sont salués à la musulmane, par une double poignée de main, puis ils ont parlé bras dessus, bras dessous. Abdillahi était un homme de grande taille, au visage mince orné d'un petit bouc. Il portait une chemise blanche sur le traditionnel *ma-a-weiss*, une bande de tissu imprimé que les hommes nouent autour de la taille et qui retombe devant en un long pan jusqu'à mi-mollet. À l'aéroport, la plupart des hommes en portaient. Mohammed et Abdillahi sont entrés à l'intérieur de l'aérogare pour payer les taxes d'aéroport et récupérer nos papiers que l'hôtesse avait pris au moment de l'embarquement. Avec mes documents de voyage britanniques qui spécifient que je n'ai pas le droit de me rendre en Somalie, j'étais morte de peur à l'idée d'être retenue ou expulsée, mais Mohammed m'avait dit de ne pas m'inquiéter. En attendant les deux hommes, je sentais la sueur ruisseler de ma nuque jusqu'aux reins. Je me demandais pourquoi ils mettaient autant de temps. J'avais l'impression qu'il faisait au moins quatre-vingt-dix degrés et je n'avais qu'une hâte, monter dans la voiture, ôter le foulard de soie qui me collait à la tête et au cou et filer.

Quand ils ont émergé du bâtiment, j'ai vu qu'Abdillahi était perturbé.

— Mohammed a failli se bagarrer avec les policiers ! s'est-il exclamé.

Mon frère semblait furieux.

— Ils n'avaient pas à garder nos papiers après que j'ai payé les taxes !

J'ai demandé à Abdillahi, qui semblait plus rationnel, de m'expliquer ce qui s'était passé.

— Il s'est énervé après l'employé et a commencé à crier. Un policier l'a repoussé et il a failli lui mettre son poing dans la figure.

Il s'est tourné vers Mohammed.

— Du calme, l'ami. Ici, nous ne sommes pas en Europe. Ces types ont des revolvers et ils n'hésiteront pas à s'en servir. Ils se fichent pas mal de ton histoire. Un bon conseil : tiens-toi à carreau et ne discute pas avec les gens armés. S'ils t'abattent, cela te fera une belle jambe d'avoir eu raison !

Abdillahi s'était hâté d'entraîner mon frère au-dehors avant qu'il n'ait assommé quelqu'un. Les policiers avaient restitué mes papiers, mais je n'avais qu'une peur, c'est qu'ils changent d'avis.

Maintenant, les deux hommes s'étaient lancés dans une discussion à propos des méthodes de la police et des soldats drogués au *khat*. Pour ma part, je ne pensais qu'à fuir cet endroit et à retrouver les miens. J'ai demandé à Abdillahi s'il pensait pouvoir retrouver ma mère. Il a hoché affirmativement la tête.

— Comme votre famille vit près de la frontière éthiopienne, il ne devrait pas y avoir de problème. Je viens de là-bas. J'ai conduit toute la nuit pour être à l'arrivée de l'avion.

— Tu as une carte, Abdihalli ?

Il m'a jeté un coup d'œil amusé.

— Je suis somalien.

Mohammed s'est mis à rire.

— Il a la carte dans sa tête, Waris. Il retrouvera les nôtres, ne t'en fais pas.

Soudain, j'étais tout excitée à l'idée de tenir ma mère dans mes bras, de toucher son visage.

— Il nous faudra combien de temps ?

Abdillahi a caressé son bouc.

— Entre huit et neuf heures. Cela dépend de l'état de la route et des barrages de l'armée qu'on peut rencontrer.

— Huit heures !

Je n'en revenais pas. J'avais déjà perdu trois jours précieux dans des avions et dans une méchante chambre d'hôtel et je me retrouvais avec la perspective d'une journée de route alors que le soleil était déjà haut dans le ciel. Au bord de la crise de nerfs, j'ai arraché le foulard qui m'étouffait et je me suis mise à marcher de long en large. À chaque pas, je me prenais les pieds dans ma robe. La chaleur m'oppressait et je n'avais qu'une hâte, m'en aller, en finir avec ce voyage. Huit heures de route, ce serait deux jours de moins auprès des miens, si je comptais le retour jusqu'à l'aéroport de Bosasso. Mohammed et Abdillahi me regardaient comme si j'étais devenue folle. Ni l'un ni l'autre ne semblaient avoir la notion du temps. Ils vivaient sur une autre planète que la mienne, une planète sans rendez-vous, sans délais à respecter. Pourtant, je n'avais pas le choix. Il ne me restait plus qu'à me calmer et à prendre les choses avec philosophie.

Mohammed a abordé la question de la somme que demandait Abdillahi pour nous conduire. Le chauffeur voulait trois cents dollars américains Mohammed a proposé le tiers. Abdillahi a refusé.

Je me suis approchée de mon frère. « Mohammed, ne perdons pas de temps à ça. » Il m'a jeté un regard noir et j'ai dû battre en retraite.

Mohammed s'est tourné vers Abdillahi.

— Écoute, nous sommes Majerteen, toi et moi. Ma sœur et moi ne sommes pas des étrangers.

— Je suis pauvre, j'ai besoin d'argent pour mes enfants.

— Voyons, cent dollars représentent déjà une belle somme, tu le sais aussi bien que moi. C'est déjà largement plus que le tarif habituel pour cette course.

Mon frère a ajouté en plaisantant :

— Par-dessus le marché, tu viens de voir que je ne me laisse pas faire !

— Ça non !

Abdillahi n'a pu s'empêcher de sourire.

— J'ai intérêt à vous emmener avant que tu n'aies d'autres ennuis. Si tu blesses quelqu'un, je devrai contribuer à payer le prix du sang.

— D'accord pour cent dollars, donc ?

— D'accord.

Les deux hommes se sont serré la main. J'ai donné l'argent à Abdillahi pour qu'il nous conduise vers le petit village près de Galcaio où ma mère avait été vue pour la dernière fois. L'homme avait l'air intelligent. Visiblement, il savait ce qu'il faisait. Cela ne l'empêchait pas de me traiter comme tous les hommes traitent les femmes en Somalie. C'était moi qui payais la course, mais Mohammed et lui m'ont laissée traîner mon sac et nos autres bagages pendant qu'ils allaient tranquillement saluer d'autres membres de la famille clanique de leur connaissance.

Dès que nous avions mis le pied sur le sol somalien et que Mohammed avait parlé somali, il était devenu un autre homme. Il s'était redressé et marchait la tête haute. Il était devenu agressif et suffisant, une attitude qui me rappelait sa façon d'agir quand il venait nous voir étant gamin. Ce garçon qui était comme un étranger pour moi est arrivé un jour au camp et a commencé à faire des dessins dans la poussière avec un bout de bois. Il se comportait comme quelqu'un qui sait tout et à qui il faut obéir.

— Hé toi, t'es prête à apprendre l'alphabet ? m'a-t-il lancé.

Curieuse, je me suis approchée de lui.

— Assieds-toi.

J'ai préféré rester debout, néanmoins, de peur qu'il ne me batte avec son bâton. Comme ça, je pourrais m'enfuir plus vite. Il traçait rapidement des lettres sur le sol, mais cela ne me disait rien. Je n'avais jamais entendu parler d'écriture ni de lecture. Il m'a montré une lettre en demandant ce que c'était. Bien sûr, je n'ai pas su répondre. Ne comprenant pas ce qu'il faisait, j'ai continué à le regarder dessiner dans la poussière. Il s'est mis à hurler après moi en agitant son bâton sous mon nez. « Tu n'es qu'une idiote de nomade. Qu'est-ce que t'as à me regarder comme ça ? C'est les lettres que tu dois regarder, pas moi ! Épelle ! » Il criait si fort que je me suis mise à rire. Du coup, il a voulu me frapper. Je me suis enfuie pendant qu'il vociférait dans mon dos. « Vous, dans le désert, vous êtes trop paresseux et trop sots pour apprendre à lire et à écrire ! Je laisse tomber. Je n'ai pas de temps à perdre avec une fille. » Il m'a lancé une pierre qui m'a touchée à la cheville. J'ai eu une belle écorchure et ma mère m'a dit de me tenir à l'écart de Mohammed. Cela m'a dégoûtée de la lecture et de l'écriture.

…nant, Mohammed prenait de nouveau …érieurs et me traitait comme si j'étais …petite nomade ignorante. Il faisait horriblement chaud dans la voiture, mais quand j'ouvrais les vitres, des essaims de mouches entraient. J'ai donc attendu dehors, sous le soleil brûlant. Quand Mohammed est revenu, il m'a ordonné d'entrer dans la voiture comme si c'était moi qui faisais attendre tout le monde. Il est monté à l'avant, je me suis installée à l'arrière. Dès qu'on a démarré, il s'est tourné vers moi. « Tout ça, c'est grâce à moi, Waris. »

J'ai préféré ne pas répondre et me concentrer sur le paysage, sur ce pays qui m'avait tant manqué. En Somalie, les hommes sont ainsi. Ils n'écoutent pas les femmes. Aucune femme. C'est comme ça. Il faut s'adapter à la vie africaine, pas essayer de la changer.

Sur la route caillouteuse à la sortie de l'aéroport se trouvait une sorte de station d'essence. Avant de partir, Abdillahi a fait le plein et a rempli deux bidons qu'il a placés à l'arrière de sa vieille guimbarde. J'étais inquiète à l'idée de m'aventurer aussi loin sans carte ni protection. Quand nous avons commencé à rouler, j'ai prié Allah pour que nous ne rencontrions pas de barrages ou de soldats et pour qu'Il m'aide à retrouver ma mère. C'était la saison sèche, la *hagaa*, et toute la végétation était brune et parcheminée. La canadienne soulevait des tourbillons de poussière, qui rentrait par les vitres et se déposait partout. Au début, la route était bien tracée, elle était même pavée pendant une courte distance, mais très vite elle s'est transformée en piste de terre battue. Des traces de pneus partaient dans d'autres directions que l'itinéraire choisi par Abdillahi et j'espérais qu'il savait où il allait. J'espérais aussi qu'il savait éviter les monticules de sable et les rochers tombés ou jetés sur la voie.

Nous n'avions pas fait beaucoup de chemin quand il s'est arrêté près de quelques huttes construites au bord de la route. « J'ai besoin d'acheter du *khat*. J'ai roulé toute la nuit pour venir ici et ça va m'aider à tenir le coup. » Les habitants, qui étaient tranquillement assis à l'ombre, se sont précipités vers nous, des branches de *khat* à la main. J'appelle ces ramilles aux feuilles vertes les ramilles du démon. Les ramilles du Diable. J'ai le *khat* en horreur. Il mène mon pays à sa perte. Et voilà que je tombais dessus dès mon retour. Le *khat* ne pousse pas en Somalie. Ce sont l'Éthiopie et le Kenya qui récupèrent l'argent de son commerce. Abdillahi passait au ralenti devant les vendeurs et examinait soigneusement leurs rameaux de *khat*. Finalement, il a décidé qu'aucun ne lui plaisait et il a accéléré. Il y avait aussi des petits garçons en haillons qui tiraient sur des cigarettes. À six ou sept ans, ils fumaient déjà. Avec leurs membres gros comme des cure-dents, ils ressemblaient à des bébés araignées. Quand ils ont le ventre vide, les gosses mâchent du *khat* et ils ne ressentent plus la faim. Abdillahi s'est arrêté un peu plus loin et le manège a recommencé. Des petits garçons et des vieilles femmes se sont précipités vers la voiture avec du *khat*, mais il a agité le bras par la portière en direction d'une femme qui portait des ramilles enveloppées dans son *chalmut*. « Approche, Mama, approche ! Il est comment, le tien ? Il est frais ? D'aujourd'hui ? » Au bout de vingt-quatre heures, le *khat* perd ses propriétés. Comme les avions qui l'apportent en Somalie sont nombreux, les trafiquants n'ont jamais de problèmes pour en avoir du frais.

La femme s'est approchée. « C'est vrai qu'on a eu la sécheresse, mais celui-ci est arrivé d'Éthiopie cette nuit. » Abdillahi a caressé les feuilles, essayant de deviner leur état de fraîcheur.

Je suis intervenue :

— Hé, Abdillahi, décide-toi ! On n'a pas de temps à perdre.

— C'est du bon. Donne-lui-en vingt shillings.

— Pas question que je paie ton *khat* !

— Ça va m'aider à conduire. La route est encore longue. J'ai passé la nuit sur la route, pour être à l'arrivée de l'avion de la semaine. Le *khat* me gardera éveillé.

— Je t'ai déjà donné cent dollars.

— Tu as besoin de moi pour te conduire. Je connais la route et je sais où trouver ta famille. Si on a des problèmes avec la police, je leur donnerai du *khat*. La drogue, c'est tout ce qui les intéresse.

— Je n'ai pas l'intention de payer cette saleté. Si tu en veux, tu te l'achètes.

Il a cédé et il a payé son *khat* de sa poche. Il l'a posé sur son siège, près du volant, en lui donnant une petite tape amicale au passage. Puis nous sommes repartis. Tout en conduisant, Abdillahi arrachait les feuilles une par une et les fourrait dans sa bouche, où il en faisait une boule qu'il gardait dans une joue afin de pouvoir continuer à mâcher. Je savais qu'au bout de quelques heures, il aurait une joue toute gonflée et que le jus coulerait sur son menton. Il planerait et serait plein d'énergie. Il avait un petit lecteur de cassettes et il a mis le volume à fond. Tout au long de l'après-midi, Abdillahi a accompagné les chansons somalies, les *gebai*.

Celui qui a posé sa tête entre ses seins
Aura réussi sa vie
Ô Dieu ne me prive jamais
De la source du bonheur...

Il avait une voix haut perchée. La boule de *khat* l'empêchait d'ouvrir complètement la bouche, mais il chantait avec obstination.

Quand le sort fait que des jours mauvais
Attendent une tribu
Même les nuages doivent fuir la route
De ces êtres maudits.
Les anciens perdent leur assurance
Le conseil fait défaut.
Comme la barque retournée protège
Les dattes à maturité
Ainsi Dieu cache-il à la tribu
La lumière des sages.

La musique a brusquement cessé lorsqu'un pneu avant a éclaté en passant sur un nid-de-poule. Abdillahi a rangé la voiture sur le bas-côté. À cet endroit, mis à part de rares camions, aucun véhicule ne passait. Personne pour nous donner un coup de main. Abdillahi a sorti un cric et a entrepris de changer le pneu comme s'il n'avait fait que ça toute sa vie. Il faisait si chaud dans la voiture que j'ai attendu à l'extérieur, en plein soleil, car il n'y avait rien pour se mettre à l'ombre. Pour se donner du cœur à l'ouvrage, Abdillahi fourrait dans sa bouche des feuilles de *khat*. Quand nous sommes repartis, j'étais inquiète. Si ce pneu de rechange éclatait, il ne nous resterait plus qu'à attendre qu'un véhicule passe et que le conducteur vienne nous aider – s'il ne nous volait pas, ou pire encore. Abdillahi essayait d'éviter les ornières, mais nous étions à l'heure la plus chaude de la journée et la chaleur montait du désert comme de la vapeur. Il était persuadé que la température avait fait éclater le pneu tout autant que le nid-de-poule. Dès que nous sommes arrivés au village suivant, il s'est arrêté et a acheté un autre pneu. Les gens répareraient l'ancien et le revendraient au prochain automobiliste qui en aurait besoin. Quelle perte de temps, Seigneur ! Au cours de ce trajet interminable, nous avons changé de pneu au moins quatre fois. Nous avons roulé pendant quatorze heures en nous arrêtant sans cesse. Une grande partie des cent dollars que j'avais versés à Abdillahi a dû être consacrée à ces achats.

Dans le désert, les distances n'ont aucun sens. On voit si loin qu'on met une éternité avant de dépasser quelque chose. S'il n'y avait eu le nuage de poussière derrière la voiture, on n'aurait pas eu l'impression d'avancer. La route était très mauvaise et j'étais ballottée de tous côtés. Je sentais le moindre cahot. Un voyage en trois dimensions où nous étions autant projetés vers le haut et vers le bas que vers l'avant. Un voyage à travers un espace sans limites, un espace sans secrets où rien ne pouvait être dissimulé.

Le spectacle que j'apercevais par la vitre me fendait le cœur. Des enfants en haillons, à peine plus hauts que le ventre d'un dromadaire, se tenaient sur le bord de la route, l'air perdu, le désespoir dans le regard. Où étaient donc leurs parents ? Il y avait aussi des hommes aux dents noircies par le *khat*. Une fois, un vieil homme est resté à nous regarder changer un pneu en silence depuis le sommet d'un monticule, immobile, sans même chasser les mouches de ses yeux. Je m'attendais à voir des caravanes de dromadaires au beau pelage doré – les vaisseaux du désert –, mais nous ne dépassions que des gens dépenaillés, qui n'étaient accompagnés d'aucune bête. Le plus dur, pour moi, a été de voir une femme décharnée, plantée en plein désert avec un enfant sur le dos, qui nous faisait signe de nous arrêter pour l'emmener. La nuit tombait et nous n'avions pas rencontré le moindre village depuis des heures. La malheureuse n'avait qu'une moitié de chaussure. Le talon s'était détaché et elle avait les pieds en sang, des pieds semblables à ceux d'un chameau, avec de profondes crevasses et une peau épaisse. C'était insupportable. J'ai supplié Abdillahi de s'arrêter.

— Par pitié, prenons cette femme !

Mohammed s'est tourné vers moi.

— Qu'est-ce qu'il y a ?

— Elle n'a plus que la moitié d'une sandale et elle a les pieds en sang.

Moi aussi, autrefois, j'avais eu des pieds semblables, durcis et crevassés comme de la boue desséchée. Nous pouvions lui épargner encore dix kilomètres de marche dans l'obscurité, sous la menace des hyènes qui en voudraient à son enfant. Parfois, lorsque la route est longue, il arrive qu'on doive s'arrêter pour dormir dans le désert. Cela m'a rappelé quand je me suis enfuie de chez moi. Je me suis retrouvée seule dans le désert, avec les mouches pour seule compagnie. J'ai dû passer plusieurs nuits dans l'obscurité, sans nourriture, exposée à tous les dangers. J'avais peur de m'endormir, car je savais que des bêtes affamées rôdaient dans le noir. À un moment, je me suis réveillée en sentant le souffle d'un lion sur mon visage.

— Prenons-la. Il y a de la place dans la voiture. Elle peut s'asseoir à côté de moi.

Mais ils n'ont rien voulu entendre. Abdillahi a déboîté et l'a dépassée sans plus se préoccuper d'elle que si elle faisait partie du paysage. Pour mon frère et lui, les femmes étaient habituées à marcher. J'en aurais pleuré. Tout au long du trajet, nous croisions des femmes et de petits enfants, que nous laissions derrière nous dans un nuage de poussière.

Mohammed avait appris par d'autres membres de la tribu que mon père se trouvait peut-être maintenant seul dans le désert. Trois saisons des pluies auparavant, notre jeune frère Rachid, qui menait les dromadaires de mon père vers les puits de la tribu dans le Haüd, était tranquillement assis dans l'herbe près des bêtes lorsqu'il avait entendu du bruit. Il s'était levé pour voir ce qui se passait. Quelques secondes après, les balles sifflaient autour de lui. Il s'était mis à courir, poursuivi par les tireurs. Une balle lui avait transpercé le bras et il était tombé évanoui. Les soldats – si c'était des soldats – l'avaient laissé pour mort. Quand il était revenu à lui, ils étaient partis en emmenant les dromadaires. Il n'y avait plus que le bruit du vent. Le troupeau que notre père avait constitué à partir d'un couple de dromadaires, malgré les périodes de sécheresse et le manque de nourriture, avait disparu. Le travail de toute une vie. Son orgueil et sa seule fortune. Rachid s'était traîné jusqu'au camp, où notre mère l'avait soigné. Heureusement, la balle n'avait pas touché l'os et il s'était vite remis. Mais mon père était anéanti. Chez nous, il y a un dicton qui dit que dans son désespoir, un homme ira chercher ses chameaux jusque dans un panier à lait. À la suite de cet épisode, notre père avait perdu toute son énergie. Il restait des journées entières la tête dans les mains. Et puis, une nuit, il avait disparu. Nul ne savait s'il était parti à la recherche de son troupeau, dans le but de châtier les voleurs, ou bien s'il cherchait un endroit où mourir.

7
Maman

Au nom de Dieu clément et
miséricordieux (...)
Dirige-nous dans le sentier droit,
Dans le sentier de ceux que tu
as comblés de tes bienfaits,
De ceux qui (...) ne s'égarent point.

Coran, sourate première.

Nous roulions sans fin. Au loin, des collines bleues barraient l'horizon, mais elles semblaient reculer au fur et à mesure que nous avancions sous le ciel immense. La chaleur était intense, si intense que, selon Abdillahi, on risquait la mort si l'on ne s'abritait pas du soleil. Chaque buisson, chaque colline me rappelait mon enfance. Et ma mère. Petite fille, j'étais obsédée par elle. Je priais chaque jour pour qu'il ne lui arrive rien. Je la suivais partout, même si elle l'ignorait parfois. Maman était tout pour moi. Je me demande encore comment j'ai eu le courage de la quitter. Je n'ai sans doute jamais cru que j'en serais capable. Et finalement, une chose en entraînant une autre, je ne savais plus où elle était. Il y a un mot somali, *nurro*, qui signifie « instinct ». Allah a fait le don du *nurro* aux animaux et à ceux qui ont frôlé la mort. Il permet aux termites de construire leur termitière avec leur salive, au lézard de sortir de son œuf et de trouver à manger. Je voulais croire à mon *nurro*, tout en craignant d'être partie depuis trop longtemps pour savoir encore déchiffrer les signes. Je m'accrochais à cette idée pour ne pas pleurer d'angoisse et de frustration. Qui sait, j'avais peut-être perdu ma mère à jamais.

Quand la nuit est tombée, noire comme un serpent, j'étais découragée et morte de fatigue après le long trajet sur des pistes de terre défoncées par une chaleur torride. J'étais assaillie par les doutes. Que se passerait-il si Abdillahi ne trouvait pas le village et que nous soyons définitivement perdus ? À un moment, sans prévenir, il a quitté la route. Nous avons franchi une petite colline, puis il a coupé le moteur. Autour de nous, il n'y avait plus que l'obscurité et un silence absolu, profond comme le sommeil. Aucune lumière ne signalait l'existence d'un village, mais Abdillahi a annoncé : « Nous y sommes. C'est ici. » Soudain, je me suis sentie pleine d'énergie. J'ai fait un bond sur mon siège.

— Tu en es sûr, Abdillahi ? Ma mère vit ici ?

— Absolument sûr, Waris.

— Allah soit loué.

J'étais folle de joie de toucher enfin au but. Le trajet avait été long, mais nous nous en étions bien tirés, sans rencontrer d'autres obstacles que la chaleur et les problèmes de pneus. Je suis sortie de la voiture et je me suis appuyée contre la carrosserie pour respirer de grandes bouffées d'air. J'adore cette odeur. C'est l'odeur de chez moi.

Abdillahi a pointé le doigt vers une maison carrée à l'extrémité du village endormi. « C'est là qu'habite ta famille. » Mohammed et lui sont allés frapper à la porte. Au bout de quelques instants, celle-ci s'est ouverte sur un homme de haute taille qui serrait son *maa-a-weiss* autour de lui. Mohammed m'a dit que c'était un cousin, Abdullah. Abdullah savait où habitait tout le monde. Il nous a conduits vers une autre petite maison au bout d'une rue étroite. Il a cogné aux volets de bois et une femme enceinte a ouvert la porte. Elle nous a regardés, encore tout ensommeillée, pendant qu'Abdullah expliquait qui nous étions.

— Et toi, qui es-tu ? ai-je demandé à la jeune femme.

— Je suis Nour, l'épouse de ton frère Burhaan, mais il n'est pas ici.

Lorsque Mohammed lui a dit que j'étais à la recherche de ma mère, elle est allée chercher son foulard, puis elle a pris ma main. Elle nous a guidés dans le noir le long d'un petit chemin. On n'entendait que le bruit étouffé de nos pas sur la terre battue.

Bientôt, j'ai distingué la forme d'une hutte minuscule, un abri rudimentaire fait de piquets réunis par de la ficelle, avec un toit de tôle. Nous nous sommes arrêtés devant.

J'ai pris une profonde inspiration, puis j'ai chuchoté à Nour et Mohammed :

— S'il vous plaît, ne dites rien tant que je ne l'ai pas serrée dans mes bras.

Il n'y avait évidemment pas de verrou sur la porte, qui n'était en fait qu'une mince plaque de tôle attachée aux angles par du fil de fer. J'ai dû la soulever et la tirer pour l'ouvrir. Tout de suite, j'ai buté sur les pieds de maman. Il n'y avait qu'une pièce, si petite que ma mère touchait la porte une fois allongée. Elle s'est dressée sur son séant et a lancé dans le noir : « Qui est là ? » Je me suis rapprochée de son visage à quatre pattes en me guidant au son de sa voix. Mohammed s'est baissé en entrant, mais il est si grand qu'il a heurté le plafond de la tête. En entendant de nouveau du bruit, ma mère a répété : « Qui est là ? » J'ai gardé le silence, pour profiter de ce moment unique, puis, à tâtons, j'ai pris son visage dans mes mains et j'ai frotté ma joue contre la sienne pour qu'elle sente couler mes larmes. Elle a écouté quelques instants ma respiration et a demandé encore une fois :

— Qui est là ?

— C'est moi, maman, c'est Waris.

Elle en a eu le souffle coupé et j'ai su qu'elle avait reconnu ma voix. Elle m'a attirée vers elle avec force, comme un petit enfant qui a failli tomber dans le feu.

— Waris ? C'est vraiment toi, ma fille ?

— Oui, maman, c'est moi. Mohammed est là, lui aussi.

Elle a pris ses mains dans les siennes et je sentais ses larmes de joie couler sur mon bras. « Je vous croyais morts ! Où étiez-vous donc ? Allah, Allah ! Ma fille, mon fils ! » Elle s'est tournée vers moi et m'a bercée tout en faisant semblant de me gronder. « Allah, Allah ! Tu veux ma mort, Waris ! Qu'est-ce qui t'a pris d'entrer comme une voleuse ? » Elle s'est mise à rire et à pleurer en même temps. « Rentre chez toi ! Ces choses-là ne sont plus de mon âge. » Elle me serrait à nouveau avec force contre elle. « Ah, ma fille ! Qu'est-ce que tu fais ici ? »

J'ai éclaté de rire. Elle ne m'avait pas vue depuis des années et quand je débarquais par surprise au milieu de la nuit, elle trouvait le moyen de plaisanter. Pourvu que j'aie hérité d'un peu de son caractère.

Elle a étreint mon frère à son tour. « En entendant quelqu'un se cogner la tête, j'aurais dû me douter que c'était mon Mohammed *Dehrie*. » *Dehr* signifie le Grand. C'est le surnom de mon frère, parce que, debout, il atteint le sommet du crâne d'un dromadaire.

Allongé auprès de ma mère, un enfant était en train de dormir. Le bruit de notre conversation ne l'avait pas réveillé.

— Qui est ce petit garçon, maman ?

Elle lui a caressé la tête.

— C'est l'aîné de ton frère Burhaan, Mohammed *Inyer*, Petit Mohammed.

Abdillahi a proposé d'emmener Mohammed dormir chez mon oncle Ahmed, parce que la hutte était trop étroite pour nous accueillir tous. Après leur départ, tandis que Petit Mohammed continuait à dormir, ma mère a allumé la petite lampe à huile que nous appelons *feynuss*. La lumière douce m'a permis de distinguer enfin son cher visage au nez parfait, aux yeux couleur cannelle. Elle m'a prise contre elle, comme si elle craignait de se réveiller d'un rêve.

Nour s'est jointe à nous. Nous avons parlé un moment toutes les trois. Tout en caressant affectueusement mon bras et ma robe, Nour a expliqué qu'elle s'était réveillée en entendant un bruit de moteur, puis des voix étrangères devant sa porte. J'ai raconté le voyage, le long trajet en voiture. Ma mère m'étreignait en riant comme si j'expliquais que nous étions venus sur un tapis volant.

J'ai dit à Nour que j'étais désolée de lui avoir demandé qui elle était.

— Je ne connaissais même pas ton existence, vois-tu. Je n'ai pas même pas été au courant du premier mariage de mon frère. Je savais encore moins qu'il avait une seconde épouse, mère d'une petite fille et enceinte de nouveau.

J'étais gênée, mais c'est comme ça en Somalie.

Nour m'a tapoté gentiment la main.

— C'est tout de même incroyable que tu n'aies pas appris notre mariage, depuis le temps.

— Mon frère Mohammed est désespérant. Il ne me dit rien.

Elle a ri, avant d'ajouter en plaisantant :

— Alors, tu ne m'as pas apporté de cadeau !

— Je suis désolée.

Je n'avais rien pour elle, ni pour sa petite fille et pour le bébé à naître. J'ai désigné mon sac du doigt.

— Je regrette vraiment d'être venue sans rien pour toi, Nour, mais si tu trouves là-dedans quelque chose qui t'intéresse, prends-le.

J'ai réfléchi quelques instants avant de demander :

— Qu'est-il arrivé à la première femme de Burhaan ?

Un long silence. Puis ma mère a répondu :

— Elle est avec Allah dans le jardin du paradis.

— Quelle tristesse ! De quoi est-elle morte ?

— Je n'en sais rien, ma fille. Son heure était venue et Allah l'a prise.

Quand on demande à un Somalien comment quelqu'un est décédé, il répond : « Tu me prends pour Dieu ? Dieu le sait, Lui, mais moi je n'en sais rien. » Chacun doit s'en aller quand son heure est venue, c'est tout. Les Somalis croient qu'un arbre, l'arbre de vie, pousse sur la lune. Lorsque votre feuille tombe de l'arbre, vous quittez la vie. Et quand vous êtes mort, vous allez au paradis. Terminé. La mort est une affaire entre Allah et vous. Je savais que personne ne m'expliquerait ce qui était arrivé à la mère du petit garçon. Ma mère avait pris son petit-fils avec elle sans l'ombre d'une hésitation. Il avait besoin d'elle et c'était suffisant. Mohammed *Inyer* devait avoir dans les trois ans. Visiblement, elle adorait cet enfant. Il dormait serré contre elle, apparemment bercé par le bruit de notre conversation.

Ma mère n'avait pas changé. Sa peau ressemble à de l'ébène luisante et quand elle sourit, on voit qu'il lui manque une dent de devant. Sans doute l'a-t-elle perdue un jour où mon père l'a battue, mais elle ne le dira pas. Elle a eu une vie difficile et ces lignes sur sa peau sont la double marque de la sagesse et des épreuves. À mes yeux, elle ne semblait pas âgée. Les rides sur son front ne font que lui donner de la dignité. On voit que les épreuves diffèrent des soucis.

Soudain, j'ai sursauté en entendant tambouriner sur le toit. C'était un bruit violent, totalement inattendu.

— Qu'est-ce que c'est ?

Ma mère et ma belle-sœur m'ont répondu d'une seule voix :

— C'est la pluie, Waris ! La pluie, enfin !

Ma mère a levé les yeux au ciel.

— Qu'Allah en soit remercié.

C'était la pluie, en effet. Un déluge. En Somalie, quand il pleut, c'est autre chose qu'en Occident. On a l'impression de recevoir une gifle monumentale sur la tête. Sur le toit de tôle, les gouttes faisaient un vacarme d'assiettes cassées.

J'étais ravie.

— Maman, c'est merveilleux, la pluie va rafraîchir l'atmosphère.

— Il n'a pas plu depuis plus d'un an, ma fille.

— Eh bien voilà, maman, j'ai apporté la pluie !

Elle a claqué la langue d'un air désapprobateur.

— Waris, retire ce que tu viens de dire. Tu n'es pas Dieu. Ne recommence jamais à te comparer à Dieu.

Il pleut parce que Allah nous envoie la pluie. Tu n'y es pour rien.

— Excuse-moi, maman.

C'était bon de m'entendre remettre en tête l'ordre des choses dans la maison de ma mère. J'étais reconnaissante de cette pluie, je me sentais bénie d'Allah.

À la lueur de la lanterne, maman m'a souri.

— Waris, je savais que tu allais venir.

Elle était incroyablement sûre d'elle-même.

— Comment ça, maman ?

— Il y a deux jours, j'ai rêvé de ta sœur. Elle était allée chercher de l'eau et elle me l'apportait dans une outre ficelée sur son dos en chantant le chant de l'eau de plus en plus fort. Je savais qu'une de mes filles allait venir, mais j'ignorais laquelle.

— Oh, maman !

J'avais les larmes aux yeux. Après toutes ces années, toutes ces difficultés, nous sommes encore très proches, elle et moi. Ce pouvoir naturel était ce qui me manquait le plus. Il fallait que je revienne plus souvent, pour ne pas perdre le contact avec la force spirituelle qui habitait la maison maternelle. Avec l'aide de Dieu, je ne m'absenterais plus jamais aussi longtemps. Je connaissais le chemin, désormais.

Au fond, je connais mal ma mère, car je n'étais qu'une adolescente quand je suis partie de chez moi. Mais je la comprends intuitivement, même si je ne peux l'expliquer. La dernière fois où je l'ai vue, en Éthiopie, j'ai voulu la ramener à New York.

— Avec moi, là-bas, tu auras tout, maman.

Elle a planté son regard dans le mien.

— Qu'est-ce que tu me chantes ? C'est quoi « tout », ma fille ? J'ai tout ce dont j'ai besoin ici.

Comme je savais que je n'étais pas faite pour la vie dans le désert, je suis repartie cette fois-là. Mais maintenant, je voulais comprendre ce qu'était sa vie. Découvrir ses richesses spirituelles et les garder à jamais.

— Maman, sais-tu où vit mon père ? D'après Mohammed, il est parti après le vol de ses dromadaires. Et Rachid ? Comment va Rachid ?

— Oh, tu es au courant ! Rachid va bien, maintenant, il garde à nouveau les bêtes. La balle lui a traversé le bras. Elle est ressortie, au contraire de celles que j'ai reçues dans la poitrine. Ton père a tout fait pour retrouver ses dromadaires, mais la plupart avaient disparu. Les voleurs les avaient mangés, ou expédiés par bateau en Arabie Saoudite. Finalement, ton père est revenu. Maintenant, il est quelque part dans le coin.

Elle a tendu le bras dans l'obscurité.

Nour m'a expliqué à son tour que mon père vivait avec une autre épouse non loin du village où nous nous trouvions. Il ne voulait pas habiter en ville, préférant rester dans le désert avec quelques-unes des bêtes qu'il avait pu récupérer. Cela lui avait été possible grâce à certains membres du clan, car chacune portait notre marque. D'après ma mère, il avait à présent environ cinq dromadaires, et un petit nombre de chèvres et de moutons. Rachid, mon plus jeune frère, l'aidait à les élever. J'ai songé à toutes les collines désertes que nous avions passées sur la route. Pourrions-nous retrouver mon père ? Ma mère l'aimait toujours, mais il avait pris une seconde épouse plus jeune quand j'étais adolescente. Il vivait la plupart du temps dans le désert avec elle.

— J'ai aussi entendu dire qu'il avait pris une troisième épouse. Est-ce vrai, maman ?

Je me demandais comment elle avait réagi à cela.

— Oui, mais elle est partie il y a quelque temps. À moins qu'il n'ait divorcé d'elle.

— Ah bon ? Que s'est-il passé ?

— Je n'en sais rien, ma fille. Peut-être qu'elle rechignait à la tâche.

Le ton de ma mère était neutre. Elle s'est penchée vers la lanterne qui commençait à fumer et s'en est occupée. On dit qu'on peut lire des secrets dans la fumée, mais j'ai compris que je ne saurais rien de ses pensées concernant les autres épouses de mon père. Souvent, l'arrivée de la nouvelle femme est un bienfait, car elle va permettre de partager les tâches domestiques. Ma mère ne dirait pourtant rien sur ce sujet, pas plus qu'elle n'évoquerait le sort de la première femme de Burhaan.

— Ton père a été opéré il y a deux jours dans le coin où il vit, a chuchoté Nour. D'après Burhaan, c'est sérieux. Il est allé à sa recherche.

— On l'a opéré dans le désert ?

— *Hiiyea*.

— Il y a deux jours...

Si seulement nous étions arrivés plus tôt ! Je repensais à cette affreuse chambre à Abou Dhabi et au temps perdu là-bas.

— Quel... quel genre d'opération, Nour ?

J'en bégayais.

— Les yeux, Waris. Il avait des problèmes avec ses yeux.

C'est effectivement ce que j'avais entendu dire, mais je pensais que cela s'arrangerait, comme toujours avec lui. Je croyais qu'il s'agissait d'un petit problème de vue, qu'il devrait porter peut-être des lunettes. Mais il avait eu besoin de moi et je n'avais pas été là.

— On nous a dit qu'il était aveugle et souffrait beaucoup, poursuivait Nour. Burhaan a décidé d'essayer de le retrouver et de le conduire à l'hôpital de Galcaio. Depuis, on est sans nouvelles, mais j'espère que tout se passe bien.

J'étais maintenant folle d'angoisse. Cette invraisemblable histoire d'opération en plein désert me stupéfiait. Qui avait pu faire une chose pareille ? Comment mon père se dirigeait-il s'il était aveugle ? Comment pouvait-il s'occuper des bêtes et trouver de l'eau ? D'après la description de Nour, il devait souffrir de cataracte après des années de réverbération du soleil sur le sable. « Demain, je verrai si nous pouvons le retrouver », ai-je dit. Et tant pis si cela signifiait encore un trajet interminable.

Un peu plus tard, j'ai demandé à ma mère si je pouvais partager son lit avec l'enfant, mais c'était impossible. Elle ne disposait que de quelques linges posés sur une natte et d'un pauvre lambeau de moustiquaire à peine suffisant pour elle et Mohammed *Inyer*.

Quand j'étais petite, je dormais à la belle étoile. Il fait très chaud dans les huttes, car l'air ne circule pas, faute d'ouvertures suffisantes. Dehors, il y a généralement une petite brise après le coucher du soleil, quand les étoiles s'allument. Cette nuit-là, j'avais très envie de dormir à l'extérieur, sous un drap, mais après la pluie, les moustiques seraient particulièrement agressifs et se chargeraient de me faire rentrer.

Quand la pluie a cessé, je suis donc allée dormir chez ma belle-sœur. Elle a partagé avec moi sa natte tout le temps que j'ai passé dans le village. Ma nièce, qui a presque deux ans, dormait aussi avec nous. La maison carrée de Burhaan, en torchis blanchi à la chaux, a deux pièces terminées et une troisième en construction, dont les murs montent à peu près à un mètre de hauteur. Quand elle sera finie, j'espère que ma mère acceptera d'y vivre. Pour le moment, elle préférait rester dans la petite cahute qu'elle avait construite elle-même. Toute sa vie, elle a vécu dans des habitations construites de ses propres mains.

Malgré les émotions et la fatigue du voyage, je n'arrivais pas à m'endormir. J'avais hâte d'être au lendemain matin pour voir tout le monde. Allongée à côté de Nour et de l'enfant, j'essayais de calmer les pensées qui tournaient dans ma tête en écoutant les gouttes d'eau s'écouler du toit. Bientôt, un grand calme m'a envahie. Nous avions retrouvé ma mère, mon père était toujours en vie, même s'il se trouvait à l'hôpital, et j'étais entourée de proches.

Soudain, j'ai senti quelque chose sur ma jambe, un peu en dessous du genou. En levant la tête, j'ai aperçu une forme noire. Malgré l'obscurité, j'ai cru reconnaître un scorpion. Je l'ai contemplé un bon moment avant de chuchoter à Nour : « Ne bouge pas ! Regarde, c'est bien ce que je crois ? » J'essayais de ne pas paniquer. C'est la dernière chose à faire. Le danger peut frapper à la vitesse de l'éclair et vous n'avez même pas le temps de savoir ce qui vous arrive. Peut-être le scorpion va-t-il passer son chemin sans s'occuper de vous. Vous pouvez être plus rapide que lui et le chasser avant qu'il ne vous pique, mais il vaut mieux que vous soyez sûr de votre coup.

J'ai répété ma question à Nour :

— C'est bien ce que je crois ?

— Hélas oui, Waris.

En somali, « scorpion » se dit *hangralla*. Quand l'insecte a fait demi-tour, j'ai pu voir son aiguillon. C'était bien un *hangralla*. Il était venu me souhaiter la bienvenue en Somalie. J'ai bondi et je l'ai écrasé.

Malgré cet épisode, je me suis recouchée sans crainte. J'avais fermé mon esprit aux soucis, au stress, au chaos, pour me laisser doucement envahir par la nuit obscure et le silence profond de la Somalie. On m'avait dit que ce pays était l'un des plus dangereux du monde, mais j'éprouvais une paix comme je n'en avais jamais connu ailleurs.

J'ai passé une nuit très confortable. Sur le sol, on ne risque pas de tomber si l'on s'agite, ou de casser quelque chose en donnant des coups de pied. C'est également bon pour le dos. Je crois que je n'avais jamais aussi bien dormi depuis des années. À New York, il y a toujours quelque chose pour m'empêcher de m'endormir ou pour me réveiller dans l'angoisse. Quand on connaît son environnement, et je connais bien le désert, on se sent en sécurité. On peut laisser les craintes s'échapper de son esprit comme de l'eau sur le sol assoiffé. Là-bas, j'ai dormi comme un bébé toutes les nuits. Les hyènes ricanaient au loin dans les collines, comme de vieilles sorcières. Mais nous ne les craignons pas. Nous savons qu'elles ne risquent pas de venir dans le village et d'emporter quelqu'un. La main de Dieu est sur ce village et elle protège tout le monde. Inutile, donc, de se faire du souci pour la veille ou pour le lendemain.

8
Après le rêve, le désert enfin

Foie au sang

Deux tasses de sang, un foie d'une livre, deux cuillerées de *subaq-ghee*.

Lavez le foie et coupez-le en menus morceaux. Mettez le *subaq-ghee* dans une poêle avec le foie et le sang et faites cuire lentement sur des braises en remuant sans cesse. N'activez pas le feu, sinon la cendre risquerait d'aller dans le plat. Le foie doit être tendre et nappé de sauce.

Le lendemain matin, je me suis éveillée dans un autre monde. La plaine poussiéreuse et grisâtre avait cédé la place à une terre rouge sombre parsemée de grosses flaques. Dans la hutte de ma mère, tout était trempé. À travers les fissures du toit rouillé, on apercevait le ciel. En fait, ce n'était pas un toit. Maman s'était contentée de placer des bouts de fer-blanc de récupération au-dessus des branches attachées ensemble qui constituaient les murs de son unique et minuscule pièce. Tout comme Nour, qui était déjà allée au marché, ma mère s'était levée avant l'aube. Elle était en train d'étendre son linge sur la clôture de branchages épineux qui entouraient la maison et sur un barril de pétrole rouillé pour le faire sécher. L'une des chèvres lapait joyeusement l'eau qui était restée dans un vieux pneu de camion posé contre la hutte, tout en me jetant des coups d'œil obliques.

En Somalie, quand il pleut, nous ne nous plaignons pas que tout soit mouillé. Nous en remercions Dieu. D'après le Coran, toute vie vient de l'eau. Si la pluie tombe, cela signifie que l'herbe va verdir, que les animaux vont se remplir le ventre et nous aussi. Dans le désert, l'eau est précieuse. C'est de l'or bleu. Nous attendons la pluie, nous prions pour la pluie, nous nous lavons avec la pluie. Sans la pluie, la vie est impossible. Nous n'avons pas un hiver et un été. Nous avons la *jillal*, la saison sèche, et la *gu*, la saison des pluies. Nous accueillons nos hôtes avec de l'eau. C'est une marque de respect, un signe de bienvenue. J'avais l'impression que cette pluie était envoyée par Allah pour m'accueillir. Après le voyage pénible et le trajet sous un soleil torride, après la longue période de sécheresse, les pluies de la *gu* étaient arrivées.

Allah nous offrait la bénédiction de l'eau. La pluie plaçait la visite à ma famille sous le signe de la joie et du bonheur.

Je suis allée embrasser ma mère.

— Que Dieu soit avec toi, maman. Tu ne peux savoir combien je suis heureuse d'être auprès de toi par cette belle matinée.

Je l'ai prise contre moi et l'ai serrée dans mes bras de toutes mes forces.

— Comme tu m'as manqué, maman ! Je t'aime tant !

— Lâche-moi, ma fille, tu vois bien que tu m'étouffes !

Elle faisait mine de me gronder, tout en me regardant avec un petit sourire en coin. La fierté et le bonheur qui brillaient dans ses yeux démentaient ses paroles :

— Tu m'as fait une belle surprise, Waris ! J'avais entendu dire que tu étais morte. Ou que tu te prostituais. Et maintenant tu es là, devant moi. Allah t'a ramenée. Je n'en crois pas mes yeux.

Ma mère a une façon bien à elle de considérer l'existence. Elle porte autour du cou, outre un chapelet noir, une amulette formée d'une petite pochette en cuir avec des paroles sacrées du Coran cousues à l'intérieur. C'est un saint homme, un *wadaddo*, qui l'a faite spécialement pour elle il y a de nombreuses années et elle ne s'en sépare jamais. Elle la protège du danger et des démons.

— Maman, je vais te montrer ce que je t'ai rapporté de New York.

Elle m'a repoussée de ses longs doigts expressifs.

— Va d'abord voir ton oncle, ma fille.

C'était typique de ma mère de penser aux autres et pas à elle.

Nour m'avait dit que mon oncle Ahmed, le frère de mon père, était souffrant et je voulais le voir. D'après elle, un *djinn* du monde des esprits avait pris possession du côté gauche de son corps. Je n'en croyais pas un mot, bien évidemment. Mon oncle est plus âgé que mon père et il pouvait souffrir de toutes sortes de maux. Quand j'étais petite, je gardais ses chèvres. À l'époque, ce qui me faisait le plus envie, c'était une paire de chaussures, et maintenant que j'étais devenue adulte, je comprenais pourquoi en retrouvant mon pays. Il y avait des pierres coupantes un peu partout et le souvenir des blessures qu'elles infligeaient à mes pieds nus, tout comme les branches épineuses, était encore très vivace. Certaines épines étaient si longues qu'elles traversaient carrément le pied. Étant gamine, j'avais une énergie folle et je passais mon temps à gambader et à bondir. J'avais en permanence les pieds en sang, surtout quand je courais après les chèvres. J'enviais leurs petits sabots durs que rien ne pouvait entamer. Les pieds me faisaient souffrir toute la nuit. J'avais demandé à mon oncle une paire de chaussures en échange du travail que je faisais pour lui. Je gardais ses bêtes tous les jours. Pendant la saison chaude et sèche, je devais les emmener loin pour qu'elles trouvent de quoi brouter et je revenais souvent à la nuit tombée. C'est à ce moment-là, surtout, que je me blessais aux pieds. Aujourd'hui encore, je suis obsédée par les chaussures et par les pieds. C'est la première chose que je regarde chez les gens. Je n'ai pas beaucoup de vêtements. Je n'y attache pas beaucoup d'importance. En revanche, j'adore les chaussures. Mais celles que j'achète restent confortables. Je ne porte pas de talons hauts. J'ai l'impression d'être juchée sur des pierres. À quoi bon s'y contraindre si l'on n'y est pas obligée ?

Finalement, oncle Ahmed avait accepté de me rapporter une paire de chaussures de Galcaio. En attendant son retour, j'en rêvais. J'avais l'impression qu'elles seraient comme un tapis volant, qu'avec elles, je pourrais aller partout sans me faire mal. Courir aussi vite qu'une autruche et bondir comme une gazelle quand elle sent l'odeur du lion en chasse. Quand mon oncle est revenu, je l'ai accueilli en dansant et en poussant des cris de joie. J'ai scandé : « Mes souliers, mes souliers ! » jusqu'à ce que mon père me hurle de me taire. Mon oncle a alors sorti de son sac une paire de tongs bon marché en caoutchouc au lieu des robustes sandales de cuir auxquelles je m'attendais. J'étais tellement furieuse que je les lui ai jetées à la figure.

Nour avait fait du feu et le thé du petit déjeuner fumait. Elle avait trouvé du foie au marché et l'avait déjà préparé pour ma mère.

— Avec les balles qu'elle a encore dans le corps, elle ne peut pas manger grand-chose, m'a-t-elle expliqué. Elle n'arrête pas de vomir.

— C'est vrai, elle est très maigre.

— J'espère que le foie va reconstituer son sang.

Elle a placé le bol avec soin sur le sol. Maman s'est assise devant et a commencé à dire une prière pour remercier Dieu de la nourriture. Mohammed *Inyer* est arrivé, affamé. Il voulait du foie, lui aussi. Encore trop petit pour porter un pantalon, il s'est accroupi devant ma mère, les fesses à l'air.

Elle a levé les yeux et, interrompant sa prière, lui a dit d'un ton calme :

— Ôte ton derrière de mon petit déjeuner, mon petit.

Je riais encore lorsque Ragge, le fils de mon oncle Ahmed, a fait son entrée.

Ma mère l'a accueilli chaleureusement. Puis elle m'a rappelée que je devais aller voir mon oncle. « Vas-y maintenant, sinon il va croire que tu favorises mon côté de la famille. » Quand j'étais partie de chez moi, Ragge était encore un petit garçon dont je m'occupais parfois pour rendre service à ma tante. Maintenant, c'était un jeune homme de vingt-deux ans, grand et mince, qui parlait très bien l'anglais. Il m'a plu tout de suite. Il avait une coupe de cheveux à l'ancienne, courte sur les côtés et plus longue sur le dessus, et toutes les cinq minutes il se coiffait avec un peigne africain qu'il gardait dans la poche arrière de son pantalon.

Ragge m'a fait traverser le village pour me conduire chez lui. Il y avait une soixantaine de maisons d'une ou deux pièces à différents stades d'achèvement. Les gens avaient arraché les buissons et construit des abris sommaires. Les familles assez riches pour s'offrir de véritables matériaux de construction habitaient des maisons aux murs de briques séchées au soleil et aux toits de tôle rouillée. Les autres femmes avaient utilisé tout ce qui leur tombait sous la main : vieux pneus, morceaux de tôle, herbes tressées. Certaines maisons, carrées, étaient faites avec des bouts de bois, d'autres étaient des *occles*, les huttes rondes somaliennes, avec une structure en racines d'acacia, courbées puis recouvertes de nattes tressées et de feuilles de plastique. De vieux sacs en plastique collés sur l'extérieur des huttes voletaient au vent. Tout ce qui était léger et susceptible de servir était utilisé. On avait roulé les nattes d'une maison pour permettre à l'intérieur de sécher après la pluie. Il y avait encore des habitations avec des murs de terre cuite et des toits de chaume coniques. À chaque clan son type d'habitation. Aucune n'avait l'eau courante. Il n'y avait pas non plus d'égouts, ni d'électricité et rien n'était prévu dans ce domaine. Nous sommes passés devant une petite hutte ronde destinée à la volaille, avec un petit toit conique. À l'intérieur, une poule aux plumes rougeâtres s'est mise à glousser pour protester contre notre présence. Un petit garçon âgé de deux ans tout au plus nous suivait, vêtu d'un simple T-shirt. Il était libre d'aller et venir à sa guise et ne courait visiblement aucun danger. Dans son visage à la peau sombre, ses dents blanches brillaient sur un sourire aussi large que la bouche d'un chamelon.

C'était exactement l'atmosphère que j'avais connue autrefois, dans mon enfance. Le village ressemblait à une tortue qui rentre sa tête et ses membres dans sa carapace et ne bouge plus, même si on l'agace avec un bâton. Elle attend qu'on se lasse de l'ennuyer pour continuer sa route, sans modifier sa trajectoire d'un centimètre. Ce village était totalement à l'écart du monde. Rien ou presque n'avait changé depuis tout ce temps. Moi, si, j'avais changé. À l'époque, j'avais l'impression de ne manquer de rien, sauf de sandales. Je ne savais pas que j'étais pauvre. J'ai d'ailleurs toujours du mal à penser que la Somalie compte parmi les cinq pays les plus pauvres de la planète. Ce matin-là, les piaillements des poulets, les cris des bébés, l'odeur des feux de bois, tout cela éveillait en moi des souvenirs enfouis depuis longtemps. C'était merveilleux de me retrouver là. Mais je ne pouvais m'empêcher de remarquer que les enfants n'avaient toujours pas de chaussures.

Mon oncle habitait avec sa fille Asha et son mari dans une maison carrée en briques de boue séchée, surmontée d'un toit de métal rouillé. La porte, peinte en bleu vif, était décorée d'un gros motif en forme de diamant rouge au centre et de deux autres plus petits, bleu foncé, de chaque côté.

Oncle Ahmed était assis à l'extérieur sur le petit trépied de cuir que nous appelons *michilis*. Il avait les cheveux aussi blancs que la toison d'une chèvre. Il était vêtu du traditionnel *maa-a-weiss* somalien à carreaux gris et noirs noué autour de la taille, avec un long pan sur le devant. Il avait sur la tête la coiffe ronde au dessus plat que portent souvent les hommes qui ont effectué le *hajj*, le pèlerinage à La Mecque.

En m'apercevant, il s'est écrié « *Afdokle, Afdokle* ! » en se balançant d'avant en arrière. Il m'appelait par mon surnom, Petite Bouche.

— Viens t'asseoir auprès de moi. Laisse-moi te regarder. Mon Dieu, tu es bien maigre, mon petit. Est-ce que tu te nourris suffisamment ? Tu n'es pas malade, au moins ?

Je me suis mise à rire.

— Non, mon oncle. Tu sais, on n'a pas besoin d'avoir un gros derrière pour être en bonne santé.

— N'empêche que tu me parais très maigre. As-tu faim ?

— J'avoue que oui, mon oncle. Je meurs d'envie de manger l'*angella*.

La délicieuse odeur de ces crêpes à base de sorgho qui m'avait chatouillé les narines dès ma descente d'avion m'avait réveillée ce matin. Pour confectionner l'*angella*, les femmes commencent par écraser le sorgho dans une bûche évidée. Le soir, avant d'aller dormir, elles mélangent la farine obtenue ainsi à de l'eau et battent la pâte pour l'aérer. Dans le village, toutes les maisons résonnent de ce bruit. C'est une sorte de compétition, car plus le son est fort, meilleur c'est. Au matin, la pâte a levé. Les femmes allument un feu, qu'elles entourent de trois grosses pierres. Elles posent un couvercle plat au-dessus des braises, en équilibre sur les pierres, et quand il est brûlant, elles étalent un peu de pâte dessus avec une cuillère, comme on fait les crêpes en France. Ensuite, elles couvrent et laissent cuire pendant trois ou quatre minutes.

Oncle Ahmed a appelé sa fille, Asha.

— Apporte une dizaine de crêpes à *Afdokle*, Asha. Et du thé, bien sûr, c'est essentiel avec l'*angella*. Regarde-moi ça, la pauvre, elle meurt de faim. Je croyais pourtant que l'Amérique regorgeait de nourriture.

— Je ne pourrai jamais avaler dix crêpes, mon oncle. Quatre seront largement suffisantes.

Asha m'a apporté l'*angella* sur une assiette en fer-blanc, ainsi que du thé épicé au lait de chèvre. J'ai versé un peu de thé sur les crêpes pour les ramollir. Nous n'utilisons pas de cuillères ni de fourchettes, nous mangeons proprement avec nos doigts.

Il y avait si longtemps que je n'avais goûté cette saveur aigre si particulière que j'ai pris la première bouchée sans réfléchir.

Mon oncle a bondi comme un chameau furieux en hurlant :

— Stop ! Pas avec la main gauche, *Afdokle* ! On ne se sert pas avec la main gauche !

Je me suis aussitôt excusée, tout honteuse. « Désolée, mon oncle, j'avais oublié. » En tant que gauchère, je m'étais servie de la main gauche pour prendre la crêpe, dans la mesure où en Occident, cela n'a aucune importance. En Somalie, en revanche, il y a un usage pour chaque main et il ne faut pas confondre. On se sert de la droite pour tout, sauf pour toucher ses parties intimes. Après être allé aux toilettes, on se lave avec de l'eau, parce qu'on n'a pas de papier hygiénique, mais toujours de la main gauche, jamais de la droite. La main droite sert à manger, à jeter, à couper, à toucher les autres et à tout le reste.

Oncle Ahmed me regardait d'un air navré en hochant sa tête chenue.

— Faut-il que tu sois partie depuis bien longtemps pour avoir oublié tout ce que tu savais ! Tu ne te souviens pas des règles de propreté, ma fille ? En Somalie, c'est ce qu'il ne faut surtout pas oublier.

J'étais si affamée que je n'avais pensé qu'à fourrer la crêpe dans ma bouche le plus vite possible, comme si j'étais encore à New York, sans tenir compte de l'attitude des Somalis vis-à-vis de la nourriture. Chez nous, il n'y a pas de *fast-food*. On ne va pas non plus manger tout en faisant autre chose. On m'a appris que la nourriture est un don de Dieu et qu'on doit la traiter avec le plus grand respect. On ne mange pas pour le plaisir, mais pour se remplir l'estomac, pour se maintenir en vie. Pas question d'attraper quelque chose à manger et de l'avaler distraitement. On s'assoit, on remercie Dieu et l'on savoure chaque bouchée. Or, là, devant mon oncle, non seulement je prenais la nourriture sans dire une prière et sans manifester le moindre respect, mais j'utilisais ma main gauche.

J'ai pris une profonde inspiration et j'ai tout recommencé à zéro. J'ai remercié Allah pour mon oncle, pour cette journée et pour cette nourriture. J'ai mangé l'*angella* lentement, en la savourant. C'était un délice. Tout en mangeant, je regardais mon oncle. Il avait une petite moustache et encore quelques poils blancs sur le menton. En l'observant un peu plus attentivement, je me suis aperçue qu'il s'appuyait bizarrement contre la maison. Sa mâchoire tombait un peu et il parlait très lentement, comme s'il avait du mal à articuler. Mon frère Mohammed ne cessait de le faire répéter. « *Hiiyea* », disait-il sans cesse.

Quand Asha est revenue nous apporter du thé, je lui ai demandé ce qui était arrivé à son père.

— Il s'est couché un soir et le lendemain matin, au réveil, son côté gauche était inerte. Le droit, lui, fonctionnait normalement.

— Mon Dieu ! Qu'a dit le docteur ?

— Il n'y a pas de docteur ici.

— Vous l'avez conduit à l'hôpital ?

— Non, c'est trop loin et il était incapable de marcher. Pourquoi lui aurions-nous infligé cette fatigue alors qu'il était malade ?

— Quoi ?

Je n'en revenais pas. Le malheureux se réveillait à moitié paralysé et personne ne le conduisait à l'hôpital.

— Quand est-ce arrivé ?

— Il y a quelques jours. Il va mieux aujourd'hui, *Alhamdoulillâh*.

Elle semblait résignée et reconnaissante à Allah de la légère amélioration de l'état de son père. Les gens de ma famille estiment qu'il n'y a rien à faire quand le temps de quitter cette vie est venu et il faut accepter la mort, si telle est la volonté d'Allah, car elle fait partie de la vie. Je comprends cela, mais en même temps je me dis qu'ils ignorent qu'on peut soigner les maladies. S'ils ne croient pas aux médecins et aux chirurgiens, je crois que c'est parce qu'ils n'ont pas pris conscience qu'ils peuvent agir autrement.

— Qu'as-tu ressenti, mon oncle ?

Il m'a répondu d'un ton résigné :

— Impossible de bouger ma partie gauche en me réveillant. Ce n'est pas douloureux, mais je ne peux pas me servir de ma main gauche, ni lever le bras. Quant à la jambe, je la traîne quand je marche.

— *Hiiyea*.

— Ta mère m'a fait boire une préparation à base de coquille d'œuf d'autruche broyée et d'écorce de quinquina.

Les remèdes de ma mère étaient capables de traiter de nombreux maux, mais je voulais savoir exactement ce qui était arrivé à mon oncle. Je me suis tournée vers Ragge.

— Il va nous accompagner à l'hôpital de Galcaio. Nous allons voir si notre père y est.

Ragge a haussé les épaules.

— À quoi bon ? Qu'est-ce qu'ils pourront faire ?

— Je tiens à savoir ce qu'il a. Il existe certainement un traitement, ou une opération si c'est nécessaire.

Asha a nettoyé le visage et les bras de son père avec un linge trempé dans un petit bol rempli d'eau, avant de l'aider à enfiler une chemise bleue et une veste en jean. Un proche de son mari qui faisait le taxi a accepté de nous conduire à l'hôpital de Galcaio. Asha a installé mon oncle auprès de moi à l'arrière, tandis que Mohammed et Ragge montaient à l'avant. Galcaio, la ville la plus proche, était à plus de trois heures de route, mais peu m'importait de refaire un long trajet en voiture dès le lendemain de mon arrivée si j'avais une chance de retrouver mon père et de faire soigner mon oncle.

Dans le désert somalien, le sable n'est pas blanc comme sur une plage. C'est de la terre rouge sombre, parsemée de pierres blanches et d'arbrisseaux épineux qui lui donnent l'aspect d'une peau de léopard. Quand il pleut, la végétation sort avec une rapidité déconcertante. Des feuilles minuscules apparaissent sur les buissons et les acacias. Ce jour-là, dans le taxi, j'ai trouvé le paysage étonnamment joli. Le sol avait presque la couleur du sang. La pluie avait fait baisser la température et l'air limpide et frais était une bénédiction pour les poumons. Je me demande pourquoi les journaux ne parlent que des malheurs de la Somalie et pas de ses beautés. Même si mon pauvre petit pays souffre, il reste magnifique. Si seulement les larmes étaient de la pluie...

En chemin, nous sommes tombés sur un checkpoint. Des hommes avec de longs fusils à l'épaule barraient la route. Ragge nous a expliqué qu'on rencontre toujours des forces de sécurité dès lors qu'on pénètre sur un territoire contrôlé par un autre clan.

Je me suis faite toute petite sur mon siège.

— Est-ce qu'ils risquent de se servir de leur fusil, Ragge ?

— Je peux te dire qu'ils ne se gênent pas. Ils vérifient ce que l'on transporte, avec qui l'on voyage et tout peut dégénéner à tout moment. Il suffit que notre tête ne leur revienne pas. Si l'on appartient à un autre clan que le leur et qu'ils veulent de l'argent ou je ne sais quoi, on n'a pas intérêt à refuser. C'est leur seule ressource. Ce n'est pas comme s'ils recevaient une solde de l'armée.

— Seigneur, pourvu qu'ils nous laissent tranquilles !

Mon cœur battait à tout rompre. Quand nous nous sommes arrêtés, l'un des soldats est venu jeter un coup d'œil à l'intérieur de la voiture. Nous avons payé le droit de passage. Il a ouvert les barrières et nous a fait signe de passer. Les autres n'ont pas bougé.

Quand nous étions enfants, nous tremblions en entendant le seul mot de *Aba*, qui veut dire « Père ». À l'idée de revoir mon père, j'étais angoissée et pourtant je tenais à me retrouver face à lui, les yeux dans les yeux. Je voulais qu'il voie ce qu'était devenue la petite fille qui devait lui obéir au doigt et à l'œil. Je voulais qu'il voie ce visage qui avait fait la couverture des magazines, ce visage qu'on avait filmé et qui était devenu célèbre dans le monde entier. Je voulais lui rappeler qu'il m'avait dit un jour que je ne pouvais être sa fille, qu'il se demandait d'où je venais. C'étaient ces paroles qui m'avaient fait le plus de mal. Peut-être était-ce à cause d'elles que j'avais mis si longtemps à revenir.

Je ne sais à quoi je m'attendais en me rendant à l'hôpital de Galcaio, mais quand j'ai vu les bâtiments, j'ai eu le cœur serré. La plupart étaient inachevés et les murs montaient seulement jusqu'à mi-hauteur. Seul un petit dispensaire était ouvert. On aurait dit que les maçons s'étaient interrompus en plein travail, mais aucun matériau de construction n'était visible aux alentours. Mohammed et Ragge ont aidé mon oncle à descendre de la voiture et l'ont accompagné à l'intérieur du centre de soins. Obligé de traîner sa pauvre jambe, il ne pouvait avancer sans s'appuyer sur eux.

Tandis que nous attendions le médecin, j'ai examiné les lieux. Deux petites pièces seulement étaient achevées. L'une d'elles était sommairement équipée. Il y avait un microscope, quelques flacons de médicaments, mais aucun placard contenant des instruments, de la pharmacie ou des fournitures quelconques. La lumière filtrait à travers les volets de bois et l'on distinguait ici et là quelques plateaux et des flacons vides. Les murs étaient grossièrement peints, en bleu pâle dans leur partie inférieure, en rose dans leur partie supérieure. Un schéma de l'œil était accroché au mur dans un cadre en bois. Les lavabos, qui ne fermaient pas, étaient encombrés de piles de tuiles. Et cette installation sommaire était le seul centre de soins de toute la région. Comment les médecins auraient-ils pu soigner les malades et les blessés ? Ils n'avaient visiblement même pas de quoi prendre une radio ou faire une transfusion.

Enfin une infirmière est arrivée. Elle a confirmé la présence de mon père et a proposé de nous conduire auprès de lui. Soudain, j'ai été prise de faiblesse. J'avais peur. J'espérais retrouver l'homme impérial que j'avais connu, mais je redoutais en même temps de le voir diminué. Finalement, j'ai respiré un bon coup, puis j'ai suivi Mohammed et Ragge qui emboîtaient le pas à l'infirmière.

La pièce était pleine de gens, tous des proches de mon père. Ils ont tout de suite reconnu Mohammed et l'ont accueilli avec des démonstrations de joie. Mon frère s'est tourné vers moi et m'a présentée. « Voici ma sœur, Waris. » Tout le monde s'est mis à m'interpeller, mais j'étouffais. La seule personne que j'avais envie de voir était mon père.

J'ai demandé à Mohammed de me laisser parler à *Aba* la première et je me suis faufilée parmi les visiteurs jusqu'à lui.

Il était allongé sur un lit étroit, encadré par deux personnes. Il avait les yeux bandés, les bras croisés sur la poitrine comme un mort, et il somnolait. En le voyant, je me suis effondrée. Je n'ai pu retenir mes larmes. Je les ai laissées couler silencieusement sur mes joues en prenant sa main. Je ne voulais pas montrer mon émotion. J'ai attendu quelques instants avant d'approcher mon visage du sien. J'étais bouleversée de le voir dans cet état, mais je remerciais Allah de l'avoir laissé en vie et de m'avoir permis de le retrouver. Je m'en voulais d'avoir tant tardé à revenir auprès de ma famille, d'avoir été absente alors qu'ils traversaient des épreuves. Ses cheveux étaient devenus entièrement gris et il n'avait plus qu'une touffe de poils en guise de barbe. Dans son visage maigre, les joues étaient très creuses. Il semblait brisé, terriblement fragile et totalement perdu.

Aba s'est réveillé.

— Qui est là ?

Je l'ai embrassé.

— C'est moi, Waris, papa.

— Qui ?

— Waris, papa.

— Waris ?

Sa voix était hésitante :

— J'ai eu une fille prénommée Waris, mais c'était il y a longtemps. Personne ne sait ce qu'elle est devenue. Il ne faut pas plaisanter avec ça.

— Papa, oh, papa ! C'est vraiment moi, ta fille ! Je suis revenue.

— Waris ? Waris, c'est vraiment toi, ma petite fille ?

Il a tourné la tête vers moi en serrant très fort ma main.

— Je t'ai crue morte, tu sais.

— Qu'est-il arrivé à ton œil, papa ?

J'avais peur de ce que j'allais entendre.

— Tout va bien. *Alhamdoulillâh*, tout va bien. Mon œil a été opéré il y a deux jours.

— Où ça, papa ? Dans un hôpital ?

— Non, là où je vis, dans le désert.

C'était donc vrai. Je n'en croyais pas mes oreilles.

— Que t'a-t-on fait, exactement ?

— On m'a ôté la taie qui recouvrait l'œil en l'incisant avec un couteau.

— Qui ça ? Un médecin ?

Je me demandais qui pouvait bien inciser l'œil de quelqu'un hors d'un hôpital.

— C'était quelqu'un qui soigne, a-t-il marmonné.

Je lui ai tapoté la main.

— Papa, t'a-t-il au moins donné quelque chose contre la douleur ?

— Qu'est-ce que tu crois, mon petit ? Ça m'a fait très mal, évidemment. Je ne vois plus d'un œil et je distinguais tout juste des ombres avec l'autre. J'ai dû rester immobile pendant l'incision, malgré la douleur.

— C'est de la folie ! Comment as-tu pu laisser quelqu'un t'ouvrir l'œil avec un couteau ?

— Waris, je te reconnais bien là, ma fille ! Tu as toujours été rebelle et tu n'as pas changé. Tu es toujours aussi casse-pieds.

Je retrouvais l'homme rude et fort, le guerrier authentique que j'avais connu autrefois. Les sanglots m'étouffaient. Mon père a pressé mes mains dans les siennes.

— Tu pleureras à ma mort, mon petit. Pour le moment, je suis bien vivant, crois-moi. Hé, je me cherche une nouvelle épouse !

Il était décidément toujours le même. Aveugle et allongé sur un lit d'hôpital, il trouvait encore le moyen de plaisanter. J'ai contemplé longuement le vieil homme qu'il était devenu. À mes yeux, il était encore très beau, même si les années et les soucis avaient altéré ses traits. Son visage avaient conservé un ovale parfait, que les profonds sillons de chaque côté de sa bouche faisaient encore ressortir.

Mon père a toujours été un nomade. Il est allé d'un point d'eau du clan à un autre, d'un pacage à un autre, mais il n'est jamais sorti de la Corne de l'Afrique et il n'a jamais mis les pieds dans une ville où circulent des voitures et où l'on peut téléphoner. Il ignore tout de la médecine moderne. Il a fait ce qu'on a toujours fait dans sa famille, il est allé voir un guérisseur qui a soigné ses problèmes de vue avec un couteau et une prière à Allah. Il a accepté ce qui lui était arrivé et il accepterait ce que lui réserverait l'avenir sans pleurs et sans regrets. La médecine et la chirurgie ne peuvent pas vous aider à accepter votre sort, ni à trouver la paix de l'âme, j'en ai bien peur.

À ce moment-là, une voix a résonné à mes côtés. J'ai tourné la tête et je me suis retrouvée devant mon frère Burhaan. Burhaan est si beau que s'il était une fille, il ferait le bonheur de mon père, car les tribus seraient prêtes à payer le prix fort pour une épouse d'une telle perfection. Un peu moins grand que Mohammed, il a des traits réguliers et une peau si fine qu'elle semble peinte au pinceau. Physiquement, il est le résultat parfait de l'union entre mon père et ma mère. J'ai tendu la main pour toucher sa joue, avant de le serrer contre moi.

Burhaan m'a expliqué que lorsqu'il l'avait retrouvé, *Aba* était bien mal en point. Il avait une forte fièvre et souffrait beaucoup. Toutes les veines de sa tête étaient gonflées. De peur qu'il ne meure ou ne se perde dans le désert et soit tué par les hyènes, toujours à l'affût de proies fragiles, mon frère l'avait conduit à l'hôpital. Nos proches s'étaient installés sur place pour s'occuper de lui. En Somalie, aucune famille ne laissera l'un de ses membres à la garde d'étrangers dans un hôpital. Ils campent à l'extérieur afin de pouvoir prier et lui préparer sa nourriture.

J'ai expliqué à mon père que nous allions le ramener avec nous.

— À la maison, nous pourrons nous occuper de toi, papa. Tu n'es pas en état de marcher et nous avons une voiture.

— À la maison, quelle maison, ma fille ?

— Tu seras chez maman, avec Mohammed et moi.

— Je refuse d'aller chez cette femme.

— Papa, c'est pour pouvoir veiller sur toi. Mohammed et moi allons repartir bientôt. Nous voulons que tu sois avec nous pendant les dix jours où nous serons encore là. Nous t'aimons, papa.

Il a secoué négativement la tête.

— Pas question. Vous viendrez me voir chez moi.

Burhaan lui a fait remarquer que là-bas, il n'y avait personne pour s'occuper de lui. Mohammed s'est joint à son frère et, finalement, papa a accepté de venir. Le médecin l'a autorisé à sortir et nous avons décidé de passer le prendre dans le courant de l'après-midi, juste avant de quitter Galcaio.

Je suis allée ensuite demander à une infirmière si un docteur pouvait examiner mon oncle Ahmed. Elle nous a dit de le conduire au centre de soins. Elle était vêtue d'une blouse blanche et un foulard jaune safran couvrait sa tête et tombait jusqu'à la taille. Je trouvais bizarre qu'une femme se voile dans le cadre de son travail. Après nous avoir introduits auprès du médecin, elle est restée derrière lui, au cas où il aurait besoin de quelque chose. Le docteur a fait une prise de sang à mon oncle, qui n'a pas cillé quand l'aiguille a pénétré dans sa veine. Cela aurait été signe de faiblesse. Il était calme et patient, mais j'ai remarqué que les veines de sa tempe saillaient. Le docteur lui a examiné les yeux, puis il a pris sa tension et lui a donné des tapes sur le genou avec un petit marteau d'argent. Il a ensuite écouté son rythme cardiaque et regardé à l'intérieur de ses oreilles. Pendant tout ce temps, l'oncle Ahmed gardait les yeux fixés sur moi. Tant que je serais d'accord avec les gestes du médecin, il ne dirait rien.

Le docteur avait un visage rond couturé de petite vérole, avec de grosses verrues sur les deux joues. Ses lunettes étaient attachées à une chaîne qu'il portait autour du cou et son poignet était orné d'une énorme montre en or, un peu trop grande pour lui, qui bougeait à chaque mouvement. Il s'exprimait calmement. Il parlait très bien l'anglais et je préférais utiliser cette langue avec lui, car je ne connaissais pas le vocabulaire médical en somali.

— De quoi souffre mon oncle ? Vous pouvez faire quelque chose pour lui ?

— Je peux lui donner un traitement.

— Quand va-t-il aller mieux ?

— Il fait de l'hypertension et il a eu une hémorragie cérébrale.

— Seigneur !

Je ne savais pas exactement ce dont il s'agissait, mais cela avait l'air sérieux.

— Cette petite attaque a provoqué une paralysie unilatérale.

Le médecin a demandé à mon oncle de lever le bras gauche. Au prix d'un gros effort, mon oncle y est parvenu, mais sans pouvoir dépasser le niveau de l'épaule.

— Allah va te guérir, oncle Ahmed ! ai-je dit pour l'encourager.

— Lorsque la congestion diminuera, il ira mieux.

Le médecin a rédigé une ordonnance et nous a remis un flacon contenant des pilules.

— Il devra absolument prendre ses médicaments chaque jour.

Il a insisté sur le mot « chaque ». Il y avait un mode d'emploi en français ou en allemand sur le flacon et un feuillet plié à l'intérieur. Personne ne serait capable de le déchiffrer au village.

J'ai regardé le médecin d'un air perplexe.

— Comment fera mon oncle quand le flacon sera vide ?

Il fallait des heures pour atteindre Galcaio en voiture et il n'y avait aucune pharmacie à l'endroit où vivait ma famille. Quant à envoyer quelqu'un chercher les médicaments, c'était risqué. Souvent, quand on confiait de l'argent à quelqu'un pour rapporter quelque chose, il en gardait une grande partie pour lui, ou bien il revenait avec un autre produit.

Le médecin a tenté de me rassurer.

— Il y a plusieurs pharmacies ici, à Galcaio. On y trouve des médicaments en provenance d'Europe.

Pour ma part, j'espérais que mon oncle serait guéri après avoir fini son flacon, car je n'étais pas du tout sûre qu'il pourrait renouveler l'ordonnance. En revanche, il pouvait faire attention à son alimentation.

— Y a-t-il quelque chose qu'il ne doit pas manger, docteur ? Le sucre, peut-être ?

Décidément, je devais arracher toutes les informations à ce médecin. Il était avare d'explications. J'aurais pourtant aimé savoir ce qui s'était passé exactement pour que mon oncle se réveille à demi paralysé.

— Effectivement, pas de sucre. Pas de sel non plus. Tout le reste est permis.

— Il y a longtemps que vous êtes ici, docteur ?

Derrière lui, un carton scotché au mur indiquait son nom, en lettres manuscrites : Dr Ahmed Abdihalli. Je me demandais s'il savait que les nomades se nourrissent surtout de lait et de graisses animales, compte tenu de la rareté des fruits et des légumes.

— Ici, au Puntland ?

Il n'avait pas utilisé le terme de « Somalie », ni même celui de « Somaliland ».

— Oui, au Puntland.

— J'ai eu mon diplôme en 1970, en Italie. Je suis un neurochirurgien.

Je préférais être sincère avec lui.

— Comment pouvez-vous soigner les gens avec le peu de matériel dont vous disposez ?

— Cet hôpital sera l'un des meilleurs de toute la Corne de l'Afrique.

Il parlait d'un ton convaincu.

— Nous sommes en train de le construire avec l'aide de la Grande-Bretagne. Quand il sera terminé, nous pourrons faire de la chirurgie.

— Quelle maladie rencontrez-vous le plus souvent ?

— Difficile à dire.

— Le sida ?

— Pas particulièrement.

— Pourquoi ne voulez-vous pas répondre à ma question ?

— Je suis chirurgien. Il faudrait poser la question à quelqu'un d'autre.

J'ai donc interrogé d'autres personnes dans l'hôpital, mais personne ne voulait me répondre. Finalement, j'ai avisé un médecin qui portait un masque chirurgical.

— Depuis quand êtes-vous ici, docteur ?

— Depuis un mois.

— Quel est le problème de santé le plus grave que vous ayez constaté ?

— La tuberculose.

Il m'a tourné le dos et s'est penché de nouveau sur son bec Bunsen.

Nous avons décidé de profiter de notre passage à Galcaio pour aller faire des achats. Depuis que nous étions arrivés, je ne pensais plus qu'à la nourriture, dans la mesure où elle était rare. Brusquement, c'était ce qui comptait le plus pour moi. Acheter de la nourriture, la manger, en avoir suffisamment avec moi. J'avais oublié ce que c'était de ne pas avoir des placards pleins de pâtes, de sucre et de farine, un réfrigérateur rempli de lait, d'œufs et de pain. Je cherchais désespérément une boutique où trouver des conserves, du pain et du fromage. En vain. La réfrigération n'existe pas. On doit consommer ce qu'on achète le jour même. Et l'on avait beau avoir de l'argent, la nourriture, elle, semblait manquer. Les petites échoppes étaient pratiquement vides. Mohammed a demandé à un passant de nous indiquer le marché, le *souk*. L'homme a penché sa haute silhouette et passé la tête par la vitre de la portière. Il nous a expliqué que c'était terminé à cette heure-ci, puis il a demandé à Mohammed : « C'est qui, elle ? » en parlant de moi. Il était offensé de voir que je n'avais pas la tête couverte. En dépit de la chaleur, j'ai remis mon foulard jusqu'à ce que l'homme ait disparu. J'étais mal à l'aise. Pourquoi ai-je réagi ainsi devant un vieux nomade que je ne reverrais jamais ? Parce qu'au fond de moi, je reste une Somali.

Nous avons fini par nous arrêter devant une petite boutique ouverte, avec des barrils métalliques vides éparpillés devant la porte. À notre entrée, un homme enturbanné a émergé de derrière le comptoir, l'air ensommeillé. Derrière lui, on apercevait quelques pièces de tissu, un carton de piles et des chaussures en plastique. Visiblement, il était du genre à se méfier des étrangers. À Abou Dhabi, Mohammed et moi avions changé cent dollars en shillings somaliens. 2 620 shillings sales et usés pour un dollar, portant chacun l'effigie de Siyad Barré. C'était sans doute la dernière monnaie officielle sortie de l'imprimerie gouvernementale. Le marchand a refusé nos shillings. « C'est une monnaie qui a cours dans les autres parties de la Somalie, a-t-il affirmé en les rendant à Mohammed. Ici, nous utilisons la monnaie du

Puntland, celle qui porte le portrait de Mohammed Egal, chef du gouvernement du Puntland. »

De retour dans la voiture, j'ai interrogé Mohammed. « Comment faire si certains n'acceptent qu'une certaine monnaie et si les autres refusent que tu payes tes achats avec ? » Sa réponse a été laconique : « C'est comme ça. »

Finalement, nous avons trouvé une femme qui a bien voulu nous vendre des oranges vertes, ainsi que quelques paquets de thé et d'épices serrés dans du papier journal, et du riz enveloppé lui aussi dans un cornet de papier journal.

Tard dans l'après-midi, affamés et épuisés, nous nous sommes arrêtés pour manger dans un endroit qui ressemblait à un petit garage. Même si l'heure du repas était passée, il restait de l'agneau, du chevreau, du riz et des pâtes, que l'on pouvait accompagner de thé, d'eau, ou encore de jus de papaye ou de melon. J'ai fait honneur au repas, que j'ai trouvé délicieux, mais me suis contentée de jus de melon et de pâtes. Je n'ai pas mangé de viande. Je me méfie de la viande, sauf si c'est moi qui la fais cuire. Je n'ai pas touché à la tranche que le cuisinier a mise dans mon assiette de métal. Elle était dure. Pourtant, il aurait suffi de la cuire dans une sauce pour qu'elle fonde dans la bouche. Par peur d'être malade, j'ai demandé s'ils avaient de l'eau minérale. Eh bien oui, ils avaient de l'eau de source somalienne ! On m'a apporté une bouteille d'Ali Mohammed Jama. J'ai dit à Mohammed qu'on devrait monter une affaire d'eau minérale, mais ça ne l'intéressait vraiment pas. Nous

nous sommes hâtés de terminer notre repas pour retourner chercher mon père et Burhaan à l'hôpital.

C'est mon frère qui tenait les cordons de la bourse, ou du moins le croyait-il, et il a donc payé la note. Je gardais les dollars et il gardait l'argent somalien. Il y avait de quoi se tromper entre les deux monnaies somaliennes, chacune à l'effigie d'un président différent, l'une du clan des Hawiyé et l'autre imprimée par les Darod dans le Sud. Aucune n'avait la même valeur. J'ai passé mon temps à demander à Mohammed : « Ça vaut combien, ça ? » Généralement, il me répondait : « Ne t'inquiète pas, je m'en occupe. » Il savait de quoi il parlait et comme je ne tenais pas à me faire avoir par les commerçants, c'était très bien ainsi.

Mon oncle était fatigué et il avait très chaud. Nous sommes donc passés chez un cousin, pour qu'il se repose un peu avant d'affronter le trajet du retour sur des routes difficiles. Pendant ce temps, j'ai décidé de profiter de notre présence à Galcaio pour aller changer un peu d'argent à la banque. Mohammed a voulu m'accompagner.

— J'aime mieux pas, Mohammed. Avec toi, c'est toute une histoire.

Aussitôt, mon frère est monté sur ses grands chevaux. Ses yeux lançaient des éclairs.

— Pas question que je n'y aille pas avec toi, Waris. Tu fais n'importe quoi.

— Ne t'inquiète pas, Ragge va m'accompagner. Toi, tu restes avec oncle Ahmed.

Du coup, il m'a plantée là. Je suis allée le voir pour essayer d'avoir une explication sur son attitude et il a fini par me dire que je ne devais pas faire confiance à Ragge.

— Il est de la famille, mais ce n'est pas comme s'il était ton frère. Ne lui donne pas d'argent à changer. Tu ne sais pas ce qu'il va te rendre.

Mon frère et moi, nous nous ressemblons énormément. J'en ai eu assez qu'il me dicte tout le temps ma conduite. J'ai quitté la maison avec Ragge et nous nous sommes rendus en voiture à la banque.

Dans un pays musulman comme la Somalie, les femmes n'entrent pas dans les banques. Je suis donc restée dans la voiture après avoir remis quatre cent cinquante dollars à Ragge pour qu'il les change. La banque ressemblait à un entrepôt. C'était un gros cube avec une porte. Ragge est revenu tout de suite avec l'argent réparti en trois liasses. Il y avait l'équivalent de cent dollars pour mon père, de deux cent cinquante dollars pour ma mère et le change des cent dollars restants était destiné à payer les frais du voyage. Ragge m'a remis jusqu'au dernier shilling, avec le nom de chacun inscrit sur la liasse. L'argent était dans les deux monnaies somaliennes, au cas où l'on nous refuserait l'une ou l'autre.

Quand nous sommes revenus chez le cousin, Mohammed était si furieux qu'il m'a fait la tête pendant une bonne heure. Mais cela n'avait pas beaucoup d'importance, parce que les visiteurs ont commencé à affluer. La nouvelle de notre arrivée s'était répandue et toute la famille venait nous dire bonjour. J'ai vraiment une très grande famille. Il y avait des gens dont je n'avais même jamais entendu parler. Chacun voulait me rencontrer. C'était merveilleux de me sentir entourée ainsi. En même temps, beaucoup parmi ces gens avaient quelque chose à me demander et c'était difficile pour moi. Que pouvais-je faire ? Mon oncle Ali a fait venir près de moi une petite fille.

— Cette enfant est très malade, Waris. Tu dois l'aider.

J'ai pris la main de l'enfant dans la mienne.

— Qu'a-t-elle, oncle Ali ?

— Je ne sais pas. Elle a perdu tous ses cheveux et elle maigrit à vue d'œil. Elle est légère comme une plume. Elle ne grandit pas non plus.

Je ne pouvais pas me rendre compte de l'état de la petite, qui portait une longue robe et avait le visage et les cheveux dissimulés sous un foulard comme la plupart des filles en Somalie.

Mon oncle a repris :

— Je veux que tu l'emmènes aux États-Unis et que tu t'occupes d'elle.

— Je voudrais bien aider, mon oncle, mais c'est impossible.

— Pourquoi donc ? Si tu l'emmènes, elle ira mieux, alors qu'ici, il n'y a pas de traitement pour sa maladie. Prends-la avec toi, s'il te plaît. Cela lui sauvera la vie.

— J'ai déjà beaucoup de problèmes et de responsabilités dont tu n'as pas idée, oncle Ali. Ce n'est pas parce que je vis en Occident que je roule sur l'or.

— Des problèmes, quels problèmes, Waris ? Regarde ce qui se passe ici. Il y a des combats et des soldats complètement cinglés armés de fusils. On n'a même pas un hôpital digne de ce nom et la nourriture manque parfois. Ne me dis pas que tes problèmes sont pires que ceux-là !

Il n'y avait pas moyen de lui faire comprendre qu'il m'était impossible de ramener une enfant malade à New York. Je savais que je ne pouvais accepter une telle responsabilité. « Je prierai pour elle, mon oncle, mais comprends-moi, je ne peux pas l'emmener. » J'ai serré la petite fille dans mes bras, puis je me suis levée en expliquant que nous devions partir. Il fallait maintenant aller chercher mon père et il se faisait tard.

Je suis remontée à l'arrière de la voiture en compagnie de l'oncle Ahmed. Mohammed, à l'avant, boudait toujours et il ne m'a même pas jeté un coup d'œil. Il regardait fixement la route à travers le pare-brise. Nous sommes allés directement à l'hôpital pour prendre mon père et Burhaan, mais la nuit était tombée quand nous avons quitté Galcaio. Il fallait parcourir quelque chose comme cent soixante kilomètres dans l'obscurité avant de rejoindre le village de ma mère. Nous étions un peu en dehors de la ville lorsque mon père a demandé où nous allions. Quand je le lui ai expliqué, il a dit qu'il avait changé d'avis. Il ne voulait pas revenir avec nous chez ma mère.

« Je ne veux pas y aller », répétait-il. Un vieil homme sans défense, le visage couvert de bandages, incapable de marcher. Mon oncle, qui était assis à côté de lui, s'est mis à lui parler doucement, calmement. C'était la première fois que je voyais s'étreindre ces deux frères courbés par les ans. Un merveilleux moment malgré la tristesse de la situation de mon père.

Mon père ne cédait pas pour autant. Je l'ai supplié de rester quelques jours avec nous. « Je ne t'ai pas vu depuis vingt ans, papa. Mohammed et moi, nous ne sommes là que pour quelques jours et si tu ne restes pas avec nous, je n'arriverai pas à te revoir. S'il te plaît, viens. »

Finalement, il a accepté de venir, à condition que nous passions d'abord à sa petite maison de briques de terre pour prendre quelques affaires. J'ai demandé où se trouvait la maison.

Il a fait un geste vague de la main gauche.

— Par là.

— Papa, il fait noir comme dans un four. On ne voit pas à trois pas.

Il a haussé le ton.

— Nous allons où je dis d'aller, mon petit ! Je sais ce que je fais.

Mes frères et moi n'avons pu nous empêcher de sourire en entendant ce vieil homme aveugle ordonner au chauffeur de suivre ses indications. Même Mohammed a dû renoncer à sa mauvaise humeur devant l'ironie de la situation. Tout handicapé qu'il était, mon père faisait encore la loi. Dans la lumière des phares, on ne voyait rien que des pierres et de la poussière. Le chauffeur a quitté la route et pris sur la gauche. Nous roulions maintenant dans le désert.

Soudain, mon père a poussé un cri : « Ici, tourne ici ! » Mais il n'y avait rien de particulier à cet endroit.

— Est-ce qu'il y a une termitière ? Vous voyez les *dadune* ?

Mohammed, tout surpris, a répondu affirmativement.

— Eh bien, maintenant, prenez sur la gauche.

On aurait dit que papa avait emprunté cette route tous les soirs. J'ignorais où nous allions. Nous ne distinguions rien au-delà de la lumière des phares et nous n'étions sur aucune route, même pas une piste. Nos seuls repères étaient les indications aveugles de mon père.

Au bout d'un quart d'heure, papa a demandé :

— Vous la voyez ?

Mohammed s'est tourné vers lui.

— Quoi, papa ?

— Ma maison, bien sûr. Elle est juste là.

Son ton était affirmatif. Effectivement, deux huttes sont apparues dans la lumière des phares au sommet d'une petite colline.

— Bon, nous y sommes.

Je lui ai demandé laquelle des deux maisons était la sienne. Il a fait une grimace.

— Celle avec la porte rouge. Enfin, je crois qu'elle est rouge. Prenez la torche et allez voir.

Il n'y avait rien d'autre à faire. Nous sommes allés jusqu'à la première maison. Mohammed a ouvert la porte. La torche a éclairé une femme qui dormait dedans avec ses trois enfants. Nous nous sommes excusés auprès de la malheureuse. L'autre hutte avait effectivement une porte rouge. Elle était vide. Rien à l'intérieur, sauf le sol en terre battue.

Je suis revenue à la voiture.

— On l'a trouvée, je crois, papa. Que veux-tu que nous prenions ?

— Mes chemises.

Je lui ai demandé où elles étaient. « Je ne sais pas. Regardez, elles doivent être dans un coin. » Je suis retournée à l'intérieur de la maison. À quatre pattes, j'ai exploré à tâtons le sol de terre battue. Finalement, j'ai mis la main sur deux chemises et une vareuse militaire. Elles étaient souillées de terre et la transpiration avait formé des auréoles blanches sous les bras. Elles sentaient très mauvais. Je les ai laissées là.

— Papa, on ne va pas prendre ces affaires. Elles sont sales.

— Apporte-les.

Le ton était sans appel.

J'ai obéi. Nous avons simplement poussé la porte derrière nous, car elle n'avait pas de serrure, et nous sommes revenus à la voiture avec les vêtements. Au moment où nous allions monter, j'ai vu que les trois petits enfants se tenaient près de la portière et parlaient avec mon père. « Dis-leur bonjour, Waris, ce sont tes frères. » Il a expliqué que leur mère était la femme dont il avait divorcé la semaine précédente. Je leur ai demandé de se mettre dans le faisceau des phares, pour bien les voir. Ils étaient tout maigres, avec de grands yeux confiants. L'aîné n'avait pas dix ans. J'ai eu à peine quelques minutes pour découvrir mes demi-frères, avant que nous les laissions à la garde d'Allah dans la paix du désert. Mon père ne m'a donné aucune explication et je me suis bien gardée de lui en demander. Je comptais sur ma mère pour m'en fournir à notre retour. Mais ce que je ne comprendrai jamais, c'est comment mon père a pu nous ramener chez lui sans y voir.

Durant tout le trajet du retour, je me suis sentie merveilleusement bien, assise entre mon oncle et mon père, une main sur le bras de chacun. J'étais de retour dans mon magnifique pays et j'avais avec moi mon père, mon oncle et mes frères. J'étais épuisée, bien sûr, mais je m'en moquais. Il y avait des choses autrement plus importantes. Je ne pouvais m'empêcher de comparer ma vie à New York, où tout est facile et en abondance, notamment la nourriture, à celle que mène ma famille en Somalie. Dans les pays occidentaux, la plupart des gens possèdent tant de choses qu'ils ne savent même pas tout ce qu'ils ont. Mes parents, eux, ne risquaient pas de l'ignorer et ils avaient du mal à se procurer de la nourriture. Pourtant, ils étaient heureux et enjoués et, dans la rue, les gens se parlaient, se souriaient. J'ai l'impression que les Occidentaux essaient de combler un vide intérieur. Ils sont tout le temps en train de chercher ceci ou cela, que ce soit dans les magasins ou sur leur poste de télévision. Une fois, des gens m'ont montré une pièce de leur maison où ils allument des bougies et se consacrent à la prière et à la méditation. Une pièce entière juste pour des bougies... Ici, il fallait se serrer sur la natte pour que tout le monde puisse dormir, mais ce n'était pas un problème. Au contraire, c'était un bonheur d'être ensemble. Nous rendions sans cesse grâce à Allah de nous avoir tous réunis. En Somalie, nous n'avons pas d'endroit réservé à la prière. Nous prions même pour accueillir quelqu'un. « Qu'Allah soit avec toi », c'est la formule. À New York, tout le monde dit : « Hello ! » Ça veut dire quoi, « Hello » ? Cela n'a pas de sens pour moi, c'est juste un mot que l'on prononce machinalement. Et quand on dit « Bonne journée », c'est aussi une formule creuse. En somali, on dit « Je te reverrai plus tard, si Dieu le veut ». Dans mon cas, Dieu l'a voulu et mon premier jour auprès des miens a été une bonne, une très bonne journée !

9
Conversation tribale

La beauté d'une femme est ailleurs que dans son visage.

Proverbe somalien.

À notre retour au village, j'ai trouvé ma mère assise près du feu en compagnie de Nour, de sa petite fille et de Mohammed *Inyer*. Elle était en train de leur raconter des histoires tout en s'occupant de ses chèvres. Quand elle a aperçu mon père, soutenu par mes frères, elle s'est exclamée :

— Mon Dieu, Waris, tu nous l'as ramené ! Comment va-t-il ?

— Demande-le-lui toi-même, maman.

Elle est allée vers eux. « Tiens, tiens, mes fils, qu'est-ce que vous nous ramenez là ? Vous avez retrouvé un chameau égaré dans le désert ? » Puis, tendant la main vers le visage de mon père, elle a touché d'un geste doux le pansement qu'il portait sur les yeux et a demandé : « Comment ça va là-dessous, toi ? » Elle n'avait pas perdu son ironie.

Elle m'a demandé d'aller avec elle chercher de quoi faire un lit à mon père. Quand nous avons été seules, elle m'a confié :

— Je n'en reviens pas que ton père ait accepté de venir ici, ma fille !

— Il aurait préféré que tu ne le voies pas dans cet état ?

Elle s'est mise à chuchoter.

— Ce n'est pas ça. Je vais te dire, Waris. Burhaan n'a jamais versé le prix convenu pour pouvoir épouser Nour. Ton père disait tout le temps qu'il paierait quand il aurait l'argent, mais il y a maintenant deux ans que Burhaan et Nour sont mariés et le second enfant est en route. Son père et ses frères se sont plaints, évidemment.

— J'aime déjà beaucoup Nour, maman. C'est quelqu'un d'adorable.

— Elle s'occupe bien de Burhaan et de moi. Son père se demande ce qui se passera si Burhaan la rejette. Elle était pure quand elle s'est mariée. Maintenant, sa famille exige son dû. Figure-toi qu'au lieu de donner à Burhaan les cinq chameaux prévus en échange de Nour, comme promis, ton père a préféré aller raconter à un cousin qu'elle était paresseuse et ne faisait rien et qu'elle ne les valait pas.

— Voyons, maman, Nour est toujours la première levée et elle travaille plus dur que n'importe qui. C'est une merveille.

— Toujours est-il que ces paroles sont revenues aux oreilles de sa famille, qui parle de donner une raclée à ton père. Comme Nour est maintenant au courant de ce qu'il a dit, il a honte de se retrouver face à elle.

Ma mère a poussé un soupir. Même si mon père avait du mal à se séparer des quelques dromadaires qui lui restaient, ce n'était pas une raison pour refuser de payer le prix promis pour l'épouse de son fils.

En Somalie, au cours de la nuit de noces, la jeune épouse infibulée est ouverte avec un couteau pour permettre à son époux de la pénétrer. Une femme pratique une incision suffisamment large pour permettre les rapports sexuels. Au matin, la belle-mère vérifie que sa bru saigne et qu'elle a couché avec son époux malgré la douleur. Si elle trouve du sang frais entre ses jambes, les femmes vont l'annoncer en dansant à tout le village. C'est ce qui s'était passé pour Nour. Tout le monde avait entendu ma mère vanter son courage et annoncer qu'elle était vierge et pure en épousant Burhaan. On savait qu'elle travaillait dur. On savait qu'elle avait dû être ouverte pour donner naissance à sa fille, puis recousue. La mauvaise foi de mon père était donc flagrante. Il ne voulait tout simplement pas payer et on le considérait comme quelqu'un de lâche et de mesquin.

J'ai protesté.

— Maman, il doit aller leur expliquer qu'il n'a plus d'argent parce qu'on lui a volé son troupeau, au lieu de raconter que Nour ne vaut pas le prix demandé !

Quand nous sommes revenues, les bras chargés de coussins, Nour était en train d'accueillir son mari. Même si elle et Burhaan ne se seraient jamais embrassés en public, il était évident, à voir son expression, qu'elle aimait profondément mon frère. Elle s'est ensuite dirigée vers mon père, qui se tenait aux côtés de Mohammed. « Soyez le bienvenu, *Aba*. » Elle gardait les yeux respectueusement baissés et, pourtant, le vieil homme ne pouvait la voir. En reconnaissant sa voix, il a eu un recul, mais elle lui a doucement pris les mains. « Vous devez être fatigué, *Aba*. Venez avec moi, un bon lit vous attend. » Quelle femme merveilleuse ! C'est une chance d'avoir dans notre famille une personne qui se comporte avec autant d'élégance et de dignité.

Ma mère préparait une couche pour mon père à l'extérieur de sa petite hutte avec la plupart des coussins et des linges qu'elle possédait. Délicatement, tendrement, Nour a aidé mon père à s'y étendre. Il ne voulait pas montrer sa fatigue, mais il a fini par s'effondrer sur les coussins.

Mes frères ont dormi auprès de lui, comme lorsque nous étions petits. Les femmes couchaient dans l'*occle* avec les enfants et les hommes restaient dehors pour garder les bêtes.

Le lendemain, en m'éveillant, j'étais comme dans un rêve. Il y avait longtemps que j'avais envie de me réveiller auprès de ma famille. Il ne manquait que mes sœurs et mon petit Aleeke. Les hommes dormaient encore et j'ai ri en voyant trois paires de longues jambes, tout emmêlées, qui sortaient de dessous les draps. Impossible de dire à qui chacune appartenait. Il avait plu pendant la nuit et comme ils ne pouvaient s'abriter nulle part, ils avaient bien essayé de se protéger avec une feuille de plastique, mais les bords des draps étaient trempés et boueux. Ma mère avait déjà ramassé du petit bois pour faire du feu et Nour était allée au marché afin de préparer le petit déjeuner avant le réveil de tout le monde. Elle était partie avant l'aube pour être sûre d'avoir les meilleurs produits. Elle préparait l'*angella,* dont l'arôme me chatouillait délicieusement les narines. Maman est revenue avec sa tasse de fer-blanc bordée de bleu pleine de lait de chèvre. Elle a jeté un œil aux jambes qui sortaient des draps, en disant : « Ils ont l'intention de dormir toute la journée ? » Maman n'a pas l'habitude de chuchoter et, quand elle parle, on l'entend de loin. Sa phrase a suffi à tirer les dormeurs du sommeil.

La première chose que j'ai faite, ce matin-là, c'est de prendre les chemises crasseuses de mon père et de les laver dans un récipient plat. Pour nettoyer nos affaires, nous les frottons vigoureusement, avec très peu d'eau, car il faut aller la chercher très loin. C'est ce que j'ai fait, puis je les ai un peu essorées, avant de les étendre sur des buissons pour les faire sécher au soleil. Mon père était allongé sur son drap près de la maison. Quand il m'a entendue, il a demandé :

— Qui est là ?

— C'est moi, Waris, papa.

— Viens ici, ma fille, j'ai à te parler.

Il a ajouté que c'était au sujet de ma dispute de la veille avec Mohammed, au moment où j'avais voulu aller changer de l'argent. Je me suis souvenue que rien n'échappait à mon père. Il était toujours au courant de tout, même de ce qu'on avait chuchoté à l'oreille de quelqu'un. « Hier, je t'ai entendue te quereller avec ton frère à propos de Ragge. » Il m'a alors expliqué que je ne devais pas faire confiance à Ragge. Surtout pas pour l'argent.

— Mais pourquoi, papa ? Ragge est le fils de ton propre frère et Mohammed et lui ont été élevés comme des frères ! Le frère de mon frère est un frère pour moi, non ?

— Oui, mais tu ne sais pas grand-chose de lui, Waris. Tu viens d'arriver. Il se montre à toi sous un certain jour, mais tu ne le connais pas. Pas question que tu aies quoi que ce soit à voir avec lui.

— Je ne comprends pas ce que tu lui reproches, papa.

Ragge parlait bien l'anglais et nous avions de véritables échanges. Il me comprenait. Je pouvais lui confier des choses que Mohammed et Burhaan n'auraient pas comprises. Parfois, je me disais que mes frères ne cherchaient pas à me comprendre. Ils me donnaient plutôt l'impression de vouloir me dominer, mais il y a trop longtemps que j'ai pris mon indépendance pour courber le dos devant un homme.

Mon père s'est redressé sur un coude. Visiblement, le moindre mouvement était douloureux pour lui.

— Écoute bien ce que je vais te dire, Waris. C'est tes frères de sang et toi contre tes demi-frères. Tes frères, tes demi-frères et toi contre tes cousins. Ton clan contre d'autres clans. Ta tribu contre une autre tribu.

— *Aba*, je ne crois pas à toutes ces histoires de clans et de tribus.

Je me suis assise auprès de lui et j'ai pris sa main.

— Quel est le problème avec Ragge ? Pourquoi refuses-tu de lui faire confiance ?

— Ragge est un mauvais fils. Il traite mal son père. Il devrait s'occuper de son père et des troupeaux de sa famille. C'est un dissimulateur, mais tu ne le vois pas, parce que tu viens d'arriver.

Mohammed et Burhaan nous ont rejoints et se sont mêlés à la conversation. Ils ont pris le parti de mon père et ont commencé à me faire la leçon. « Tu n'es qu'une idiote qui ne voit rien. Tu n'as pas à discuter ce que te dit *Aba*. »

Je n'avais pas l'intention de les laisser m'insulter et m'imposer leurs opinions. Je comprenais ce qu'ils voulaient dire – qu'on doit avant tout faire confiance à son propre sang – mais ce n'est pas pour moi une règle absolue. Ce n'est pas parce que quelqu'un n'est pas votre frère ou votre sœur de sang qu'il va profiter de vous. Je ne voyais pas l'intérêt de passer la matinée à discuter de ce sujet, mais c'est comme ça en Somalie. Les bavardages, les discussions, les disputes forment l'essentiel de la vie familiale.

Ma mère a fait son apparition à son tour, avec un air de conspirateur. J'ai compris que quelque chose se préparait.

— Pourquoi souris-tu comme ça, maman ?

Ses yeux brillaient dans le soleil du matin. J'ai suivi son regard. Un homme presque aussi grand que Mohammed était en train de tourner le coin de la maison. Il s'est arrêté devant moi et m'a dévisagée.

Ma mère nous observait, ravie.

— Tu ne reconnais pas ton petit frère, Waris ? a-t-elle gloussé.

L'homme avait quelque chose de familier, mais je n'arrivais pas à le situer exactement. Les yeux plissés, il m'a tiré la langue. Rachid ! C'était mon petit frère Rachid, devenu un bel homme aux bras et aux jambes interminables. Il avait une petite moustache et un bouc, et son large sourire révélait deux rangées de dents impeccables, d'une blancheur éblouissante. Il portait une chemise à carreaux marron et une *goa* verte aux motifs dorés drapée autour des épaules. Rachid revenait du désert, où il gardait le troupeau de dromadaires de mon père, ou du moins ce qu'il en restait, pour chercher quelques provisions. Il ignorait tout de notre présence, à Mohammed et à moi. C'était un vrai miracle de le retrouver. Je comprenais le sourire de ma mère. Je ne me souvenais pas d'une seule fois, dans notre enfance, où nous ayons tous été réunis, mes frères et moi. Mohammed vivait en ville et l'un d'entre nous était toujours parti quelque part à la recherche de nourriture ou d'eau ou dans le désert avec les chameaux. Quand je m'étais enfuie de chez moi, Rachid était encore un petit enfant qui allait fesses nues.

Je me suis jetée dans ses bras et j'ai serré son corps bien charpenté contre le mien. Pendant que Mohammed l'étreignait à son tour, je suis allée prendre mon appareil photo dans la hutte pour garder un souvenir de ces retrouvailles, mais quand je suis ressortie, tous deux avaient disparu. Ma mère, elle, était allée nourrir ses chèvres avec des zestes d'orange et les restes d'*angella* de son petit déjeuner.

Je suis partie à la recherche de mes frères. À l'arrière de la maison, un peu à l'écart du village, il y avait une grosse termitière qui ressemblait un peu à un énorme pouce sortant du sol. Rachid était assis au sommet. Je me souviens qu'étant petite, il m'arrivait d'escalader ces monticules. Ma mère me racontait que les minuscules termites édifiaient ces énormes monticules avec leur salive. C'est une tribu qui travaille ensemble, expliquait-elle. J'ai interpellé Rachid : « Moi, je montais sur des termitières cinq fois plus hautes ! » Il m'a fait une grimace et m'a de nouveau tiré la langue. Je l'aurais bien rejoint, mais il n'en était pas question avec ma longue robe somalienne. « Si je pouvais me débarrasser de ce drap de lit, Rachid, tu verrais que j'en suis encore capable ! » Ce n'était pas l'envie qui me manquait de faire une sorte de pantalon avec la jupe en passant un pan entre mes jambes et en le rentrant devant à la taille, comme quand j'étais petite, mais je n'avais plus l'âge de m'amuser à ce genre de jeu et je ne voulais choquer personne.

En regardant Rachid, je me suis aperçue qu'il était pieds nus. À l'âge adulte, mon propre frère ne possédait pas une seule paire de chaussures. Il avait la plante des pieds calleuse, crevassée comme de la peau d'éléphant. Je n'arrivais pas à oublier combien il était pénible de marcher pieds nus sur le sol avec toutes ces pierres coupantes. Petite fille, j'en avais souffert et il n'était pas question pour moi de laisser mon frère dans la même situation à vingt ans. Il ne repartirait pas les pieds nus dans le désert. Je lui dénicherais une bonne paire de sandales en cuir dans une boutique et, sinon, je lui en ferais faire par un *migdanṇ*.

— Rachid, je vais m'occuper de te trouver des chaussures.

— Pourquoi ne me donnes-tu pas plutôt l'argent ? Je les achèterai moi-même.

— Dans ce cas, allons ensemble au marché. Comme ça, tu pourras les choisir.

En fait, je craignais qu'il n'utilise l'argent pour acheter du *khat*.

Je remerciais Allah de m'avoir donné les moyens d'acheter des sandales à Rachid et des médicaments pour mon père et mon oncle. Nous avons regagné ensemble la hutte. Ma mère préparait du thé et faisait cuire du riz et des haricots pour notre repas.

— Ils ont fait quelque chose pour l'oncle Ahmed à l'hôpital ? m'a demandé Rachid. J'ai entendu dire qu'il a un *djinn* d'un côté du corps.

— Le docteur lui a donné un petit flacon de médicaments après l'avoir examiné. Je ne peux pas t'en dire plus. Les gens n'avaient visiblement pas envie de perdre du temps à me donner des explications.

— C'était qui, ce médecin ?

— Il a dit qu'il était neurochirurgien et qu'il avait fait ses études en Italie.

— Ce que je te demande, Waris, c'est à quel clan il appartient.

— Je n'en sais rien. Quelle importance ?

— S'il n'est pas des nôtres, il se donnera moins de mal pour oncle Ahmed que pour des membres de sa propre tribu.

— Voyons, Rachid, les médecins soignent tous les gens de la même manière, quelle que soit leur tribu. Non, il n'avait sans doute pas envie de parler à une femme. D'habitude, il a affaire à des hommes et il prend sans doute les femmes pour des idiotes.

— *Hiiyea.*

Sur ce point, Rachid ne pouvait me contredire. À ce moment, ma mère s'est approchée de nous et il lui a demandé qui avait les chaussures aux pieds actuellement.

Il y avait une seule paire de tongs correctes dans la maison et tout le monde se la disputait. J'entendais demander sans arrêt : « Où sont les chaussures ? Je dois aller me laver, c'est bientôt l'heure de la prière. » Si ma mère les avait prises pour aller chercher quelque chose à l'extérieur, Burhaan devait attendre son retour pour aller aux toilettes. C'était tout le temps la même rengaine, surtout au moment des ablutions avant la prière. Ils étaient quatre à se disputer une malheureuse paire de tongs en caoutchouc de mauvaise qualité, de celles qui tombent en morceaux au bout de deux jours. L'entredoigt s'en va et elles sortent des pieds. Quand j'ai retrouvé ma mère, elle portait des tongs dépareillées, dont la moitié d'un talon était parti. J'ai proposé d'aller au marché en acheter d'autres. « Comme ça, vous ne perdrez pas de temps à attendre votre tour. »

Rachid s'est tourné vers moi et m'a lancé en souriant :

— Le temps ne nous appartient pas, Waris. Comment pourrait-on le perdre ?

Je voyais bien qu'il me taquinait.

— En tout cas, Rachid, je ne vais pas en perdre à discuter avec toi !

Ragge et lui m'ont accompagnée au marché en plein air. Ragge voulait que je lui achète une paire de boots noires. Je lui ai expliqué qu'il aurait trop chaud avec, mais mon cousin faisait une fixation dessus et j'ai cédé. J'ai acheté aussi deux paires de tongs, de l'encens, un mortier et un pilon pour broyer les épices. Aucune des chaussures proposées par les commerçants ne plaisait à Rachid et nous avons décidé d'attendre un autre jour. Comme mes lunettes de soleil lui plaisaient, je lui en ai fait cadeau. Elles protégeraient ses yeux pendant qu'il garderait les bêtes de mon père.

Dans la soirée, j'ai eu une grande discussion avec mes frères et les autres membres de ma famille à propos des clans et des tribus. Mon père est de la tribu des Darod, la plus importante dans la partie centrale et méridionale de la Somalie. Son sous-clan est celui des Majerteen. Ma famille a toujours vécu dans le Haüd, une zone frontalière de l'Éthiopie. Mon père se nomme Dahee Dirie. Ma mère appartient à une autre tribu importante, les Hawiyé. Elle a grandi à Mogadiscio, ville qui a été considérée, à une époque, comme la capitale de l'ensemble de la Somalie. Lorsque mon père est allé la demander en mariage, la famille de ma mère a refusé. « Tu es un Darod, un sauvage. Comment pourrais-tu faire vivre décemment notre fille ? Tu n'es pas des nôtres. » Ma mère s'est enfuie avec lui. Elle n'est jamais revenue sur son choix. Ses frères et ses sœurs sont aujourd'hui dispersés aux quatre coins du monde. Elle seule continue à vivre au fin fond du désert.

Il y a quatre clans principaux en Somalie : le clan Dir, le clan Darod, le clan Issaq et le clan Hawiyé. La majorité des Somalis appartiennent à l'un des quatre. Ils sont musulmans et parlent le somali. Il y a aussi deux clans de moindre importance, le Rahanweyn et le Digil, dont les membres vivent pour la plupart dans la région de Kismaayo, au sud du pays. Dans notre famille de clans, les gens sont par tradition des pasteurs, quoique de nos jours ils soient plus nombreux à s'être établis en ville. Étant nomades, ils se déplacent constamment et le clan a pour eux beaucoup plus d'importance qu'une adresse qui change sans cesse. C'est une notion que les Occidentaux ont un certain mal à comprendre. Quand ils ont établi les frontières de la Somalie, ils ont éparpillé les Somalis en différents pays. Les cinq étoiles qui figurent sur le drapeau somalien représentent la Somalie, le Somaliland, Djibouti, l'Ogaden, ainsi que les Somalis du Kenya.

Je n'attachais pas beaucoup d'importance à ces histoires de clans quand j'étais petite, tout en étant fière d'être une Darod, le clan le plus courageux. Ce n'est pas une façon de parler : on surnomme le Darod *Libah*, c'est-à-dire le Lion. Cette fois, j'avais envie de comprendre la signification profonde du clan. Le clan jouait un rôle crucial dans la vie de mon père et de mes frères, comme dans celle du pays tout entier. Siyad Barré avait commencé par annoncer l'abolition du tribalisme, avant de susciter des conflits interclaniques pour tenter de détourner l'attention du peuple des problèmes qu'il rencontrait. En 1991, après son départ et la chute de son gouvernement, les liens se resserrèrent à l'intérieur des différents clans dans une quête du pouvoir qui laissa mon pays dans un état lamentable. Pour moi, cette histoire de clans était ridicule et j'ai dit le fond de ma pensée à mes frères.

— Ce qui détruit la Somalie, c'est le tribalisme.

Burhaan a réagi.

— Le clan Darod est le plus important et le plus puissant de ce pays, Waris.

— Oui, et aussi le plus fier et le plus fort.

Je savais qu'un Darod n'aurait pu mentir sur son appartenance au clan, même pour sauver sa vie, car personne ne serait dupe.

— Mais tout le monde devrait pouvoir se faire entendre au gouvernement.

— Parlons de ce qui est. Pour moi, pas question de partager le pouvoir avec qui que ce soit des autres clans.

— Le système des clans empêche le pays de résoudre ses problèmes. Si tu voyageais en dehors de la Somalie, tu verrais que nous ne formons qu'un seul peuple. Nous vivons sur le même sol, parlons la même langue, avons la même apparence, pensons la même chose. Il faut nous unir et cesser ces querelles.

La moutarde me montait au nez. Aux yeux du monde entier, il n'y a que des Somaliens, alors que dans le pays les gens sont incapables de s'entendre entre eux.

Pendant que ma mère apportait le thé, Rachid s'est mis à m'asticoter :

— Sais-tu seulement qui tu es, Waris ? Tu peux me réciter ton lignage ?

— Je suis Darod.

— C'est sûr. Mais encore ?

— Eh bien, je suis Waris Dirie.

Tout le monde a éclaté de rire.

— Je tiens mon nom de mon père, Dahee, qui le tient de son père, Mohammed, Souleiman Dirie.

Leur hilarité n'a fait que s'accentuer, car j'étais incapable d'aller au-delà de ces trois noms, alors qu'on peut remonter sur une trentaine. J'ai tenté de protester. « Écoutez, ils sont tous morts ! » Ma mère, dont le nom de jeune fille est Fattuma Ahmed Aden, a pris le relais. Elle a commencé à réciter le nom de son père, de son grand-père, de son arrière-grand-père et ainsi de suite. On donne aux enfants le nom du père, mais quand une femme se marie, elle conserve le nom du sien. Rachid et Burhaan se sont mis en tête de m'apprendre le nom de tous mes ascendants, mais je n'arrivais pas à saisir les noms au passage. Ils allaient si vite que je ne comprenais même pas la prononciation. En les entendant réciter notre lignage, j'avais l'impression de me trouver devant des rappeurs. La généalogie des clans part d'un ancêtre commun et l'on ajoute un nom à chaque génération. Dans ma famille, on pense que plus l'on a de noms – de générations –, plus le clan est prestigieux.

J'ai fini par les interrompre.

— Écoutez, dès que j'ai quitté la Somalie, tout cela ne m'a servi à rien et je ne m'en suis plus préoccupée. À quoi ça sert de se souvenir d'une ribambelle de noms ? Je suppose que ça n'a pas été utile non plus à Mohammed à Amsterdam.

Visiblement, la conversation rappelait des souvenirs pénibles à Mohammed.

— Je vais te dire, Waris. En arrivant au pouvoir, *Afweine* a amorcé de nombreux changements. Il a décrété que la langue somalie s'écrirait avec l'alphabet latin et il a ouvert des écoles. Et quand il n'a plus eu d'argent pour payer les enseignants, il a décidé qu'il enverrait les étudiants alphabétiser les nomades.

— Effectivement, je m'en souviens. Tu as essayé de nous apprendre l'alphabet, à Vieil Homme et à moi.

— Oui, mais j'étais un garçon de la ville et je vous considérais comme des nomades stupides. Je n'avais aucune envie d'aller enseigner au fin fond du désert.

— Tu m'as d'ailleurs donné des coups avec ton bâton. Ça, je ne l'ai pas oublié non plus.

Mohammed a soupiré :

— En fin de compte, *Afweine* s'est révélé le plus farouche partisan du tribalisme. Si neuf hommes voulaient le rencontrer, il décidait de parler séparément avec des membres de chaque clan. Et beaucoup d'Issaq ont été assassinés juste parce qu'ils appartenaient à ce clan.

Il s'est tu, comme s'il préférait ne pas se remémorer cette période. Burhaan a repris la parole :

— Waris, quand tu as besoin de quelque chose, ce sont les membres du clan qui te donnent un coup de main. Regarde le médecin de l'hôpital, il n'a pas été très coopératif parce qu'il n'est pas des nôtres.

— Normalement, il doit aider tout le monde de la même manière.

Mohammed est intervenu :

— Réfléchis, Waris. À l'aéroport, on a trouvé une voiture pour venir jusqu'ici parce que le chauffeur fait partie de notre famille clanique. Il a une bonne raison de nous aider. Il sait que s'il a besoin de quelque chose, nous l'aiderons dans la mesure de nos moyens.

Avant ce retour en Somalie, en l'an 2000, j'étais heureuse de savoir qu'il y avait un nouveau président pour la première fois depuis 1991 et je croyais que beaucoup de problèmes allaient être résolus. Maintenant, je me rendais compte que les gens était toujours incapables de se ranger sous la bannière d'un seul homme.

— Comment le pays peut-il exister en tant que tel si les clans ne s'allient pas ? ai-je demandé.

Burhaan a hoché la tête.

— Il y a deux pays.

— Et ça fonctionne comment ?

— Il y a le Somaliland, au nord, et la Somalie, au sud. Et aussi le Puntland, au nord-est, autour de Galcaio. C'est pourquoi il existe deux monnaies, l'une qui continue à circuler depuis l'époque de Siyad Barré dans le sud et l'autre instituée par Mohammed Ibrahim Egal au Somaliland, dans le nord.

Quand j'étais petite, c'étaient les anciens des tribus qui résolvaient les problèmes. Si vous vous battiez avec quelqu'un qui perdait un œil dans l'affaire, son clan demandait au vôtre une compensation pour le préjudice subi, le *diya*, c'est-à-dire le prix à payer. Les hommes des deux clans se réunissaient sous un arbre et palabraient jusqu'à se mettre d'accord sur la valeur d'un œil, en nombre de bêtes. Bien sûr, un œil de femme valait beaucoup moins qu'un œil d'homme. Chacun devait apporter sa contribution et les bêtes étaient réparties entre les membres du clan de la personne éborgnée. Maintenant, les gens peuvent dire : « Hé, moi, je vis à Mogadiscio ! Si un type en éborgne un autre, ce n'est pas mon affaire. Je n'ai rien à voir avec lui. Pas question que je paie pour le mal qu'il a fait. »

J'ai essayé d'expliquer mon point de vue. « On a besoin d'un gouvernement qui s'appuie sur des lois, pas sur des histoires de clans. » Mais personne ne m'écoutait. Ils ne voyaient pas comment cela pouvait marcher. Mohammed répétait que rien ne serait plus comme avant. « On ne respecte plus les anciens et les soi-disant chefs militaires ne sont pas fichus de tenir leurs propres troupes. » J'ai fini par laisser mes frères discuter pour retourner auprès des femmes. J'ai regardé la lune se lever entre les nuages et illuminer ma terre natale.

Ma mère est allée porter une tasse de lait de chèvre aux voisins. Elle possédait en tout et pour tout quatre chèvres et elle trouvait le moyen de partager un peu de leur lait avec sa voisine. Je l'ai regardée s'avancer entre les huttes bordées de haies d'épineux en tenant précautionneusement sa tasse de fer-blanc à la bordure bleue, vêtue de son éternelle robe, d'un foulard de tête élimé et de sa paire de tongs dépareillées. Elle s'est pliée en deux pour entrer chez la voisine et elle est ressortie de la même manière quelques minutes plus tard. Les mains sur les reins, elle s'est redressée et a contemplé l'immensité du ciel, traversée de part en part par les lueurs du couchant. Puis elle est revenue, sa tasse vide suspendue à un doigt, et l'a accrochée à un clou devant sa porte. Ma maman est ainsi. La gentillesse incarnée. Une très bonne voisine.

— Maman, assieds-toi un instant.

Elle était en mouvement du matin au soir.

— Je voudrais te montrer les cadeaux que je t'ai apportés !

J'aurais voulu lui offrir ce qu'elle n'avait jamais eu dans la vie.

Elle a poussé un drôle de soupir tout en esquissant un sourire.

— J'imagine déjà ce que tu as bien pu rapporter, ma fille ! a-t-elle plaisanté.

Bien sûr, elle se demandait ce que j'avais pu acheter d'utile pour elle à New York.

— Pas ici, Waris, a-t-elle murmuré en jetant des coups d'œil autour d'elle. Si on te voit en train de me donner quelque chose, tout le village va débarquer et les gens ne partiront pas d'ici avant que tu ne leur aies fait aussi un petit cadeau.

Elle avait raison. Mes proches ne quémanderaient pas, mais ils resteraient plantés là jusqu'à ce que je craque. Maman et Nour m'ont accompagnée à l'intérieur de la petite hutte et nous avons allumé une *feynuss*.

Nour s'est jetée sur mon sac comme un vautour.

— C'est quoi, ça, Waris ? Et ça, ça sert à quoi ?

— Un peu de patience, Nour. Je vais te le dire à chaque fois, mais il faut m'en laisser le temps.

J'ai sorti un pot de beurre de cacao du sac.

— Voilà du *subaq*.

Je l'ai ouvert pour qu'elle puisse l'essayer, mais avant que j'aie pu réagir, ma mère et elle avaient plongé leurs doigts dedans et les léchaient.

— Pouah ! Pas étonnant que tu sois si maigre, si c'est ce que vous mangez à New York !

— Mais on ne le mange pas, on s'en met sur le corps et le visage.

— On ne s'en sert pas dans la cuisine ? a demandé ma mère.

— Non, mais c'est très efficace sur la peau. Sur tes pieds qui sont secs, par exemple.

— Quel dommage ! Tu es sûre que je ne peux pas le manger ? Ça sent merveilleusement bon !

— Non, ne t'avise pas d'en avaler. C'est juste pour la peau.

— Entendu, mais je préfère de beaucoup notre *subaq ghee*. On fait la cuisine avec et on s'en met aussi sur la peau.

Maman m'a rendu le pot en haussant les épaules.

— Qu'est-ce que tu as d'autre ?

Je lui ai tendu un flacon de Johnson's Baby Oil. Elle l'a tourné et retourné entre ses mains.

— Et ça, alors ?

Je lui ai expliqué que cette huile avait le même usage que le beurre de cacao.

— On en enduit la peau des petits enfants. Tu peux t'en mettre sur le visage et même dans les cheveux. Essaie.

— Ah, bien.

Malheureusement, elle a secoué le flacon trop fort et de l'huile s'est répandue sur le sol. Effrayée, elle a fait un bond en arrière et posé le flacon sur le sable.

— C'est quoi, ce truc ?

— Sens comme ça sent bon.

Elle a reniflé sa main et a fait un bruit approbateur avec les lèvres. « C'est fabuleux. » Elle s'est massé les mains, puis les bras avec l'huile. À la lueur de la lampe, sa peau brillait magnifiquement.

— J'aime beaucoup, Waris. Il va falloir que je cache le flacon.

— Ce n'est pas la peine, maman. Tu pourras la partager. Je t'en procurerai autant que tu voudras.

— Qui sait quand je te reverrai, ma fille ? Je ne prends pas le risque.

Fouillant dans ses affaires, elle a récupéré une petite clé au fond d'un panier, puis elle a ouvert un vieux coffret de bois et placé le flacon d'huile à l'intérieur.

— C'est un bien précieux. Il sera en sécurité là-dedans.

J'avais apporté plusieurs miroirs de poche, plus une très jolie glace pour ma mère qui ne s'était jamais vue dans un miroir. Je voulais qu'elle sache combien elle était belle. C'est elle qui m'a faite comme je suis et grâce à mon physique, j'ai pu gagner ma vie. Sa beauté m'a beaucoup aidée. On me dit souvent que je suis belle, mais je le croirais si j'avais ne serait-ce qu'un peu de la beauté de ma mère. J'ai déballé le miroir. Il avait un manche en argent et un motif de feuilles sculptées le bordait, prolongé au dos en fleurs somptueuses.

— Regarde, maman, j'ai un cadeau spécial pour toi.

— *Hiiyea*. Je n'ai besoin de rien de spécial, Waris.

— Viens t'asseoir à côté de moi.

Quand je lui ai tendu le miroir, elle l'a pris du côté opaque et l'a contemplé avec étonnement, se demandant de quoi il s'agissait. Je l'ai retourné et l'ai tenu devant son visage. « Regarde comme tu es belle, maman. » En apercevant son reflet, elle a eu un recul, persuadée que quelqu'un se tenait derrière elle.

Je l'ai rassurée. « Mais non, maman, il n'y a personne. C'est toi que tu vois. » Elle a de nouveau jeté un coup d'œil dans le miroir, et petit à petit, elle s'est enhardie. Elle s'est mise à se toucher le visage et les cheveux, à tirer sur la peau de ses joues, à découvrir ses dents et à tourner la tête dans tous les sens. Cela a duré un bon moment. Finalement, elle a poussé un soupir.

— Mon Dieu, que je parais vieille ! Allah, Allah, je suis affreuse ! Je ne me voyais pas comme ça.

— Comment peux-tu dire une chose pareille, maman ?

Elle m'a fait face, les yeux plissés dans la pénombre.

— Mais regarde-moi ! Qu'est devenu mon visage ? J'étais une belle femme et ton père et vous autres, vous m'avez vidée.

Elle a retourné le miroir et me l'a rendu.

J'étais interloquée, surprise tout autant que blessée par sa réaction. Ma mère est quelqu'un de franc, qui dit ce qu'elle pense. Elle n'a pas prétendu apprécier mon présent, que je me suis hâtée de remettre dans mon sac en regrettant de le lui avoir offert. Honteuse, je ne pensais plus qu'à m'en débarrasser. Maman n'accepterait rien d'inutile, parce qu'une nomade ne peut s'encombrer d'objets superflus. Les biens les plus précieux demeurent la famille, les bêtes, les histoires. Ils sont la source de vie, la source du bonheur. Ce qui faisait à mes yeux la beauté de ma mère, c'était sa façon de s'occuper de sa famille, de ses amis, de ses animaux. La vraie beauté ne se reflète pas dans un miroir, on ne la trouve pas en photo sur les couvertures des magazines. Elle est dans ce que l'on fait de sa vie.

10

Des pères et des hommes

Si l'homme est la tête du foyer, la femme en est le cœur.

Proverbe somalien.

La journée suivante a été si merveilleuse que j'ai eu l'impression d'être personnellement bénie d'Allah. La matinée était claire, avec de petits nuages d'altitude. À l'aube, il y avait eu quelques éclairs, annonciateurs d'averses. La chaleur torride des jours précédents avait disparu, chassée par la pluie. Et surtout, surtout, ma famille était réunie. C'était un vrai miracle. Dans ma tête, une petite voix chuchotait : « Ne t'avais-je pas dit que tout se passerait bien ? » C'était celle de Vieil Homme, l'esprit qui veillait sur moi.

Ma mère a envoyé Rachid et Mohammed chercher un chevreau pour faire un festin en notre honneur. Ils ont sacrifié ce petit mâle blanc parce qu'il ne donnerait pas de lait. Elle a coupé la tête du chevreau, l'a mise dans un panier et a entrepris d'ôter soigneusement la peau et les yeux. La tête d'un animal est censée soigner les maladies des yeux et du cerveau et ma mère a préparé ce remède pour mon père en priant constamment. Comme elle n'avait rien pour la faire bouillir, étant donné que son unique marmite servait à préparer le repas, elle est allée prendre une vieille boîte en fer-blanc sur le tas d'ordures. J'ai protesté :

— Maman, tu ne peux pas faire cuire quoi que ce soit là-dedans ! C'est sale et plein de microbes. Tu veux tuer papa, ma parole !

Elle m'a dévisagée, les mains sur les hanches.

— Je me fiche qu'il meure. Il est vieux et inutile, de toute façon.

— S'il te plaît, laisse-moi aller emprunter une marmite à quelqu'un.

— Ne te mêle pas de ça, Waris !

Elle agitait un doigt menaçant sous mon nez. « Je vais le faire à ma manière. Tu n'as pas à t'inquiéter, ton père n'en mourra pas. Les gens de son espèce ne meurent pas. » J'entendais mon père rigoler derrière la maison. Du coup, j'ai pris conscience que l'ébullition tuerait les microbes. Ma mère continuait : « Allez, ma fille, ne reste pas dans mes jambes. C'est comme ça que je vais faire et ton père boira cette soupe plus tard. » Elle a nettoyé la boîte rouillée avec du sable propre et l'a rincée. Puis elle y a placé la tête du chevreau avec quelques herbes séchées qu'elle garde dans un petit panier. Elle a recouvert la mixture d'eau et l'a placée sur le feu pour qu'elle mijote des heures durant.

Ma mère a dépouillé le reste du chevreau. La peau servirait à faire de la corde et des tabourets. Elle a creusé un trou dans le sol, suffisamment large et profond pour contenir l'animal et un feu. Avec l'aide de Nour, j'ai fait brûler des grosses branches et lorsqu'elles ont été à l'état de braises, ma mère les a étalées avec un râteau de façon à pouvoir poser le chevreau dessus. Elle a découpé les pattes pour pouvoir les placer contre le corps. Ensuite, elle a farci le chevreau avec un mélange de sa fabrication, à base de pain, d'ail, d'oignons, de tomates, de riz et d'épices spéciales. Avec l'aide de Nour, elle a ficelé la bête et l'a placée sur les braises rougeoyantes. De la vapeur et une délicieuse odeur sont montées du foyer. Elle a ensuite attendu le bon moment pour retourner le chevreau de façon que les deux côtés soient bien grillés. Nour a rajouté des braises et des cendres dessus. Ma mère s'est accroupie pour éventer le feu et ranimer les braises puis elle a chassé tout le monde. Je mourais de faim et cette odeur me rendait folle. « On le laisse cuire, maintenant a-t-elle grondé. Je vous préviendrai quand ce sera prêt. J'ai l'impression d'être entourée de vautours ! »

Quand on a sorti la viande, elle était à point, tendre et fondante. Avant que nous ne nous mettions à manger, ma mère a annoncé que le remède de papa était prêt. Mon père avait le visage si enflé et si douloureux qu'il ne pouvait mastiquer. La tête du chevreau était maintenant réduite à une épaisse gelée, que ma mère a versée dans une tasse en me demandant d'aller la porter à mon père.

J'ai pris la tasse et je me suis assise auprès de lui.

— Papa, ta soupe est prête.

— C'est le truc qui vous a fait vous disputer ce matin ?

— Oui, mais ça va te faire du bien. C'est bon pour tes yeux.

— Je n'ai pas envie de le boire maintenant.

Ma mère, qui avait entendu, s'est mise à crier.

— Qu'est-ce qu'il a dit ?

— Il ne veut pas le boire tout de suite.

— Le vieux sagouin !

Elle parlait assez fort pour que tout le monde soit au courant. « Je lui ai préparé une potion spéciale et il ne veut pas la prendre ! Waris, rapporte-la ici ! » Je me suis levée, mais elle avait déjà changé d'avis. « Non, finalement, laisse-la-lui. Tant qu'il ne l'aura pas avalée, il n'aura rien d'autre. » Mon père a fait une moue dégoûtée, comme un bébé, mais il a avalé sa soupe, jusqu'à la dernière goutte.

Ma mère continuait à le haranguer de loin. « Maintenant, tu es sur mon territoire, tu entends ? Tu es vieux, aveugle et sans défense. Tu feras ce que je voudrai. » Il n'avait pas le choix. Il devait accepter qu'elle le soigne.

J'ai interrogé ma mère sur les autres épouses de mon père.

— Qui sont-elles, maman ? Quand nous sommes allés chez lui, il y avait là trois enfants et il nous a dit que c'était les siens.

— D'après lui, il s'est débarrassé d'une épouse juste avant ton arrivée. J'ai entendu dire qu'elle était partie.

— Pourquoi ? Que s'est-il passé ?

— Aucune idée. Il ne me dit rien. D'habitude, il vit avec sa deuxième femme.

Son ton était tout à fait dépassionné.

— Je te parie qu'elle va venir le chercher et voir si tu lui as rapporté un cadeau.

Maman est allée ôter sa marmite du feu et j'ai compris qu'elle ne m'en dirait pas plus sur le sujet.

J'ai essayé d'en savoir davantage en interrogeant Burhaan. J'espérais que mon père ne vivait plus avec sa deuxième épouse. Je n'avais pas revu cette femme depuis mon adolescence, lorsque mes frères et moi avions infligé une sévère punition à la malheureuse. Quand nous avions vu mon père revenir au campement avec une nouvelle épouse derrière lui, le choc avait été rude. Elle était à peine plus âgée que moi, mais elle n'avait rien d'une gamine timide. Elle avait commencé à se comporter comme une reine et à nous traiter, mes frères et moi, comme des domestiques. Un jour où mon père était absent, nous l'avions pendue par les pieds à un arbre. À la suite de cet épisode, elle avait changé d'attitude. Si elle était toujours mariée avec mon père et qu'elle venait le voir, je me demandais comment elle réagirait.

— Je pense qu'elle a oublié, s'est contenté de répondre Burhaan.

— Comment papa se débrouille-t-il avec trois épouses ?

— Je vais te raconter une histoire, Waris. Il était une fois un homme qui avait trois femmes, toutes jalouses les unes des autres. Elles allèrent trouver leur mari et lui demandèrent de désigner sa préférée. « Fermez les yeux, dit-il. Je vais toucher du doigt l'une d'entre vous. Celle-ci est ma favorite. » Les épouses fermèrent les yeux. Le mari s'approcha d'elles et il les toucha toutes les trois, l'une après l'autre.

Chacun venait rendre visite aux deux membres de la famille qui vivaient dans des pays si lointains, peut-être pour nous dire bonjour, mais aussi dans l'espoir d'avoir un petit cadeau. Ne sachant ce dont les gens avaient besoin, j'avais surtout rapporté des produits de toilette de New York. Quand j'ai donné à Rachid une brosse à dents bleue et un tube de dentifrice fluoré, il m'a demandé ce que c'était.

— Ça s'appelle une brosse à dents. Tu mets un peu de dentifrice sur les poils et tu frottes. Comme ça.

J'ai joint le geste à la parole.

— C'est le machin qui arrache les gencives et fait tomber les dents ?

J'ai levé les yeux au ciel.

— Mais comment donc !

— J'ai déjà mon *caday*.

— Il m'a rendu la brosse à dents et a sorti une brindille de la taille de son index de la poche de sa chemise.

— C'est bon pour le mal de dents. Ta brosse aussi ?

— Non.

— Les dromadaires et les chèvres en mangent. Ils pourraient manger ton bidule bleu ?

— Il sert juste à se brosser les dents, Rachid.

— Et le truc dans le tube, il se mange ?

— Non, il faut le recracher. Ce n'est pas bon de l'avaler.

— Pourquoi se mettre dans la bouche quelque chose qui n'est pas bon ?

— On se rince la bouche avec de l'eau. C'est mauvais seulement si on l'avale.

— C'est gâcher de l'eau. Que fait-on si on n'a pas d'eau pour se rincer la bouche ?

Faute de pouvoir répondre à sa question, je l'ai écouté m'expliquer qu'un arbre à brosses à dents a plusieurs usages. Les jeunes brindilles sont utiles pour les dents et l'on taille des flèches dans les plus anciennes. Quant aux grosses branches, on peut faire du feu avec ou construire un para-vent. L'écorce des racines donne des cloques, mais ma mère les utilise en décoction pour soigner les problèmes musculaires et elle la réduit en poudre pour en tirer un onguent antiseptique qu'elle applique sur les blessures et les coupures.

Rachid continuait son exposé :

— De plus, les graines sont comestibles. Elles contiennent de l'huile. Quand il n'y a rien d'autre à manger, elles permettent de survivre. Est-ce que ton dentifrice permet de survivre à la saison sèche ?

Il contemplait le bouchon du tube et ses parfaites petites cannelures d'un air dubitatif.

— On n'en parle plus, Rachid.

J'ai remis la brosse et le dentifrice dans mon sac et je lui ai donné un rasoir, mais il était évident que ça ne lui plaisait pas. J'ai essayé d'offrir la brosse à dents à Nour, qui n'en a pas voulu non plus.

De son côté, Burhaan m'a expliqué que l'arbre à brosses à dents sécrète une résine qui tue les bactéries de la bouche. « Et si l'on a des taches sur les dents, par exemple à cause du *khat*, on les ôte avec du charbon de bois », a-t-il ajouté avec un grand sourire, révélant ses dents impeccables, d'une blancheur éblouissante.

Ils m'exaspéraient, tous autant qu'ils étaient.

— Je sais, Burhaan, je suis née ici. Tu mâches le charbon, puis tu mâchouilles l'extrémité de ta brosse à dents somalienne. Tu prends la brindille et tu te frottes les dents avec la poudre de charbon. Résultat : des dents super-belles et super-blanches.

Rachid m'a jeté un regard de défi.

— Les plus belles que tu aies jamais vues.

Bien, je donnerais les brosses à dents à d'autres. Pourtant, à New York, j'avais pensé qu'ils en auraient besoin. Ils n'ont pas de dentistes et doivent soigner leurs dents, sans compter qu'ils peuvent ne pas trouver l'arbre en question. Je regrettais de ne pas avoir choisi d'apporter des choses comme des chaussures et des vêtements. La nourriture n'aurait pas supporté le voyage. Pourtant, c'est ce qui leur manquait le plus.

Cet après-midi-là, je me suis assise près de mon père. Je l'ai aidé à se redresser et j'ai arrangé son oreiller et sa couverture. Quand j'ai voulu lui mettre ses gouttes dans l'œil, j'en ai pleuré tant il était enflé, meurtri et infecté. Il faudrait un vrai miracle pour qu'il puisse l'ouvrir de nouveau. À l'idée qu'il ait pu laisser quelqu'un lui inciser l'œil avec un couteau, j'en étais malade. Je lui ai donné du Tylenol pour calmer la douleur. Quelle bonne idée j'avais eu d'en apporter ! Au moins pouvais-je l'aider un peu. Quand je lui ai offert les sandales que j'avais rapportées de New York, il a caressé le cuir et passé les doigts sur l'épaisse semelle en caoutchouc, avant de déclarer : « Je sais à qui elles seront utiles, Waris. Je vais les garder pour ton frère Rachid. »

Lorsqu'il avait besoin d'aller aux toilettes, il fallait l'aider parce qu'il était faible et instable sur ses jambes et qu'il ne voyait rien. Il a réclamé ma mère, mais je me suis proposée pour l'accompagner.

— Papa, je vais te conduire.

— Il y a des chaussures quelque part ?

J'ai trouvé des tongs blanches et je les ai disposées côte à côte à ses pieds.

— Laisse-moi t'aider. Donne-moi tes mains.

— Je ne suis pas aveugle à ce point. Pose-les par terre, je les trouverai bien.

Il s'est accroupi et a réussi à glisser ses pieds à tâtons dans les chaussures.

— Maintenant, va chercher ta mère.

— Elle n'est pas là, papa. Je ne sais pas où elle est allée.

— J'attendrai.

— Je peux t'aider, papa. Je suis ta fille et j'ai moi-même un enfant.

Il n'a rien voulu entendre. Les bras autour des genoux, il est resté là, immobile comme une statue.

Il a attendu une heure le retour de ma mère, fier et obstiné.

Encore fatiguée par le voyage, j'ai décidé de faire une petite sieste. J'ai sorti quelques nattes et je me suis allongée, mais le bruit et les allées et venues des gens m'empêchaient de m'assoupir. J'ai entendu une femme parler avec ma mère, puis elle s'est avancée vers moi.

— Waris, comment vas-tu ?

Son ton était très enjoué.

À moitié endormie, je suis restée couchée, croyant que c'était l'une des visiteuses qui passaient me voir par curiosité. Son visage ne me disait rien.

Elle a penché la tête sur le côté.

— Tu ne te souviens pas de moi ?

— Tout a tellement changé.

Mon père riait dans son coin. J'ai dévisagé la femme. Elle semblait avoir le même âge que ma mère.

— Demande à ton père qui je suis, Waris, a-t-elle dit en se tournant vers lui.

Mon père s'est adressé à elle :

— Comment va mon bébé ?

Je me demandais de quel bébé il s'agissait.

— Je vais le chercher, a-t-elle dit.

Il s'est mis à glousser jusqu'à ce qu'elle revienne, un bébé dans les bras. « Passe-moi mon fils », a-t-il dit. C'est alors que j'ai compris. Cette femme était sa deuxième épouse. Même si elle semblait aussi âgée que ma mère, elle avait en fait à peu près le même âge que moi au moment de leur mariage.

Je suis allée la serrer dans mes bras. Je me suis exclamée : « Quand je t'ai quittée, tu étais enceinte et au bout de tout ce temps, je te retrouve avec un bébé ! » J'espérais qu'elle avait oublié ce que nous lui avions fait. En tout cas, elle n'y a pas fait allusion durant les trois jours qu'elle a passés avec nous. Elle avait marché pendant des kilomètres avec son bébé sur le dos pour nous rejoindre et elle était en piteux état, épuisée et affamée. Elle n'avait pas de chaussures et ses pieds étaient en sang. C'est ainsi que j'ai fait la connaissance d'un petit frère dont je n'avais jamais entendu parler. Je me retrouvais avec un frère de presque quarante ans et un autre de trois semaines.

— La vie ne vaut pas d'être vécue sans famille et sans enfants, a constaté mon père.

— Ce n'est pas le nombre d'enfants qui compte, papa. Le plus important, c'est d'avoir une famille en bonne santé, unie et forte.

— Je sais, ma fille.

Ce soir-là, autour du feu, nous avons eu une grande discussion à propos des hommes. Burhaan a commencé par dire que ma belle-sœur se demandait pourquoi je ne m'étais pas mariée.

J'ai essayé de m'expliquer. « Ce n'est pas comme avec un chameau que tu achètes et que tu vends quand tu n'en veux plus. » Nour me regardait avec de grands yeux. Elle ne pouvait pas me comprendre, je le savais bien. C'est une question d'éducation. Tout ce qu'on apprend aux jeunes Somaliennes, c'est à se soumettre aux hommes.

Nour et sa mère m'ont demandé si j'avais un enfant.

— Oui, j'ai un beau petit garçon.

— Il te ressemble, Waris ? a dit ma mère.

— À tous les points de vue.

— Hum.

Elle a levé les yeux au ciel. Tout le monde a ri, mon père le premier.

— Eh bien, Waris, a-t-elle repris en hochant la tête, s'il te ressemble à tous les points de vue, je te souhaite bien du plaisir ! Et tu ne l'auras pas volé.

Nour s'est inquiétée de savoir où était le père de mon fils.

— Je l'ai envoyé voir ailleurs.

— Pourquoi ? ont-ils demandé à l'unisson.

— Parce qu'il n'y avait pas de place pour lui dans ma vie et dans celle de l'enfant. Ou plutôt parce qu'il n'y en avait plus.

Ils ont ri, mais je voyais bien qu'ils étaient choqués.

Asha, la fille de l'oncle Ahmed, m'a interrogée à son tour.

— Comment est-ce possible, Waris ? Je croyais que c'était l'homme qui mettait la femme dehors. Ce n'est pas lui qui s'est débarrassé de toi ?

— Non.

Ma belle-sœur a pris un air sérieux.

— Dans ce pays, les femmes sont faibles. Nous ne pourrions nous comporter ainsi.

— Nour, je suis née ici. J'ai été élevée de la même manière que toi. J'ai appris ici des choses formidables, comme à avoir confiance en moi et à agir par moi-même au lieu d'attendre qu'on décide à ma place.

En m'entendant dire que j'avais appris à m'assumer en Somalie, les femmes se sont esclaffées. J'étais assise à côté de mon père et ma mère nous a rejoints, sans doute curieuse de connaître la raison de ces rires. J'ai repris :

— Demandez à mon père et à mes frères, puisqu'ils sont là. Demandez à ma mère. Ils connaissent mon caractère. Ils savent comment je me comportais, étant petite. Ils savent qui je suis.

Mon père a pris la parole :

— Effectivement, si Waris avait décidé qu'elle ne bougerait pas plus qu'une bûche, il n'y avait rien à faire. J'ai toujours pensé qu'elle avait une tête de bois.

Tout le monde a souri, particulièrement mon oncle Ahmed.

— Tu es revenue chercher un mari ? m'a demandé Nour.

Elle n'arrivait toujours pas à admettre que je n'étais pas mariée, tout en ayant de l'argent pour vivre et en n'étant pas condamnée à mendier.

— Non, Nour. Je ne suis pas mariée et j'ai un enfant, mais je ne suis pas particulièrement à la recherche d'un homme. Si je tombe sur un homme qui me convient, je réfléchirai au mariage. Je suis comme ça.

J'ai croisé les bras d'un air décidé. Que m'importait leur opinion ?

— Eh oui, tu es comme ça, ma fille ! s'est exclamé mon père.

— Papa, un jour tu m'as dit que tu ne me reconnaissais pas comme l'un de tes enfants parce que tu te demandais d'où je venais. Tu as ajouté que tu devais te débarrasser de moi. Est-ce que tu t'en souviens ?

— Oui.

Il m'a regardée et j'ai senti, au son de sa voix, qu'il regrettait de m'avoir parlé ainsi. Autour de nous, personne n'a dit mot. Je savais qu'ils se taisaient devant moi parce que je suis la seule à être indépendante. Et j'en suis fière.

J'ai tenté d'expliquer à mes parents ce que Guban m'avait fait quand j'étais enfant. Mon père n'a pas arrêté de répéter : « Mais qu'a-t-il fait, qu'a-t-il fait ? » Ni ma mère ni lui ne semblaient avoir le moindre souvenir de ce jour terrible. Je leur ai demandé s'ils se souvenaient de cette après-midi où j'étais allée récupérer les agneaux et où Guban m'avait accompagnée.

— Quand on a été assez loin du campement pour qu'on ne m'entende pas crier, il m'a attrapée. Je me suis débattue, mais quand j'ai réussi à me dégager, j'étais souillée par cette substance visqueuse, qui sentait fort.

Les mots se bloquaient au fond de ma gorge. J'étais en sueur et mon cœur battait à tout rompre. C'était très douloureux pour moi d'évoquer ce que Guban m'avait fait. Tous les regards étaient tournés vers moi. Je me suis tue, gênée.

Ma mère a hoché la tête.

— Je ne me souviens pas qu'il t'ait ennuyée. De quoi parles-tu, Waris ?

— Je ne peux pas le dire, mais ce n'était pas quelqu'un de bien.

Mon père ne comprenait pas.

— Je ne vois même pas à quoi tu fais allusion, Waris.

Il ne se souvenait pas d'un homme nommé Guban. J'ai expliqué que c'était un proche qu'ils hébergeaient, quelqu'un en qui ils avaient confiance et qui m'avait agressée.

Ma mère a renchéri :

— Vraiment, nous ignorons ce qui s'est passé. Nous n'avons pas vu Guban depuis des années.

— J'espère qu'il est mort et qu'il est allé en enfer !

— Ce n'est pas gentil de dire ça.

Visiblement, ma colère envers Guban perturbait mes parents. Ma mère m'a caressé la jambe pour me réconforter.

— Explique-toi, Waris.

Finalement, j'ai préféré ne pas insister. Les mots concernant ce sujet tabou ne pourraient sortir de ma bouche en présence de mes parents. Qui sait, peut-être que dans ce cas, un *djinn* se glisse entre nos lèvres et s'assoit sur notre langue. J'ai simplement dit une dernière fois : « Vous ne le saviez pas, mais il a fait quelque chose de mal, de très mal. » Malgré mon envie de leur révéler ce qui s'était passé, je ne pourrais pas le faire. Ce sont des sujets dont on ne parle jamais. Tout le monde se taisait, mais ce long silence était étrangement réconfortant. Au moins, mes parents étaient maintenant au courant que Guban avait fait subir des violences à leur fille. Le pire, lorsqu'on est victime de sévices sexuels, c'est de le garder pour soi. L'air soucieux, ma mère continuait à me tapoter la jambe. Elle me regardait au fond des yeux pour essayer de percer mon secret et visiblement elle était troublée par ce qu'elle y lisait, mais elle ne posait pas de questions sur ce sujet tabou. Et si le sexe est tabou, mieux vaut coudre celui des filles, parce que, comme moi, elles ne comprendront pas ce qui leur arrive.

Parfois, la souffrance est un cadeau et je suis persuadée qu'Allah m'en a fait un. Je savais maintenant par où commencer ma campagne pour l'abolition des mutilations génitales féminines. Il fallait donner une éducation sexuelle aux femmes. Les hommes devaient apprendre à connaître le corps des femmes aussi bien que le leur.

Ma petite cousine Amina a interrompu le cours de mes pensées.

— Je peux te donner une lettre pour les États-Unis, Waris ?

— Oui, si tu me donnes l'adresse. Les États-Unis sont un grand pays.

Une lueur d'angoisse est passée dans ses yeux tandis qu'elle tortillait nerveusement sa robe.

— Je l'ai. Je vais te la donner.

— Qui est-ce qui vit en Amérique ?

J'étais curieuse de savoir qui elle connaissait là-bas.

— Mon mari.

Elle avait répondu à voix basse, sans même oser me regarder.

— Que fait-il si loin, Amina ?

Elle a marmonné quelque chose d'incompréhensible. Sans doute l'ignorait-elle.

— Il y a longtemps que vous êtes mariés ?

— Quatre ans.

Je n'en croyais pas mes oreilles. On ne lui aurait pas donné plus de seize ans.

— Tu as des enfants ?

— Non. Il est parti après m'avoir choisie. J'espère qu'il va revenir et m'emmener là-bas avec lui.

— Ne l'attends pas !

Mon exclamation en a fait sursauter certains. Ma mère a marqué sa désapprobation par un claquement de langue. Je n'ai pas voulu faire d'histoires. J'ai dit que j'emporterais la lettre.

Visiblement, mes idées paraissaient drôles ou dérangeantes à ma famille.

— Waris, tu parles comme un homme et tu donnes l'impression d'être forte, très forte, a constaté Amina.

— Toi aussi, tu peux être forte. J'ai eu la même éducation que toi, tu sais.

Cette phrase a de nouveau déclenché l'hilarité. J'avais l'impression de faire un numéro comique. Tout le monde marchait. Je me disais qu'il y avait deux raisons à cela. La première était qu'on me croyait riche, la seconde, qu'on me trouvait différente, un peu folle. Malgré tout, j'étais heureuse et fière d'être là, dans mon village, d'avoir atteint le but de mon voyage. Je remerciais sans cesse Allah de me l'avoir permis. C'était un miracle d'avoir retrouvé non seulement ma mère, mais mes frères, mes cousins et cousines, mes neveux et nièces et tous les autres membres de la famille dont j'ignorais jusqu'à l'existence.

Et surtout, j'étais face à face avec mon père et sur un pied d'égalité avec lui. Je n'étais pas d'accord avec certaines de ses affirmations et je lui expliquais gentiment pourquoi. Quand il ne comprenait pas, il m'interrogeait. Je l'éduquais, pour son grand plaisir. Il plaisantait sans cesse.

— Est-ce vraiment ma fille que j'ai devant moi ? Qui es-tu ? Je croyais ma fille morte depuis longtemps.

— Pourquoi ?

— Quand une toute jeune fille s'enfuit de chez son père, il ne peut rien lui arriver de bon. Tu ne connaissais rien en dehors de tes chèvres et de tes dromadaires. D'abord, j'ai cru que les lions t'avaient dévorée et que les hyènes suçaient la moelle de tes os. Ensuite, j'ai entendu dire que tu étais à Mogadiscio, puis à Londres, et j'ai pensé que tu te prostituais. Qu'aurais-tu pu faire d'autre ? Tu es partie si loin que c'était comme si tu vivais sur une autre *hydigi* – sur une autre planète. Et tu es vivante, mon petit, vivante et capable de gagner ta vie toute seule ! Je trouve que ce que tu dis a du poids et de la dignité.

Mon père était fier de moi, il était fier de moi ! Je me suis sentie emplie de force et de joie de vivre. Fière, aussi. J'avais été une petite fille que son père battait. Quand il lui arrivait de s'apercevoir de ma présence, il me lançait : « Hé, toi ! Va me chercher ça, et en vitesse ! » Il me terrifiait. Lorsqu'il avait encore l'usage de ses yeux, il ne voyait qu'une gamine sans importance. Maintenant, il me voyait avec les yeux du cœur. *Allah bah wain*, Dieu est grand.

11
Vivre dans le désert

Une fille n'est pas une invitée.

Proverbe africain.

Les jours qui ont suivi, il a plu à grosses gouttes pratiquement tous les après-midi. Tout le monde attendait la pluie, les yeux fixés sur le ciel où les nuages gris s'amoncelaient. *Gu*, la saison des pluies, a tout changé dans le village, mais personne ne s'en est plaint. Cette eau bienvenue avait rafraîchi l'atmosphère après les grandes chaleurs. Au milieu de la rue, là où, quelques jours plus tôt, il n'y avait que de la poussière soulevée par le vent, coulait maintenant un ruisseau. La petite hutte de ma mère était inondée. Tout était trempé, jusqu'aux malheureuses petites chèvres qui, ne sachant que faire, s'étaient réfugiées à l'intérieur, trempées elles aussi jusqu'au bout de leur queue brune. Mon frère Burhaan avait creusé un fossé autour de sa maison pour empêcher l'eau d'y pénétrer. Les gens arboraient des sourires ravis. Nous adorons la pluie. Les petits enfants jouaient dans l'eau boueuse et – c'est triste à dire – s'obstinaient à la boire. Je savais qu'ils auraient bientôt la diarrhée et défèqueraient un peu partout. Les femmes remplissaient des seaux d'eau qu'elles versaient dans de plus grands récipients. Une fois la terre déposée au fond, elles pourraient utiliser l'eau pour la cuisine et la toilette.

Chaque matin nous nous levions vers six heures, réveillés par le chant du coq, les gloussements des poules et les piaillements des oiseaux. Le soir, une fois le soleil couché derrière l'horizon, nous nous retrouvions dans l'obscurité et nous allions dormir de bonne heure pour nous lever avec lui le lendemain matin. Il n'y avait pas grand-chose à faire le soir. De plus, l'huile pour les lampes venait parfois à manquer dans les boutiques. Sans doute la situation dangereuse aux alentours de Mogadiscio rendait-elle l'approvisionnement irrégulier.

Mohammed dormait chez mon oncle, où il y avait déjà pas mal de monde. Le petit village ne disposait évidemment pas d'un hôtel ni de locaux d'accueil pour les visiteurs. Le moindre espace était utilisé en permanence. Lorsque quelqu'un arrivait, on se serrait simplement un peu plus dans les maisons pour lui faire de la place.

— Tu as bien dormi, Mohammed ? ai-je demandé.

Il a eu un geste évasif, comme s'il chassait les mouches. La prochaine fois, Waris, j'espère que la pièce supplémentaire chez Burhaan sera finie pour qu'on dorme tous ensemble.

Il est entré dans la maison de maman en se courbant, non sans se cogner la tête au passage. Après avoir rempli d'eau son broc de plastique jaune, il s'est installé dehors sur un tabouret pour faire sa toilette. Il a ôté ses lunettes qu'il a posées sur une pierre, puis il a pris de l'eau dans le creux de ses mains et s'est frotté avec le visage et les bras. Après les avoir laissés sécher au soleil, il s'est lavé le pied droit après avoir ôté sa chaussure et sa socquette, avant de procéder de même avec le pied gauche, afin de ne pas risquer de perdre l'équilibre.

Il y avait déjà un peu de vert sur les arbres et les buissons qui, à peine quelques jours plus tôt, semblaient pratiquement morts. Je garde un souvenir cuisant des arbustes somaliens, qui sont des épineux. Ils ont besoin de conserver toutes leurs parties vivantes et à la saison venteuse chaude, la *jilaal*, ces épines sont une façon de dire : « Ne me touche pas, je n'ai rien à te donner. » Quand il pleut, les feuilles poussent à une vitesse folle. La nature est remplie d'allégresse.

Je me suis rendue aux toilettes, un endroit que j'aurais préféré éviter. Il n'y en avait pas chez ma mère et l'on devait utiliser les lieux d'aisance collectifs. On sentait l'odeur de loin. C'était une petite pièce d'un mètre carré, à ciel ouvert, avec une porte de bois qui ne fermait pas. Le sol en ciment était percé d'un trou carré au-dessus duquel il fallait s'accroupir. L'urine et les excréments tombaient dans un trou profond creusé en dessous. Le sol était humide et sale. J'ai fait ce que j'avais à faire le plus vite possible.

Les gens ne pénétraient jamais pieds nus dans cet endroit, même si par ailleurs ils marchaient sans chaussures sur les pierres et parmi les buissons épineux. Ceux qui ne possédaient pas de chaussures attendaient de pouvoir en emprunter à quelqu'un.

En regagnant la hutte, je suis passée devant des petits garçons du village qui m'observaient. L'un d'eux avait la peau la plus noire que j'aie jamais vue, qui luisait au soleil. Je l'ai interpellé : « Eh, Blackie, Blackie, quelle peau superbe ! » Je suis allée chercher mon caméscope et je les ai pris en photo. Je voulais aussi filmer ma famille. Quand les enfants ne me dévisageaient pas, ils souriaient et gambadaient. Ils ont pris la pose devant l'appareil en découvrant de magnifiques dents blanches dans leurs jolis visages sombres. Chacun portait une amulette de protection en cuir autour du cou. Allah était partout.

Prendre des photos de ma famille n'a pas été aussi simple. Dès qu'il m'a vue revenir avec l'appareil, Mohammed a hurlé à la ronde : « Ne la laissez pas vous photographier avant d'être présentables ! Elles va vendre ses photos aux magazines ! » Il n'arrêtait pas de tirer la langue et d'agiter les mains devant l'objectif pour m'empêcher de prendre des clichés. Burhaan s'est levé, puis il est allé s'enfermer chez lui. Impossible de l'en faire sortir. Je voyais sa tête apparaître derrière les barreaux métalliques d'une fenêtre et disparaitre sitôt que je faisais mine de le photographier.

Je me suis mise à crier :

— Ne soyez pas ridicules, les garçons ! Je ne vais pas vendre vos photos à des magazines de mode, voyons ! Je veux juste un souvenir pour moi et pour montrer à mes amis.

J'ai fini par renoncer à convaincre mes frères et je suis allée voir ma mère.

— Maman, s'il te plaît, laisse-moi te photographier. Je veux rapporter une photo de toi aux États-Unis.

Mohammed est intervenu :

— Ne l'écoute pas, maman. Je t'assure qu'elle vendra ta photo et que tu te retrouveras en couverture d'un magazine.

Tout le monde semblait le prendre au sérieux. Il répétait que chacun devait mettre ses plus beaux vêtements et se laver pour ne pas apparaître sale et poussiéreux sur les clichés.

— Si elle vous photographie alors que vous n'êtes pas impeccables, tapez-lui dessus et cassez son appareil !

Je me suis plantée face à lui.

— Mohammed, tu es complètement idiot. Arrête de raconter n'importe quoi !

Cela n'a fait que l'exciter un peu plus. Il a continué de plus belle à me montrer du doigt en répétant que j'allais vendre les photos aux magazines, comme s'il savait parfaitement de quoi il parlait.

J'ai fini par en avoir assez.

— Vous ressemblez à des réfugiés, tous autant que vous êtes. Vous voulez que je vous dise ? Il n'y a que *National Geographic* qui m'achèterait vos photos.

Je n'arrivais pas à comprendre qu'ils fassent autant d'histoires pour de malheureuses photos de famille. J'ai supplié ma mère :

— *Hoyo,* maman, sois gentille, s'il te plaît.

— J'ai à faire, ma fille.

Elle n'arrêtait jamais. Elle était toujours en train de s'activer, du matin à l'aube au soir tard.

— *Hoyo,* pose-toi quelques instants. Je voudrais que mon fils sache à quoi ressemblent sa grand-mère et sa famille.

— Bon, alors vas-y !

Elle s'est immobilisée, raide comme un bâton.

Rachid s'est interposé entre elle et l'objectif.

— Maman, tu ne peux te faire photographier dans cette robe.

Il a pris entre ses doigts le tissu élimé de sa robe marron.

— Va mettre celle que je t'ai achetée.

Elle a protesté, mais elle a fini par aller en maugréant enfiler une robe par-dessus l'autre. La nouvelle avait des rayures pourpres et des fleurs jaunes. Ma mère est si menue qu'on ne voyait pas qu'elle portait sur elle toute sa garde-robe. Prise d'une timidité soudaine, elle a rabattu son *chalmut* sur son visage au moment où je prenais le premier cliché. Mohammed, assis sur son trépied, dirigeait les opérations, comme toujours. Quand il lui a dit qu'on devait tirer la langue lorsqu'on était pris en photo, elle l'a écouté.

Burhaan et Mohammed ont accepté de m'aider à photographier mon père. Ils sont allés le chercher et l'ont guidé avec précaution jusqu'à moi, chacun le soutenant par un bras.

« Oh, la belle famille Dirie ! » me suis-je exclamée, en laissant tourner le caméscope. J'ai remarqué que *Aba* n'avait plus la même taille que Mohammed. Quand il a compris que je le photographiais soutenu par mes deux frères, il les a repoussés et a posé seul, très droit et très digne malgré un œil aveugle et l'autre dissimulé par un bandage. Il n'aurait jamais voulu apparaître sur les clichés en train de s'appuyer sur quelqu'un. Il correspondait à l'image majestueuse du père que j'avais connu étant enfant. Rien ne pouvait lui prendre sa force spirituelle.

Enceinte de huit mois, Nour allait tous les jours au village chercher de l'eau potable au seul point de distribution, un tuyau auquel on pouvait remplir son bidon moyennant dix shillings. Elle en rapportait vingt litres à elle seule. Je l'ai vue redescendre vers nous, un bidon dans chaque main. Elle s'est arrêtée en route pour se reposer et reprendre son souffle. Aussitôt, je me suis précipitée à sa rencontre. Pendant ce temps, mes frères continuaient à discuter politique devant la maison.

J'ai dit à Nour ce que je pensais. « À quoi sert ton mari ? Il ne fait rien pendant que tu fais tout. Comment peux-tu tolérer ça ? » Pour toute réponse, elle m'a lancé un coup d'œil.

Après avoir rapporté l'eau, elle se rendait au marché du village sous le soleil brûlant pour acheter de quoi manger. Elle revenait avec du riz dans des cônes de vieux papier journal, de la viande de chèvre s'il y en avait et quelques épices pour ajouter à la marmite du jour. Elle ramassait du bois et allumait le feu. Elle ôtait le gras et les déchets de la viande, la coupait en morceaux et la faisait cuire dans un peu d'huile, avec le riz, un ou deux oignons et des tomates. Elle éventait le feu pour qu'il ne faiblisse pas. Quand le tout était cuit, elle plaçait le riz au centre d'un plateau de fer-blanc, puis y faisait un creux qu'elle remplissait de viande et de sauce épicée. Elle servait ce plat aux hommes, accompagné de thé au *ghee*. Pendant qu'ils mangeaient, elle nettoyait les ustensiles de cuisine. C'est seulement lorsqu'ils avaient terminé leur repas qu'elle rapportait les restes près du feu et mangeait avec les enfants.

Le jour de mon arrivée, la mère de Nour est venue à pied du campement où elle vivait dans le désert. Elle est revenue ensuite tous les jours. C'était l'une des plus belles femmes que j'aie jamais vues. Elle était encore plus grande que moi, avec des yeux verts, et des traits réguliers dans un visage d'un ovale parfait, mais elle allait en haillons et je ne l'ai jamais vue vêtue autrement. Sa robe, autrefois rouge ou orange, était si vieille et si fanée qu'elle en paraissait grise. Elle n'avait sans doute rien d'autre à se mettre. Comme la plupart des Somalis, c'était un être fier et elle n'aurait jamais demandé quoi que ce soit. Nous l'avons naturellement nourrie tous les jours, selon notre coutume.

Le lendemain, fatiguée de la situation, j'ai dit à ma belle-sœur : « Nour, aujourd'hui, c'est moi qui vais faire la cuisine. Comme ça, tu vas pouvoir rendre visite à ta merveilleuse maman. » Avec un grand sourire, elle m'a dit qu'elle allait chercher de l'eau. Elle s'est couvert la tête de son *chalmut* bleu et elle est partie avec les deux bidons. J'ai allumé un feu avec une brassée de petit bois et j'ai posé la marmite dessus. Comme elle ne tenait pas en équilibre, je l'ai repositionnée sur le feu en appuyant fortement dessus pour qu'elle ne se renverse pas. Ensuite, je l'ai remplie de riz et de haricots et j'ai ajouté de l'eau jusqu'en haut.

Le feu s'est mis à dégager de la fumée, car la pluie avait rendu le bois humide. Nous n'avions pas d'endroit où le tenir au sec. J'ai tenté vainement d'activer le feu, mais la fumée n'a fait que s'épaissir. Elle me faisait tousser et me piquait les yeux dès que le vent tournait. Je me suis dit que je m'y étais mal prise, mais je n'avais pratiquement jamais fait la cuisine sur un feu avant de quitter la Somalie, et à New York et à Londres, nous avons d'autres systèmes de cuisson, évidemment.

J'ai appelé Burhaan.

— Peux-tu venir m'aider, s'il te plaît ?

Il était beaucoup plus expert que moi en feux de bois.

Assis sur sa natte à l'ombre, il n'a pas bougé d'un pouce.

— C'est un travail de femme.

— J'ai besoin d'un coup de main.

— Demande à Nour.

Il m'a donc laissée tranquillement me débattre sous prétexte que préparer le repas est une affaire de femmes. Il n'avait rien à faire, il ne lèverait pas le petit doigt pour m'aider. J'avais envie d'ôter ma chaussure et de lui taper sur le crâne avec.

En désespoir de cause, je me suis tournée vers Mohammed.

— Ne sois pas ridicule comme Burhaan, Mohammed, viens t'occuper de ce feu, sinon nous n'aurons rien à manger.

— Ce n'est pas mon problème. Nous, on fait le boulot des hommes.

— Et c'est quoi, le boulot des hommes ?

Je me suis levée.

— À quoi ça rime, ce genre de discours, quand quelque chose doit être fait ?

J'ai pris un bâton et je l'ai lancé dans leur direction. Mohammed me l'a relancé en rigolant.

— Je ne comprends pas, ai-je repris. Si vous n'aviez pas de femme pour vous préparer à manger, qu'est-ce qui se passerait, vous vous laisseriez mourir de faim ?

Burhaan a éclaté de rire à son tour.

— Mais non, on demanderait aux enfants de s'en charger !

Finalement, Nour est arrivée avec les bidons d'eau, marchant lentement à cause de son gros ventre. Après les avoir posés à terre, elle a ôté la lourde marmite du feu. Elle a pris un bâton et réparti différemment les branchages en plaçant les plus gros sur le pourtour. Ensuite, elle a remis la marmite en place, s'est accroupie et a activé le feu, qui est reparti.

Je me suis tournée vers mes frères.

— Vous voulez que je vous dise ? Une des causes de la ruine de ce pays, c'est le *khat*.

Rachid a protesté :

— Nous n'avons pas de *khat* aujourd'hui.

— Si tu en avais, tu en aurais plein la bouche en ce moment.

Je détestais cette horrible habitude qu'il avait prise.

— Les hommes n'ont aucune motivation. Ils ne se servent pas de leur cervelle et glandent toute la journée en mâchouillant cette plante ridicule.

Après le repas, je suis allée rejoindre ma mère. Comme il s'était mis à pleuvoir, nous sommes restées dans la hutte à bavarder. Ma tante s'est levée pour aller aux toilettes à l'extérieur, nous laissant son petit bébé. J'ai demandé si je pouvais le prendre et elle a accepté. L'enfant me ressemblait. Le courant est passé entre nous. Il m'a laissée le tenir dans mes bras. Pendant que nous parlions, il me regardait dans les yeux.

Maman est allée prendre un peu de lait de chèvre qu'elle gardait pour lui dans un bol. En Somalie, nous n'avons pas de biberons. On pince doucement les joues du bébé, puis l'on approche doucement le bol de ses lèvres de façon à ce qu'il puisse téter le bord. Le bébé avait une petite bouche parfaite. J'étais ravie à l'idée de le nourrir, mais j'ai entendu ma mère qui grommelait dans son coin. « Mon Dieu, ne la laisse pas avec le bébé. » Elle se parlait à elle-même à voix haute. « Est-ce qu'elle va le nourrir ? Est-ce qu'elle sait seulement ce qu'elle fait ? »

J'ai levé les yeux vers elle.

— Maman, pour qui me prends-tu ? Est-ce que je suis vraiment un cas désespéré pour toi ? Je suis aussi une maman, tu le sais bien !

Elle a hoché affirmativement la tête.

— *Hiiyea.*

— J'ai la trentaine, maintenant. Je suis une adulte.

— *Hiiyea.*

— Tu m'as élevée ici.

— C'est vrai, a-t-elle reconnu, mais du ton de quelqu'un qui ne fait pas confiance.

— Viens t'asseoir auprès de moi, maman. Tes paroles m'ont offensée.

Elle m'a donné le bol. J'ai placé doucement mes doigts ouverts autour de la bouche du bébé tout en le maintenant serré contre moi. Il a bu tout le lait sans en mettre une seule goutte à côté.

Ma mère me regardait, l'air étonné.

— Je ne pensais pas que tu le ferais boire comme ça, ma fille. Je croyais qu'à force de vivre différemment de nous, tu avais oublié comment t'y prendre avec les enfants.

Ses paroles m'ont fait réfléchir. Sans doute pensait-elle que j'avais oublié tout ce que j'avais appris ici, tout ce qu'elle m'avait enseigné. Je l'ai rassurée.

— Maman, j'ai élevé mon enfant moi-même et je l'ai nourri comme tu me l'as montré. Je ne pourrai jamais oublier comment on fait boire un bébé, parce que c'est toi-même qui me l'as appris. Fais-moi confiance. Je sais m'occuper des enfants.

Elle m'a jeté un regard de biais.

— Excuse-moi, Waris.

Je crois que, finalement, elle était contente de moi. Malgré tout, elle voyait bien que je tenais à ce qu'elle m'avait enseigné. Ce n'était pas parce que je vivais ailleurs que j'avais oublié les choses importantes.

Mon éducation somalienne m'a préparée à être autonome. J'ai appris à faire un certain nombre de choses que les gens ne font pas. Couper les cheveux, par exemple. Rachid gémissait que les siens étaient trop longs. Malheureusement, il n'y avait pas de coiffeur sur place.

— Papa me demande sans arrêt pourquoi je suis encore là, m'a-t-il dit. Il faut que je retourne m'occuper des bêtes. Je ne peux pas attendre qu'un coiffeur veuille bien passer par ici.

Mais lorsque j'ai pris une paire de ciseaux, tout le monde a poussé les hauts cris.

Je ne comprenais pas.

— Voyons, je sais couper les cheveux. Vous pouvez me faire confiance.

— Ce n'est pas le problème, Waris, a dit sèchement mon père en agitant un index menaçant.

— Qu'est-ce qui m'en empêche, alors ?

— Une femme ne peut pas couper les cheveux d'un homme.

— Qu'est-ce que c'est que cette histoire ?

J'étais de nouveau exaspérée.

— Ça change quoi, si c'est moi ? Les chameaux vont lui faire la réflexion, peut-être ?

— Tout le monde va se moquer de lui.

— Qui ça ? Qui va se moquer de lui ? Vous, la famille ? Vous êtes comme ça ?

— Puisqu'on te dit qu'on va se moquer de lui.

Je n'arrivais pas à l'admettre.

— Mais enfin, dans la mesure où je sais couper les cheveux, il n'y a aucune raison que je ne puisse le faire.

— Là n'est pas la question, Waris. C'est comme ça ici, un point, c'est tout.

— Papa, ne me fais pas l'affront de croire que je ne connais pas la tradition somalienne !

C'était l'éternelle querelle entre nous. J'ai pris mes frères à témoin.

— Quand allez-vous changer, vous les hommes ? C'est comme l'excision. Les femmes sont prêtes au changement, elles.

Brusquement, l'atmosphère s'est assombrie comme si un nuage avait caché le soleil. Mieux valait changer de sujet. Personne, dans ma famille, n'accepterait d'aborder cette question, en tout cas pas devant l'autre sexe. Je suis revenue à la question des photos.

— Vous m'avez bien laissée vous photographier, finalement, alors que beaucoup de gens ici pensent que c'est voler votre âme.

— Il n'y a que des ignorants pour le croire encore, a répondu Burhaan.

— Ce n'est pas la même chose quand vous refusez qu'une femme coupe les cheveux d'un homme ?

J'ai essayé de les raisonner, mais finalement j'ai abandonné. Je pouvais multiplier les provocations, ils ne modifieraient pas leur attitude pour autant. En même temps, je n'arrivais pas à me mettre vraiment en colère. J'étais trop heureuse d'être là, assise devant une hutte avec ma mère, mon père, mes frères et des proches que je n'avais pas vus depuis une éternité. Je les ai regardés, l'air ravi.

— Vous savez, je vis un rêve vieux de trente ans. Du moins... je pense que j'ai la trentaine, mais je n'en suis pas sûre.

Mon père a levé la tête.

— Je dirais que tu as presque quarante ans, Waris.

Mohammed et moi avons manqué défaillir, tandis que ma mère protestait.

— Non, elle a moins. Burhaan a quelque chose comme vingt-sept ans et il la suit à deux ans à peu près.

Mais sa voix manquait d'assurance. En fait, elle ignorait notre âge tout autant que notre père.

Après tout, quelle importance si mes parents se moquaient des dates ? J'étais bien. La nuit était tombée, une merveilleuse nuit africaine aux innombrables étoiles. J'avais oublié qu'il y en avait autant. Ou alors il en était apparu de nouvelles depuis que j'avais quitté la Somalie, longtemps auparavant. Elles donnaient une couleur laiteuse au ciel et j'avais l'impression qu'en tendant la main, j'aurais pu le traire. C'est vrai, ce qu'on dit : il n'y a rien de meilleur que le sentiment d'être chez soi, d'appartenir à quelque chose de plus grand que soi. Ce sentiment-là m'avait terriblement manqué. Je regrettais de ne pas être revenue beaucoup plus tôt. Je n'avais pas vu mes parents vieillir. Je n'avais pas été là quand ils avaient eu besoin de moi. « Ne t'inquiète pas pour moi, Waris, a dit mon père. Je ne rajeunis pas, bien sûr, mais je suis encore solide. Demain, je vais me trouver une autre épouse et lui faire deux ou trois gosses qui garderont les chèvres. » J'aimais qu'il soit encore capable de plaisanter. Je réalisais à quel point il m'avait manqué, à quel point il comptait pour moi. À un moment, j'ai joué les dures et je lui ai dit :

— Tu m'as obligée à m'enfuir, tu m'as fait ça, papa.

Mais je ne changerais rien à ma vie si c'était à refaire. Je l'ai dit et je le redirai. J'aimerais revenir en arrière, mais je n'ai pas le moindre regret. Nous essayons tous de nous frayer un chemin dans l'existence et si j'ai dû avancer pieds nus sur les cailloux, je ne regrette pas la voie que j'ai prise. J'ai eu des périodes difficiles et des moments de grand bonheur, mais la vie est faite de ça et il y a un lieu et un temps pour tout. Je rêvais toujours de voir ma mère, mon père, ma sœur et mes frères réunis en un seul lieu, parce que je n'avais jamais connu ça. Maintenant, je passais cette merveilleuse semaine auprès de ma famille. Un rêve de toute une vie devenu réalité. J'en rendais grâce à Allah.

12
Éducation somalienne

Attendre une fille, c'est s'attendre à des soucis.

Proverbe somalien.

Dans le petit village où vivait ma mère, beaucoup de gens de Mogadiscio s'étaient installés, fuyant la ville où les rues étaient l'enjeu de batailles constantes et où ils risquaient à tout moment de recevoir une balle perdue. Le village avait grandi comme une colonne de fourmis légionnaires. L'eau manquait, il n'y avait ni électricité, ni médecins, ni centre médical et le premier hôpital était à plus de cent cinquante kilomètres. Quant aux écoles, lorsque j'ai posé la question à Ragge, il m'a répondu qu'il faisait la classe aux enfants.

— Où ça, Ragge ? Je n'ai rien vu qui ressemble à une école dans le village.

— Je vais t'expliquer.

L'année précédente, Ragge et un homme de son clan qui arrivait de Mogadiscio avaient décidé d'installer une école. Grâce à une subvention de l'Unicef, ils avaient édifié une pièce avec un toit de tôle et un sol de terre battue. Ragge avait grandi à Mogadiscio où mon oncle était dans les affaires et il savait lire le somali, l'arabe, l'italien et l'anglais. Comme il n'avait pas de travail, il s'était dit qu'il pouvait faire l'instituteur.

— Je passerai te prendre demain matin en y allant, Waris. Tiens-toi prête.

— Entendu.

J'avais très envie de soutenir Ragge dans son expérience.

Le lendemain matin, quand il est venu me chercher, l'ombre des chèvres était encore très longue. Il m'a appelée de l'extérieur.

— Tu es prête, Waris ?

— Oui.

Chaque jour, le soleil tapait si fort que je me levais très tôt. À six heures, j'avais déjà pris mon petit déjeuner et j'étais sur le pied de guerre. En Somalie, on se moque de l'heure. On suit le rythme du soleil.

Devant la hutte, ma mère se nettoyait les dents avec son bâtonnet spécial. À ma vue, elle l'a ôté de sa bouche. « Mon Dieu, mais où croit-elle qu'elle va comme ça ! » s'est-elle exclamée, tout en tirant sur ma robe. À l'entendre, on aurait pu croire que j'étais en haillons.

Je ne comprenais pas sa réaction. J'étais habillée comme d'habitude, d'un jupon blanc et d'une longue robe somalienne, la *dirah*. J'avais à la main un foulard de tête que m'avait prêté ma belle-sœur Dhura avant mon départ d'Amsterdam. Mais ma mère continuait à hocher la tête d'un air navré. J'ai tiré sur ma robe pour qu'elle la lâche.

— Voyons, maman, je vais juste à l'école !

Elle a levé les bras au ciel comme si j'arborais une mini-jupe.

— D'où viens-tu pour croire que tu vas pouvoir sortir de la maison dans cette tenue ? Tu me fais honte, ma fille !

Qu'y avait-il de honteux dans mon habillement ? Il ne me manquait que le foulard. Je me suis hâtée de le mettre et j'ai pivoté sur moi-même pour montrer à ma mère que j'étais maintenant couverte comme il se doit, des pieds à la tête.

Cela ne l'a pas calmée.

— Tu vas me faire le plaisir de rentrer et de t'habiller correctement pour aller à l'école.

— Où est le problème, maman ? Explique-moi au moins ce qui ne va pas !

Nour est arrivée et elle a joint ses récriminations à celles de ma mère. Toutes les deux me criaient après comme si j'avais offensé le Prophète en personne. D'après elles, ma robe avait une couleur affreuse et le foulard n'était pas assorti. Bref, je devais mettre ma belle robe. Si j'avais eu rendez-vous avec le chef de l'État, elles ne se seraient pas comportées autrement. Je n'en revenais pas.

— Ce n'est pas possible, vous vous moquez de moi, toutes les deux ! Vous croyez que je ne sais pas ce que c'est que s'habiller ? Avez-vous seulement entendu parler de Gucci, d'Armani ? Avec l'une de leurs robes, on pourrait nourrir tous les gens de ce village pendant une semaine !

Nour a ouvert des yeux ronds.

— Pourquoi mangerait-on une robe, Waris ?

J'ai compris qu'il serait inutile d'insister, elles ne comprendraient pas. J'ai rencontré quantité de gens dans le monde entier, je suis passée à la télévision : je sais m'habiller, tout de même ! Et voilà que dans ma propre famille, on me traitait comme une gamine stupide et ignorante. Mais il ne servait à rien de protester. Je devais écouter les remarques de deux femmes qui se partageaient des tongs, ignoraient ce qu'était une serviette de table et n'avaient jamais mis les pieds dans un ascenseur. Ragge, quant à lui, regardait obstinément ailleurs. Il ne s'en mêlerait pas, quelle que soit son opinion.

Ma mère poursuivait :

— Non, non, tu dois te changer !

Elle a pris ma main et m'a conduite doucement à l'intérieur de la hutte. Même souffrant de malnutrition, les femmes somaliennes s'habillent le mieux possible et ont un port de reine. C'est ce qui compte avant tout. Je ne comprenais pas cette histoire de robe alors que je me préoccupais d'eau potable, de soins médicaux et d'instruction. Mais lorsque ma mère avait décidé quelque chose, il n'y avait pas le choix, il fallait obéir. Je devais ôter la *dirah* de coton et enfiler ma belle robe, celle avec le jupon brodé et le foulard de soie assorti.

— Oui, va mettre celle-là, a dit ma mère. Avec l'autre, tu as l'air d'une pauvresse.

Le soleil commençait à monter dans le ciel et j'étais déjà en nage. Ne voulant pas mettre Ragge en retard, j'ai ôté en toute hâte ma robe et j'ai plongé dans mon sac à la recherche de l'autre. J'ai dû faire attention à me rhabiller sans rien faire tomber sur le sol de terre battue de la minuscule habitation, alors que je pouvais à peine m'y tenir debout et que le soleil tapant sur le toit de tôle la transformait en un véritable four.

Maman n'a été satisfaite que lorsque j'ai eu mis le foulard de soie qui glissait tout le temps, quelle que soit la façon dont je le drapais autour ma tête. J'ai dû l'attacher serré, de crainte qu'il ne tombe dans la boue. Lorsque j'ai enfin mis le nez dehors, j'ai été accueillie par un non unanime.

— Tu es folle ! On voit à travers ta robe ! s'est exclamée ma mère. Mets quelque chose sous le haut. Tu as bien un T-shirt ?

Il n'en était pas question.

— Non, maman. Il fait trop chaud. Je suis déjà en eau et il est encore très tôt.

À ce moment-là, mes frères, sortis de je ne sais où, ont fait leur apparition, bras dessus, bras dessous. Quand on a besoin d'eux, on ne les trouve jamais, mais là, ils étaient prêts à me harceler comme une bande de hyènes attaquant leur proie.

Mohammed a pris la direction des opérations.

— Non, non, tu ne peux y aller habillée comme ça, a-t-il lancé en hochant la tête.

De nouveau, tout le monde était contre moi. J'ai cédé. J'ai mis tout ce qu'ils voulaient pour en finir.

L'épisode a bien amusé Ragge. Il se tordait de rire tandis que nous traversions le village. Je lui ai dit d'arrêter, sinon il n'était pas question que je l'accompagne à sa fichue école. Du coup, il a failli s'étouffer. C'est ainsi que j'ai visité officiellement, dans mes plus beaux atours, une pièce construite en briques avec deux trous en guise de fenêtres, une porte de bois branlante, un sol de terre battue et un toit de tôle. Le grand chic.

Il y avait bien une centaine de gosses de tous âges qui couraient et se poursuivaient tout autour de l'école. Nous avons retrouvé l'ami de Ragge, Ali, qui jouait le rôle du directeur. Ragge a claqué dans ses mains. « Mettez-vous en rangs, les enfants, on va rentrer en classe. » La classe ne commence pas à une heure précise, mais au moment où les maîtres arrivent. Les enfants ont obéi sur-le-champ. Les petites filles ressemblaient à des fleurs avec leurs foulards et leurs robes bleu vif et jaunes, taillées pour la plupart dans le même tissu, le seul disponible dans le village certainement. L'une d'elles, au visage tout rond, m'a regardée timidement et m'a fait un sourire en passant, comme si elle m'admirait. J'ai eu un petit coup de cœur pour elle, car elle me rappelait l'enfant que j'étais, avec sa façon de me regarder droit dans les yeux. Pour elle, j'étais quelqu'un, aussi étonnant que ça paraisse. La majorité des garçons portaient une sorte d'uniforme d'autrefois : chemise blanche au col et aux poignets bleus. Certains avaient des pantalons bleus qui traînaient par terre, car ils étaient beaucoup trop grands pour leurs silhouettes maigrichonnes. C'était miracle s'ils ne se prenaient pas les pieds dedans comme moi dans ma robe. Les enfants étaient si nombreux qu'ils étaient serrés comme des abeilles dans une ruche. J'ai décidé de les laisser s'installer avant d'entrer à mon tour. Il n'y avait ni chaise, ni table, ni même un livre dans l'école et ils devaient s'asseoir à même le sol, sauf certains, qui disposaient d'un mince bout de tissu. Ils ont fixé leur regard brillant sur le maître, avides d'apprendre malgré le manque criant de matériel. J'étais fière que mon cousin leur fasse la classe. Je n'arrivais pas à comprendre la méfiance de mon père et de mes frères à l'égard de Ragge. Il ne passait pas son temps à se lamenter, il essayait d'agir, de ne pas subir la situation.

Ragge s'est mis à faire la classe en utilisant un bâton pour désigner les mots inscrits sur l'une des planches qu'il avait peintes en noir, faute de tableau. Les enfants étaient tous suspendus à ses lèvres. Ils ne s'apercevaient même pas que je prenais des photos, tant était grande leur soif de savoir. Ils regardaient le maître comme des lions affamés dévorent des yeux un chevreau. Certains garçons étaient si absorbés qu'ils mâchonnaient le bout de leur crayon, mais la plupart des pauvres petits n'en avaient même pas. Si l'un d'eux possédait un crayon et une feuille de papier, il était déjà très riche. Cela me fendait le cœur de voir ça. Je pensais aux gamins de mon quartier, à New York, qui préféraient traîner dans la rue plutôt que d'aller en classe et s'instruire. J'ai toujours eu envie d'aller à l'école, d'apprendre à lire, à épeler et à écrire, mais je n'ai pas eu cette chance. J'ai toujours dû travailler pour gagner ma vie. Je n'ai jamais eu l'occasion de m'asseoir dans une salle de classe et d'écouter les leçons d'un instituteur. Tout ce que je sais, je l'ai appris toute seule. Et là, debout dans cette minuscule salle de classe, j'ai oublié la chaleur et l'inconfort. L'école est pour moi un lieu magique.

Ragge m'a demandé si je voulais parler aux enfants. J'ai accepté volontiers. « Je suis très heureuse de vous rencontrer, les enfants, ai-je dit. L'école est quelque chose de formidable et vous avez beaucoup de chance d'avoir un instituteur. » Les écoliers voulaient savoir où je vivais et j'ai essayé de leur décrire New York. « Dans cette ville, les immeubles sont si hauts que, d'en bas, on a du mal à apercevoir les derniers étages. Il y a des voitures partout. Les rues sont toutes recouvertes de ciment, ce qui fait que l'herbe n'y pousse pas. »

Aussiôt, des mains se sont levées. Un petit garçon a demandé :

— Mais alors, qu'est-ce qu'elles mangent là-bas, les chèvres ?

— Il n'y a pas de chèvres à New York.

— Ah bon, et comment tu fais pour avoir du lait ?

J'ai demandé qui aimerait aller vivre à New York. C'est triste à dire, mais presque toutes les mains se sont levées. Ces enfants n'avaient qu'une idée, quitter la Somalie et gagner l'Occident. Ils en ignoraient tout, mais pour eux, c'était forcément mieux que la Somalie.

Le directeur de l'école, Ali, m'a expliqué que l'Unicef avait donné aux anciens du village une subvention qui avait permis l'achat des briques et de la tôle pour le toit de l'école. Les pères des enfants avaient construit ensemble le bâtiment. Il m'a montré une plaque apposée sur la façade fournie par l'Unicef. L'école était déjà trop petite pour les nombreux enfants qui s'y pressaient et de nouveaux écoliers arrivaient chaque jour. J'ai demandé à Ali comment les instituteurs étaient rémunérés. Ils touchaient trente dollars par mois, mais ils n'avaient pas été payés depuis longtemps.

— De temps en temps, a-t-il précisé, quelqu'un apporte l'argent, mais je me demande si le ministère de l'Éducation existe toujours. À moins que le financement vienne de l'Unicef. Ou d'ailleurs. Je n'en sais rien.

— Mais comment peut-on vivre sans salaire ?

— Les instituteurs s'en sortent parce que tout le monde aide tout le monde. Si l'on va chez quelqu'un où il y a à manger, on n'a pas besoin de demander, il partage. Non, manger n'est pas mon problème majeur. Ce qui m'ennuie beaucoup plus, c'est que sans salaire, je ne peux construire mon avenir. Je ne peux avoir une maison à moi, ni me marier et avoir des enfants.

Après un silence, Ali a repris :

— Voyez si vous pouvez faire quelque chose pour nous. Non seulement nous ne sommes pas payés, mais nous n'avons pas de livres, aucun matériel, rien. Toute aide sera la bienvenue.

En quittant l'école, j'ai remarqué un vieux coq qui se pavanait dans la cour de récréation et poussait des cocorico ! comme s'il était le maître des lieux. Il fouillait le sol d'un air important, à la recherche d'une graine par-ci par-là. Personne d'autre que moi ne se préoccupait de lui et il m'a fait penser à mon pays. En Occident, nul ne prête attention à mon pauvre petit pays.

Nour disait tout le temps qu'il fallait fêter ma venue en me tatouant avec du henné et je m'en faisais une joie. Le maquillage au henné est une tradition ancestrale qui célèbre la beauté féminine. Le henné est un symbole de bonheur. On l'applique avant la nuit de noces, ou après une naissance, pour accueillir le nouveau-né. Si une femme malade est guérie par Dieu, on célèbre son retour à la vie avec du henné. Les femmes s'en parent lorsqu'elles se rendent à une cérémonie.

J'ai demandé à Nour si elle pouvait s'en charger, mais elle préférait que ce soit fait par sa cousine ou encore deux de ses voisines. J'ai insisté, car je n'avais pas envie d'attendre la venue éventuelle de ces femmes. Elle devait bien en être capable elle-même, dans la mesure où elle avait toujours vécu dans ce village. J'avais remarqué que ni elle ni ma mère ne portaient de maquillage au henné. Ces dessins ne durent qu'une dizaine de jours et il vaut mieux prendre une poudre aussi foncée que possible. Un après-midi, Nour et moi, nous sommes donc allées en acheter au marché. Elle a mélangé la poudre avec de l'eau tiède et un peu d'huile jusqu'à obtenir une pâte. On laisse reposer dix minutes et c'est prêt. Armée d'un petit bâton, Nour a commencé à dessiner des motifs sur ma jambe, du mollet jusqu'au pied. Malheureusement, au fur et à mesure qu'elle appliquait la pâte, celle-ci coulait et les motifs avaient tendance à se mélanger.

Elle m'a expliqué qu'en fait, elle ne savait pas comment s'y prendre. Comme je ne voulait pas la vexer, je lui ai assuré que c'était très bien. Elle s'est attaquée à l'autre jambe. Cela nous a donné l'occasion de bavarder agréablement ensemble. Je lui ai proposé quelques oranges achetées au marché, mais elle a refusé de les manger.

— Quand j'attendais Aleeke, ai-je dit, j'avais tout le temps faim et je passais mon temps à manger.

Elle m'a lancé un regard attristé.

— Je ne veux pas que le bébé devienne trop gros. Quand j'ai accouché de ma fille, cela a été très dur. On a dû m'ouvrir pour qu'elle puisse sortir. Ensuite, on m'a recousue.

Que répondre ? Je sais l'épreuve que représente la naissance d'un enfant quand on est infibulée. Comment le bébé peut-il passer par une ouverture aussi étroite ? J'ai hoché la tête d'un air compréhensif en tapotant la main de ma belle-sœur.

— Je prierai pour que tout se passe bien pour toi, Nour.

Tout en continuant à tracer les motifs au henné, Nour s'est mise à chanter un petit *hoobeyo*, un chant de femme. Nous chantons toujours nos soucis et nos peines.

O ma fille, les hommes nous ont cruellement traitées
Dans la maison où il n'y a pas de femmes
On ne trait pas les chamelles
On ne monte pas non plus les chevaux de selle.

Une fois tous les motifs dessinés, je suis allée les faire sécher au soleil. Comme j'avais très chaud et que je n'avais pas envie que le henné s'abîme, j'ai ôté mon foulard et mon jupon. Je ne voulais pas rester au soleil trop couverte et j'avais envie de m'exposer un peu. J'ai relevé ma robe, ai ramené le pan sous moi et découvert mes bras en roulant le tissu jusqu'aux épaules. Je suis restée les jambes et les bras écartées, baignant dans le merveilleux soleil somalien comme un lézard. Sans être injuste, je dois dire que le henné sur mes pieds donnait l'impression que je venais de marcher dans de la peinture rougeâtre, comme si j'avais eu des pieds de vache, mais je m'en moquais. Quel bonheur que Nour, la belle-sœur que j'en étais venue à aimer de plus en plus, s'occupe de moi ! C'était une vraie bénédiction.

Je commençais à me sentir vraiment bien. C'est à ce moment-là que mon frère Mohammed a fait son apparition et s'est exclamé :

— Quoi ? On l'empêche de rentrer dans la hutte ?

Ma mère et Nour l'ont entendue. Elles se sont précipitées hors de la hutte en poussant les hauts cris.

— Mon Dieu, voyez-moi ça ! Elle a remonté sa jupe jusqu'à la taille ! Il faut la couvrir ! Mais qu'est-ce qu'elle nous fait encore ?

Ils s'agitaient comme trois poulets coursés par un chien. J'ai interpellé Nour.

— Nour, viens ici ou je te donne une paire de claques. Tu m'as causé assez de soucis pour aujourd'hui, tu ne crois pas ?

Elle a hoché négativement la tête.

— Waris, tu ne peux pas rester dehors comme ça !

— Laisse-moi, tu es idiote. Qu'est-ce qui vous chiffonne tous ? Qui va venir voir ce qui se passe devant cette hutte perdue, hein ?

Je riais et eux continuaient à se lamenter.

— Elle n'a vraiment pas changé. C'est même pire, elle est encore plus cinglée qu'avant. Maintenant, elle ne nous écoute même pas.

Dans l'après-midi, deux femmes sont venues rendre visite à Nour, les mains et les pieds décorés de merveilleux dessins au henné.

— Qui a dessiné ces symboles et ces fleurs magnifiques ? ai-je demandé.

— C'est nous qui les avons faits.

— Vous habitez où ?

— Juste à côté.

Nour est intervenue :

— Ce sont les voisines que j'attendais pour qu'elles te fassent le henné, mais tu as préféré que ce soit moi.

13
Ummi

Ummi, terme arabe qui signifie analphabète : exempt de tout savoir, hormis celui que Dieu lui transmet.

Ma mère – Dieu la bénisse – n'arrête jamais. La veille de notre départ, elle a disparu. Je l'ai cherchée dans tout le village, j'ai interrogé Mohammed, Rachid et Burhaan. En vain. Finalement, lorsque Nour est revenue du marché en plein air, elle m'a dit que maman était partie avant même que les poulets ne commencent à caqueter. Elle pointait le doigt vers les collines bleues proches de la frontière avec l'Éthiopie. Lorsque le soleil a écrasé notre village, j'ai vu une minuscule silhouette apparaître au loin, une lourde charge sur le dos. Avec le halo de chaleur qui dansait autour d'elle, elle me faisait penser à un *djinn* ou un esprit du feu. Ma mère était allée chercher du petit bois et une grosse branche morte, qu'elle rapportait, tout poussiéreux, dans son *chalmut* noué. Pas étonnant que son foulard soit en lambeaux ! Elle y transportait tout, des branchages aux chèvres. Elle hissait cette charge sur son dos et revenait avec depuis le fond de l'horizon. De loin, j'ai pu voir qu'elle portait aussi un bidon de vingt litres d'eau dans chaque main. En plus de la corvée de bois, elle s'obligeait à aller chercher de l'eau au puits et à la rapporter à l'heure la plus chaude de la journée.

Je me suis précipitée à sa rencontre.

— Maman, pourquoi ne m'as-tu pas dit où tu allais ? Je t'aurais accompagnée !

Elle m'a répondu en riant, avec un petit haussement d'épaules :

— Tu dormais.

Elle a continué à marcher pendant que je lui prenais ses bidons d'eau des mains. Ma mère est la personne la plus dure à la peine que je connaisse. Toute sa vie, elle est allée chercher du bois chaque jour. Pendant que je défilais sur les podiums à Paris et à Milan, elle ramassait le bois et renvoyait la fumée vers Allah, qui le lui fournit.

Elle a ôté son fardeau et s'est mise à discuter avec Nour de ce que celle-ci avait rapporté du marché. Certains jours, il n'y a pas grand-chose à acheter sur le *souk*, même avec de l'argent, et Nour n'avait pas trouvé de viande. D'habitude, la carcasse écorchée d'une chèvre ou d'un mouton pend à un clou, pour montrer que la bête a été abattue selon les règles. Le marchand chasse les mouches et taille le morceau que l'on désire : côtes, épaule, gigot. Chaque partie a son prix. Mais ce matin-là, la viande faisait défaut. Ma mère avait rapporté suffisamment de bois pour allumer un grand feu, alors que nous nous retrouvions avec simplement du riz et du lait de chèvre à mettre dessus. *Hoyo,* maman, a appelé Rachid. Quand je demandais quelque chose à mon frère, il discutait toujours, mais il a suffi que ma mère prononce son nom pour qu'il arrive aussitôt. Elle lui a demandé d'aller chercher son dernier chevreau. « Va là-bas et rapporte-nous *Ourgi Yeri* – Petit Bébé. » Elle tendait le doigt en direction des termitières.

Je lui ai demandé ce qu'elle comptait faire de cet adorable chevreau, mais elle a continué à s'occuper du feu en ignorant ma question. *Ourgi Yeri* était tout blanc, avec les genoux noir et brun, comme s'il s'était agenouillé dans la boue pour dire ses prières. J'ai supplié ma mère.

— Maman, c'est inutile. Je n'ai pas besoin de manger de la viande, je t'assure. Je t'en prie, ne sacrifie pas ton chevreau parce que je suis là. Garde-le pour toi.

— C'est souvent comme ça dans la vie, Waris.

Son ton était ferme. Elle a une foi débordante et communicative. Elle croit profondément que Dieu veille à ses besoins. Je n'ai pas insisté.

Rachid a obéi sans poser de question. Il est parti en emportant le long couteau dont on se sert pour égorger les animaux. À la saison des pluies, les chèvres n'ont pas besoin de beaucoup de surveillance. Elles trouvent toutes sortes de jeunes pousses dans les environs immédiats du camp. Rachid n'a eu aucun mal à mettre la main sur *Ourgi Yeri*. Il l'a pris dans ses bras et l'a ramené derrière la hutte. Burhaan a aidé son frère à le faire s'agenouiller, le cou tendu. La pauvre petite bête, sentant sa dernière heure venue, bêlait et se débattait. Il était vraiment trop mignon et je n'ai pas voulu voir mes frères l'égorger à la manière rituelle musulmane, qui fait en sorte que l'animal meure rapidement et sans souffrance inutile.

Ce qui me perturbait, aussi, c'est que ma mère aimait ce chevreau. Tous les matins, elle allait lui gratter gentiment le menton où naissait une petite barbe. Ses chèvres étaient tout pour elle. Parfois, leur lait était la seule nourriture dont elle disposait pour elle et pour les siens. Il alimentait la famille de mon frère, le petit Mohammed et jusqu'à ses voisins. Et maintenant, elle venait de sacrifier son dernier chevreau pour sa famille. Ma mère donnait tout ce qu'elle avait sans penser à demain.

Le silence est soudain retombé. On n'entendait plus que les colombes qui roucoulaient sur le toit de la hutte de la voisine. Maman était restée stoïque, détournant juste les yeux pour les poser sur les collines pendant quelques instants. Pour moi, la faim a un visage humain, celui de ma mère. Elle n'avait pour toutes possessions que cinq chèvres et il ne lui en restait plus que trois parce que nous avions mangé les deux chevreaux pendant notre séjour.

Rachid lui a apporté la carcasse du chevreau dont la tête reposait dans un panier conique tressé serré.

Maman a pris le couteau et l'a aiguisé sur une pierre, puis elle a écorché et étripé le petit animal. Elle a conservé la peau dont elle se servirait pour faire un trépied en l'étirant encore humide et en la posant sur trois pieds. En séchant, la peau rétrécit et durcit. Maman a soigneusement découpé toutes les parties du chevreau, y compris les yeux, le nez et les lèvres. Elle a mis la viande dans la marmite et donné les deux petites cornes à Mohammed *Inyer* pour qu'il joue avec. L'enfant, ravi, a commencé à gambader partout. Il a soufflé dans une corne et a joyeusement trompetté sous le nez de ma mère, puis il s'est mis à creuser le sol avec, de sorte qu'un peu de terre a rejailli dans la marmite. Ma mère a agité son couteau en l'air. « Veux-tu t'éloigner de cette marmite, Mohammed, sinon je reprends les cornes et gare à tes fesses ! » Mohammed a filé montrer son trésor aux autres petits garçons. Libre d'aller et de venir à sa guise.

Avec mes frères, nous avons essayé de calculer l'âge de ma mère. En Somalie, on compte le nombre de *gu*, de saisons des pluies, que la personne a vécues. Pour ma mère, il n'est pas facile de se faire une idée exacte, mais nous estimons qu'elle a cinquante-sept ans, même si elle semble en avoir quatre-vingts ou quatre-vingt-dix, à cause sans doute de la vie difficile qu'elle a eue. Les dures tâches qu'elle accomplit quotidiennement ont laissé des traces sur son corps et sur son visage. Elle n'a pas une once de graisse. Ses pieds sont calleux. Ses yeux ont perdu leur éclat. Je suis heureuse de savoir qu'elle peut encore s'activer et qu'elle est toujours très solide. En la voyant vaquer à ses occupations en chantant, je me disais que la foi est un moteur formidable. Croire en Dieu et aux pouvoirs que chacun porte en soi. C'est la seule richesse que possèdent mes parents, cette foi dans le pouvoir magique de la nature. Ils n'ont pas d'assurance chômage, pas de sécurité sociale, pas de plan de retraite. Mon père est pratiquement aveugle et ma mère doit peser moins de quarante kilos, mais ils sont plus forts que moi. Dieu a repris la moitié des enfants de ma mère et elle a une balle fichée dans la poitrine et pourtant, malgré tous les obstacles qu'elle a pu rencontrer, elle est pleine de courage et d'espoir.

Dans l'après-midi, mon père a appelé en demandant qui était aux alentours. Je me suis approchée de l'endroit où il se reposait.

— C'est moi qui suis là, *Aba*.

— Où est Mohammed ? C'est l'heure de mes gouttes dans les yeux.

— Il n'y a personne d'autre que moi pour le moment.

— J'ai besoin que quelqu'un me mette mes gouttes, Mohammed, ou bien Burhaan, ou ta mère.

Il se souvenait de moi comme d'une petite fille et j'ai dû le rassurer en lui affirmant que je pouvais le faire aussi bien que maman. « Papa, je suis presque aussi grande que tes fils, maintenant. Je sais ce que je fais. » J'ai ôté doucement son bandage et je lui ai nettoyé le visage avec de l'eau propre. L'enflure avait diminué et il était maintenant capable de mastiquer et de parler avec moins de difficulté, mais son œil avait encore un très vilain aspect. L'orbite était creuse, d'un jaune inquiétant. Quand je lui ai mis les gouttes, il m'a dit qu'il y voyait un peu mieux.

— Que distingues-tu, papa ? ai-je demandé.

— Des ombres. Peut-être un peu de couleur et des formes.

— C'est un véritable don d'Allah, papa. Qu'Il soit remercié de t'avoir permis de survivre à ce que le guérisseur t'a fait. J'espère qu'à l'avenir tu iras à l'hôpital de Galcaio au lieu de te confier aux mains d'un fou avec un couteau.

— *Hiiyea*.

Je lui ai remis son bandage pour protéger son œil de la poussière et des mouches. Comme il ne pouvait avaler des comprimés entiers de Tylenol, j'en ai écrasé deux dans son thé, mais il n'a pas tout bu. Au moins avais-je apporté là quelque chose d'utile.

Plus tard, après le repas, j'ai dit à mon père que je reviendrais et que cette fois, je resterais plus longtemps.

— Ces huit jours sont passés beaucoup trop vite, papa. Il faudrait que je puisse rester au moins deux mois. C'est ce que je ferai la prochaine fois.

Mohammed a approuvé de la tête, tandis que Rachid raillait :

— Avec un peu de chance, Waris, tu auras le temps d'apprendre à faire un feu sans enfumer tout le village !

— Ce n'est pas à vous que je parlais, bande d'incapables !

J'ai pris mon père par la main et je lui ai expliqué que je tenais à ce que mon fils connaisse sa famille et son peuple.

— Quand je viendrai avec lui, je resterai plusieurs mois. Il y a tant de choses que j'avais envie de voir, tant de gens que je n'ai même pas pu rencontrer par manque de temps.

Rachid a levé les yeux, intrigué.

— Dis-moi, Waris, il y a combien d'années que tu es partie ?

— Plus de vingt ans.

— Et tu es venue pour passer combien de temps ici ?

— Une semaine.

Il m'a dévisagée comme si j'avais perdu la raison. Pour lui, c'était une aberration de venir d'aussi loin pour faire un séjour aussi court.

— L'important, Waris, c'est que tu sois venue, a dit mon père.

La dernière soirée que j'ai passée avec ma famille a été un moment privilégié pour nous tous, un moment magique. Nous avons étendu des nattes et des pièces de tissu sur le sol autour du feu. Nous avons pu nous installer dehors, car la nuit était claire et les moustiques peu virulents. Les chèvres de ma mère sont venues se reposer auprès d'elle. Blanchette, la plus vieille d'entre elles, s'est mise à ronfler et tout le monde a ri. Sauf maman.

— Ne vous moquez pas d'elle, a-t-elle dit, sinon son lait sera aigre demain matin.

— Elle a aussi tendance à péter pas mal, a insisté Rachid.

Ma mère lui a lancé un regard noir.

J'ai fait part à mon père, à ma mère et à mes frères de ma joie de les voir tous réunis au même endroit. C'était un vrai miracle pour ma famille de nomades d'être assis ensemble devant une petite hutte. Mes frères, mes sœurs et moi, nous ne nous sommes jamais trouvés en même temps au même endroit.

J'ai interrogé mon père et ma mère.

— C'était quand, la dernière fois où nous nous sommes retrouvés tous ensemble ?

— Ça ne nous est jamais arrivé, a répondu mon père.

— Alors ce soir, c'est vraiment un moment particulier et j'en remercie Allah.

Mohammed, le visage tourné vers le ciel étoilé, ne disait rien. Sans doute pensait-il que nous allions partir demain, tous les deux, et que nous ne serions peut-être plus jamais tous réunis comme ce jour-là.

Ma mère observait elle aussi son fils aîné.

— Écoutez. Il était une fois un sultan riche et célèbre...

— *Hiiyea !*

Ses grands enfants avaient poussé le même cri. Une histoire ! Le feu allumait des petites flammes dans ses yeux et éclairait ses mains qui allaient ponctuer d'un geste expressif les phrases du conte.

— Ce sultan habitait à Mogadiscio un palais bâti au bord de l'océan Indien pour bénéficier de la fraîcheur de la brise. Il possédait des chemises brodées, des tapis épais, des soieries d'Arabie et des bijoux précieux. Dans chaque pièce brûlait en permanence l'encens le plus rare. Pourtant, malgré son immense richesse, le sultan était malheureux et il n'arrivait pas à comprendre pourquoi. Il avait de nombreuses épouses, toujours en train de se chamailler, des fils, toujours en train de se disputer, et des filles, toujours en train de bouder. Il pouvait s'acheter tout ce qu'il désirait et malgré tout, il ne connaissait ni le bonheur ni la satisfaction. Un beau matin, après une nuit d'insomnie, il appela ses domestiques et leur dit : « Partez à la recherche d'un homme heureux et quand vous l'aurez trouvé, ramenez-le-moi. Je veux lui parler. »

Les domestiques du sultan parcoururent le pays jusqu'à ce qu'un jour, ils remarquent un pauvre homme qui chantait en tirant de l'eau d'un minuscule puits. Cette eau était destinée à sa chamelle, une bête squelettique. Il se mit à la traire tout en continuant à chantonner et il partagea le peu de lait qu'il obtint avec les domestiques du sultan. Le ventre vide, cet homme trouvait encore le moyen de rire et de plaisanter.

« Es-tu un homme heureux ? demandèrent les domestiques.

— Pourquoi serais-je malheureux ? répondit l'homme.

— Viens avec moi au palais du sultan, dit le plus âgé des domestiques. Mon maître aimerait te rencontrer. » Le pauvre accepta et les suivit du Haüd jusqu'à la grande ville de Mogadiscio. Jamais il n'avait vu tant de gens, de couleurs, de goûts et d'odeurs. Le sultan lui offrit des fruits superbes et des douceurs exquises, fit préparer un fabuleux banquet et lui remit une *goa* richement brodée.

« Quel est le secret du bonheur ? » demanda-t-il enfin, allongé sur ses coussins moelleux. Le pauvre homme en eut la langue paralysée, car il ne savait que répondre. Il ignorait ce qui le rendait heureux quand il vivait dans le désert. Il était heureux, tout simplement. Déçu, le sultan le renvoya à sa chamelle et à son bol à traire en bois. Mais l'homme ne put oublier les splendeurs du palais du sultan et il ne fut plus jamais heureux.

— *Hiiyea*.

J'ai approuvé, parce que je sais que cette histoire est vraie. Mohammed a détourné le visage du feu et a recouvert sa tête de sa *goa*.

Il y avait d'innombrables étoiles dans le ciel, comme s'il en naissait de nouvelles chaque nuit. On n'entendait aucun bruit. Seul un merveilleux silence emplissait mes oreilles. Dans les pays occidentaux, on entend généralement toujours le bruit d'une voiture sur une route. Le silence n'y est jamais aussi profond que dans le désert, où il y a un vaste espace entre les sons. Après la dernière histoire, la dernière plaisanterie, maman, Nour et moi sommes rentrées dormir avec les enfants. Les hyènes hurlaient comme des femmes démentes autour du village, mais elles ne viennent jamais ennuyer les gens.

Cette nuit-là, j'ai à peine dormi, d'un sommeil agité de terribles cauchemars. J'ai rêvé que je marchais en compagnie de ma mère. Nous étions perdues depuis deux jours et nous étions à demi mortes de faim et de soif. Après avoir escaladé une colline, j'apercevais en contrebas une petite hutte où une théière fumait sur le feu. Je me précipitais vers ma mère. « Maman, maman, m'écriais-je, je vois une maison et des gens ! Viens, nous sommes sauvées ! » Je dévalais la colline en criant : « Y a-t-il quelqu'un ? », mais personne ne répondait. Personne ne venait à notre rencontre. Je voyais que quelque chose de bizarre sortait du bec de la théière qui bouillait. Quand l'eau est rare, on peut cuire les aliments dans la théière pour la conserver. Je soulevai le couvercle pour voir de quoi il s'agissait. Elle était pleine de sang. C'était un être humain qui cuisait à l'intérieur. Horrifiée, je laissai retomber le couvercle et reculai avec terreur. Regardant alors par-dessus mon épaule droite, puis mon épaule gauche, je m'aperçus que j'étais encadrée par des êtres bizarres, des espèces de démons blancs aux joues creuses et aux yeux vitreux, profondément enfoncés dans les orbites. Ils étaient deux de chaque côté. Ma mère était en train de descendre la colline pour me rejoindre et je lui criais : « Maman, maman, va-t'en ! N'entre pas ! Cours, cours, éloigne-toi d'ici ! » Elle me regardait en disant : « Non, Waris, cours, toi ! Je ne peux plus courir vite, tu sais. » Je ne voulais pas l'abandonner, mais les *djinn* maléfiques se rapprochaient trop. « Cours avec moi, maman, je t'en prie ! » Je courais comme une folle et ma mère n'arrivait pas à suivre. Je lui criais : « Chasse-les, tape-leur dessus, tape-leur dessus ! » Mais elle ne cessait de répéter : « Sauve-toi, Waris, sauve-toi ! Moi, ça ira. » Je me retournais et je voyais que les démons la frappaient avec de longs couteaux de boucher. Elle s'effondrait, mais lorsque j'essayais de revenir vers elle, un autre se précipitait sur moi. Je devais m'enfuir sans pouvoir lui venir en aide. Dans ma course, je tombais à terre. Je me suis réveillée en train de hurler.

Nous devions partir très tôt le matin si nous voulions atteindre Bosasso dans la journée, mais j'avais du mal à me mettre en marche, tellement j'étais malheureuse. La lune était encore visible dans le ciel quand ma mère s'est levée. Elle a sorti son petit tapis de prière, l'a déroulé sur le sol et s'est tournée vers La Mecque, la ville sainte, le nombril du monde. Agenouillée, elle a commencé à s'incliner en priant. « Il n'y a de Dieu qu'Allah et Mohammed est Son prophète », psalmodiait-elle. Que j'aimais ces paroles ! Pour ma mère, c'est un hymne à la vie. C'est son agenda-planning. Elle ne manquerait jamais ses prières sous prétexte que sa journée est chargée. Elle explique qu'elle appartient à Allah, et c'est ce qui compte le plus dans sa vie. Rien n'a plus d'importance. Cinq fois par jour, elle est en contact avec l'éternité.

Moi, j'ai des pendules plein la maison, des montres, des calendriers, des carnets de rendez-vous. Comme si le temps était en soi la chose qui compte le plus. Tiens, il est quatorze heures, je dois téléphoner à mon agence de mannequins. Et tant pis si le bébé pleure ou si quelqu'un sonne, les aiguilles de la montre régissent tout. J'en suis esclave. Je dois leur obéir, même s'il faut pour cela sortir sous la pluie. Ma mère est esclave de Dieu. C'est de son Dieu qu'elle tient sa force et sa dignité. Moi, je récolte le stress, le froid et l'humidité.

Venues de l'orient, un vol de colombes s'est posé sur le toit de la petite hutte de ma mère. Nous les appelons les oiseaux des anges, parce qu'elles ont autour du cou le *tuspah*, un collier de plumes noires semblables à une amulette sacrée. Elles sont annonciatrices des anges et de bonnes nouvelles. J'en ai déduit qu'Allah allait veiller sur maman.

Nour, ma chère belle-sœur, m'a préparé de l'*angella*. Lorsque les braises ont été chaudes, elle s'est accroupie devant le feu et elle a fait cuire la pâte à crêpes qu'elle avait battue la veille au soir. Je ne pouvais emporter l'*angella*, mais je tenais à prendre quelques photos pour me rappeler son odeur et son goût particuliers. Mais lorsque j'ai voulu photographier Nour, elle a pris son long couteau avec un grand sourire et l'a brandi en l'air en me tirant la langue.

— Laisse-moi, tu vois bien que je suis occupée, Waris !

— Tu es bien capable de t'en servir si je m'approche trop !

Mais qu'aurait-elle pu faire pour m'empêcher de me servir de mon appareil ? Sa grossesse était très avancée et elle était vêtue d'une longue robe. Je l'ai photographiée sous tous les angles, rien que pour l'embêter. Elle n'allait pas me courir après en laissant brûler l'*angella*.

Les voisins sont arrivés pour voir ce qu'ils pouvaient récupérer avant mon départ. Ils savaient que je n'allais pas remporter toutes mes affaires. Donne-moi le beurre de cacao ! disait l'une. Donne-moi ce foulard ! Tu n'en as plus besoin, disait l'autre. Je n'avais pas grand-chose à offrir, mais je leur ai donné ce que j'ai pu. Un petit vide-grenier somalien, en quelque sorte.

Il y a des jours où la course du soleil dans le ciel est particulièrement rapide, et c'était le cas ce matin-là. C'est aussi le problème avec les montres ; le temps n'est pas toujours le même. J'ai commencé par dire au revoir à mon père, qui se reposait à l'intérieur de la maison de Burhaan. Mon corps était de plomb, comme s'il pesait trois tonnes. Je n'arrivais pas à avancer. Il existe un terme somali pour dire que l'on parle à quelqu'un pour la dernière fois avant de partir en voyage. Dès que *Aba* l'a eu prononcé, j'ai fondu en larmes. Il était si faible, si fragile. En m'entendant, il a demandé :

— Pourquoi pleures-tu, mon petit ?

— J'aurais aimé que tu voies mon visage avant que je m'en aille.

— Tu sais bien que je ne vois rien, mon petit.

Il avait un bandage sur un œil, l'autre était vitreux et il ne voyait avec aucun des deux. « Papa, je veux que tu me regardes une bonne fois, que tu voies mon regard, mon visage. La dernière fois, c'était il y a plus de vingt ans. J'étais une petite fille et maintenant je suis une femme. Tu te souviens à quoi je ressemblais ? » Il a tendu la main vers moi. Je l'ai prise et l'ai posée sur mon visage pour qu'il touche ma peau et la forme de mon nez. Le contact de ses doigts était doux et tendre. Mes larmes ont redoublé, sont tombées sur sa main. Je voulais retrouver le père que j'avais connu dans toute sa force et sa suffisance. L'homme puissant qui m'effrayait plus qu'un lion me manquait.

Comme s'il lisait dans mes pensées, il a constaté :

— Waris, tout le monde change, tout le monde vieillit et rien ne peut être comme avant.

— Je suppose qu'il y a une raison à tout, mais seul Allah la connaît.

À ce moment, j'ai entendu Mohammed qui m'appelait et klaxonnait au-dehors. On m'attendait.

— Je dois y aller, papa.

— J'ai quelque chose pour mon petit-fils, un *xuddenxir*.

Il m'a tendu un long poil de chamelle. C'est un cadeau que l'on offre aux nouveau-nés. Les larmes m'ont de nouveau submergée. Il a poursuivi à voix basse :

— Sois gentille, Waris, ne leur montre pas que tu pleures. Tu es une adulte. Je ne suis pas mort. Tu pleureras à ma mort. Et maintenant, file.

C'était sa façon de me dire qu'il m'aimait. Il voulait que je m'endurcisse, parce que c'est ainsi qu'on s'en sort dans la vie.

— Papa, tu te souviens, l'autre jour, quand nous étions tous en train de bavarder, quelqu'un a dit :

Waris, tu ressembles à ton père. Aussitôt, quelqu'un a corrigé : Non, tu es le portrait craché de ta mère. Eh bien, papa, je sais qui je suis. J'ai la force et la tête de bois de mon père et le physique et la sagesse de ma mère. Quand je l'ai dit, tout le monde a ri, mais tu sais que c'est vrai.

— N'oublie pas que tu as ma force, effectivement, Waris. Garde-la toute ta vie.

Je savais maintenant quel cadeau serait utile à ma famille et je savais aussi qu'ils ne me le demanderaient jamais. « *Aba*, dès que je trouverai une banque, je t'enverrai de l'argent pour que tu paies la somme due en échange de Nour quand Burhaan l'a demandée en mariage. » Il a pris ma main et l'a posée près de son cœur, puis il s'est tourné contre le mur. Mon père a pleuré lorsque je suis partie, je le sais. Mais il n'a pas voulu me le montrer.

Dès que je suis sortie, les yeux rouges, ma mère s'est exclamée :

— Hé, comment ça se fait que tu pleures pour lui et pas pour moi ?

J'ai pris sa main et je l'ai suppliée.

— Maman, pars avec moi !

— Impossible, Waris. Je dois m'occuper de ton père et de Mohammed *Inyer*.

— Je reviendrai te chercher, maman. Tu m'accompagneras aux États-Unis.

— Je suis trop vieille pour m'adapter à ces pays. Déjà, je détestais Abou Dhabi quand j'y vivais avec ta sœur. Il y a là-bas des monceaux de bijoux en or. J'y ai même vu un grand arbre tout en or, lui aussi.

Et dans les rues, on rencontre des petits gosses en train de ronger un os. Ils meurent de faim, ils sont malades et tout le monde s'en fiche. Je ne peux pas vivre dans ce genre d'endroit.

— New York ne ressemble pas du tout à ça, tu sais.

— Et à qui je parlerais, là-bas, je te le demande ? Je ne parle que le somali. À qui rendrais-je visite ? Tous mes amis vivent ici.

Elle a pris ma main et m'a accompagnée jusqu'à la voiture qui attendait.

— Mon petit, Abou Dhabi ne m'a pas plu et pourtant, là-bas, c'est ce qui ressemble le plus à chez nous. Il y fait chaud comme en Afrique. Les gens font la prière cinq fois par jour, mais ils ne sont pas sincères. Comment peuvent-ils passer à côté de ces gosses affamés ?

— Maman, s'il te plaît, viens avec moi. J'ai besoin de toi.

Elle a secoué négativement la tête.

— À quoi bon aller si loin ? C'est ici chez moi et c'est ici que je mourrai.

Au fond, elle avait raison. Je ne la voyais pas vivre à New York. Ma pauvre maman n'y tiendrait pas un jour. Elle serait malheureuse comme les pierres. Elle perdrait tous ses repères. Je savais qu'elle ne pourrait galoper dès son réveil, comme elle le faisait ici. Où irait-elle ? À New York, qui comprendrait qu'on plaisante à propos d'une chèvre qui ronfle et qui pète ? Avec qui échangerait-elle des blagues ? Elle m'a fait un clin d'œil.

— Je ne peux abandonner mes enfants. Je dois rester au cas où le plus grand, je veux dire ton père, serait incapable de se trouver une autre épouse.

— Maman, il faut que quelqu'un t'aide, pour changer un peu. Viens, je t'emmène.

J'aurais donné n'importe quoi pour qu'elle rentre avec moi en Amérique, mais au fond c'était un souhait égoïste. Je voulais ramener la paix de ma mère chez moi à New York, auprès de mon fils, au sein de ma vie.

Elle m'a attirée à elle et a déclaré en m'embrassant sur le front :

— Non, je suis bien ici, là Dieu m'a mise.

Ma mère est la base stable de notre famille, l'arbre dont les racines descendent jusqu'au paradis.

— Oh, maman !

Je l'ai étreinte pour la dernière fois, puis j'ai fait de même avec Burhaan, Rachid, Ragge, oncle Ahmed, la petite Asha et Nour. En souriant, Rachid a pointé le doigt vers ses dents blanches impeccables, puis il m'a tendu une dizaine de brosses à dents somaliennes, des brindilles de *caday* qu'il venait de couper le matin même. J'ai éclaté de rire et je les ai rangées dans mon sac de voyage. Puis Mohammed et moi sommes montés en voiture. J'ai vu tous ces êtres chers rapetisser de plus en plus dans la lunette arrière tandis que nous roulions parmi les collines vers la route de Borama qui devait nous ramener à Bosasso. Je sanglotais sans pouvoir m'arrêter. Maman ! Que j'aime ma mère, elle qui possède une grâce et une dignité que je n'aurai jamais. Elle est née en Somalie et elle restera en Somalie. Elle accepte de vivre à l'endroit où Allah l'a placée et elle l'en remercie chaque jour. Elle ne veut pas remettre en cause ce qu'Il a fait. Elle est en sécurité entre Ses mains. Moi, je n'ai pu l'accepter. Je me suis enfuie et j'ai tout embrouillé. J'aurais aimé avoir sa faculté d'accepter son sort, mais ce n'est pas le cas. Je sentais intuitivement que cette vie n'était pas faite pour moi. Ce ne serait pas honnête de ma part de dire que j'ai été choquée ou attristée par le refus de ma mère de m'accompagner à New York. Je comprenais parfaitement ses raisons. Il n'est pas difficile de vivre dans un village somalien dans la mesure où l'on y est né, où l'on y a grandi et où l'on n'a jamais rien connu d'autre. Ma mère possède une richesse plus précieuse que tous les biens de l'Occident. Elle a la faculté d'accepter son sort et elle est en paix.

14
Au retour

Les femmes sont des pièges du démon.

Proverbe somalien.

Le retour vers le petit aéroport de Bosasso a été complètement différent de l'aller. Cette fois, la piste de terre battue était pleine d'une boue rouge et de nids-de-poule remplis d'une eau brunâtre. Par endroits, elle tenait plutôt de la rivière. Il fallait à tout prix avancer dans la boue et nous devions nous accrocher pour éviter de nous cogner la tête à l'intérieur de la voiture. En cas d'enlisement, il n'y avait d'autre solution que d'attendre le passage d'une voiture ou d'un camion et de demander de l'aide. Malgré tout, autour de nous, tout était d'un vert magnifique. De gros nuages se promenaient dans le ciel et la température était tout à fait supportable. Assise à l'arrière, je laissais couler mes larmes. C'était affreusement douloureux de quitter mes parents. Je priais Allah qu'Il maintienne mon père en vie et que je puisse le revoir. Mohammed parlait avec Moussa, le chauffeur que nous avions engagé. Ils évoquaient le jour de notre arrivée et la chaleur terrible qu'il faisait. D'après Moussa, certaines personnes qui étaient restées dehors au soleil en étaient mortes.

Nous avons roulé sans arrêt durant des heures afin d'atteindre Bosasso avant la nuit. Moussa, un ami de Mohammed et un Darod comme lui, n'était jamais allé jusque-là et je me demandais comment il parvenait à s'orienter sans carte sur une route dépourvue de panneaux indicateurs. La piste bifurquait souvent, sans qu'aucun signe permette de choisir quelle voie emprunter. Des *djinn* guettaient aux intersections et j'espérais que l'un d'eux n'allait pas sauter dans notre voiture et nous jouer des tours. Mais Moussa conduisait sans se poser de questions, suivant le soleil dans sa course, du levant au couchant. Des *dik-dik* bondissaient parmi les buissons, semblables à de petits cerfs aux pattes grêles. Nous avons dépassé une espèce d'antilope au long cou que nous appelons *gerenuk*, en train de dévorer les feuilles d'un acacia, debout sur ses pattes postérieures. Elle était si absorbée par son repas que le passage de notre voiture ne l'a même pas dérangée. Une troupe de babouins, perchés au sommet d'une colline, nous ont lancé des cris de défiance en montrant les dents, leurs bras velus tendus dans notre direction.

En fin d'après-midi, je mourais de faim. J'ai supplié le chauffeur.

— Par pitié, arrêtons-nous quelque part pour manger un morceau, sinon je vais m'évanouir.

— Entendu. Je connais une échoppe de thé pas très loin d'ici où l'on trouvera quelque chose.

— Qu'est-ce qu'on y mange ?

Je rêvais d'une grande platée de riz avec du chevreau en sauce épicée ou d'un chiche-kebab. J'avais aussi envie de lait de chamelle, ce lait si riche et si nourrissant qu'il suffit pour vivre. Depuis mon arrivée, j'espérais en avoir, mais il n'y en avait pas une seule goutte dans tout le village de ma mère. La sécheresse avait été telle que les chamelles n'en donnaient pas. Je salivais aussi en pensant aux *zambusi* à trois cornes qu'on fait pour rompre le jeûne durant le ramadan, accompagnés de thé à la cardamome et au lait. J'avais vraiment l'estomac dans les talons.

La réponse de Moussa a quelque peu refroidi mon enthousiasme.

— J'ignore ce qu'il leur reste à cette heure-là, mais on aura toujours quelque chose à se mettre sous la dent et l'endroit est bien. J'y ai déjà mangé.

Il a ralenti et a arrêté la voiture devant un restaurant délabré construit un peu à l'écart de la route, avec quelques huttes et une station-service. C'était en fait un vaste espace ouvert recouvert d'un toit de tôle rouge. La cuisine était à l'arrière. En absence de vent, la fumée du feu montait tout droit en l'air. On avait installé la terrasse à l'ombre de quelques grands arbres, de façon à ce qu'elle soit rafraîchie par la brise. À ma grande surprise, quarante à soixante hommes étaient installés sur des bancs de bois autour de tables bancales, mais ils ne consommaient pas. Je me demandais d'où ils venaient, compte tenu de la taille minuscule du village, et à quoi ils pouvaient bien s'occuper.

Moussa et Mohammed m'ont précédée à grandes enjambées dans le restaurant. Mon arrivée a été accueillie par des grognements et des : « Oh non, qu'est-ce qu'elle fait là, celle-là ? » Je les ai ignorés. Pendant que j'essayais de me faufiler entre les tables, un homme est venu se planter devant moi. C'était le serveur, visiblement, même s'il ne portait pas de tablier et n'était pas franchement soigné. Lorsque j'ai tenté de le contourner, il m'a empêchée de passer en disant : « Pardon, pardon ! » Comme je l'ignorais, il a dû en conclure que je ne parlais pas le somali. Il s'est mis à crier : « Hé, hé, hé ! » en agitant les bras devant mon visage, mais j'ai continué à avancer pour essayer de rattraper mes frères. Je n'avais pas envie de m'expliquer avec un homme aux ongles noirs, qui avait des auréoles de transpiration sous les bras.

Soudain plusieurs hommes lui ont lancé :

— Arrête-la ! Chasse-la d'ici !

Le serveur m'a rattrapée et cette fois, il m'a carrément barré le passage.

Je l'ai regardé bien en face en disant :

— Il y a un problème ? *Warrier, Maa'hah d'ih* ?

Je m'exprimais en somali pour qu'il sache que je comprenais tout ce qui se disait.

Il a détourné le regard, mais il a entrepris de me chasser comme si j'étais une poule rentrée par inadvertance dans la pièce.

— Vous ne pouvez pas entrer. Ici, c'est réservé aux hommes, les femmes vont ailleurs.

— Qu'est-ce que c'est que cette histoire ? Je ne comprends pas pourquoi je ne mangerais pas ici si je l'ai décidé !

Même si en Somalie, les femmes ne mangeaient pas dans les restaurants avec les hommes, je ne voyais pas pourquoi une femme ne l'aurait pas fait si elle l'avait décidé.

Il m'a répété que le restaurant était réservé aux hommes. J'ai protesté de nouveau.

— Mais voyons, c'est ridicule ! Je ne gênerai personne.

— Je vous ai dit de sortir, a-t-il craché, tout gonflé d'importance.

J'étais trop choquée pour pouvoir réagir. Mohammed ne pensait qu'à manger et Moussa avait hâte de reprendre la route. Cet affreux bonhomme ne me laisserait même pas passer pour les prévenir. Il continuait à me bloquer le chemin de la cuisine. J'étais furieuse, mais j'étais encore plus affamée, car j'avais le ventre vide. J'ai regardé le petit maigrichon de haut et j'ai demandé :

— Bon, elles vont où, les femmes ?

— Là-bas, là-bas !

Il pointait un index osseux vers la porte d'entrée, comme si j'avais souillé par ma présence sa cahute crasseuse au sol de terre battue, meublée de tables bancales rafistolées par du fil de fer.

Entre-temps, Mohammed avait enfin regardé derrière lui pour voir ce qui m'arrivait. Il avait besoin de moi pour payer la nourriture qu'il avait commandée et il se demandait sans doute où j'étais. Il s'est approché du serveur aux habits graisseux et lui a demandé ce qui se passait.

Le serveur est soudain redevenu très poli. « Je suis désolé, mais les femmes ne sont pas admises ici. Elles doivent aller manger là-bas, dans une autre pièce. »

Mon frère a regardé de haut cet homme aux petits yeux et à la chemise sale. Constatant alors que les conversations s'étaient tues autour d'eux et que tous les hommes présents attendaient la suite des événements, il m'a fait un signe de tête. « Bon, allons voir cette salle réservée aux femmes. »

Le serveur nous a conduits à l'extérieur dans un silence troublé uniquement par le bruit étouffé de ses tongs sur la terre battue. Nous avons contourné la terrasse et les arbres, puis il a pointé le doigt en direction d'une hutte décrépite installée à l'arrière des toilettes avant de tourner les talons et de regagner le restaurant en traînant les pieds.

Je ne m'attendais pas à ce que les toilettes soient une pièce proprette aux murs carrelés, avec un siège de porcelaine blanche et une chasse d'eau. C'étaient des WC à la somalienne, un trou profond creusé dans le sol. L'endroit était sale, plein de mouches et de gros cafards marron clair. Les cafards n'ont peur de rien. C'est le genre à émerger de ce trou puant au moment où vous êtes accroupi au-dessus, quand ils ne viennent pas se balader dans votre assiette. L'odeur était si infecte qu'elle me brûlait les narines.

Des nuées de mouches, sorties des coins sombres, venaient nous entourer. La salle à manger des femmes avait un mur en commun avec les toilettes. Ce n'était qu'un espace au sol poussiéreux entre trois murs délabrés. En guise de tables et de chaises, il y avait un vieux banc avec un pied cassé. J'ai cru que j'allais fondre en sanglots. Ma mère n'aurait même pas mis ses chèvres dans un endroit aussi abominable. Les hommes se prélassaient comme des pachas dans le restaurant, à l'ombre, tandis que les femmes étaient censées manger au milieu de la merde.

J'ai échangé un regard avec Mohammed. Il avait beau se comporter en Somalie comme les autres hommes, c'était plus qu'il ne pouvait accepter. Il a étouffé un juron, puis nous avons fait demi-tour et regagné la voiture.

— Bon, qu'est-ce qu'on fait ? m'a-t-il demandé.

Je me suis tournée vers Moussa, qui nous avait rejoints.

— Y a-t-il un autre endroit où l'on peut trouver à manger par ici ? Je meurs de faim.

Mohammed a approuvé.

— Moi aussi.

Moussa a secoué négativement la tête.

— Désolé, il n'y a rien aux alentours.

— Waris, as-tu dit quelque chose au serveur ? a demandé Mohammed, sous-entendant que j'aie pu l'insulter.

— Il suffisait qu'une femme entre là-dedans pour qu'il se sente insulté, ce babouin !

— Bon, essayons d'aller parler au cuisinier. Il m'a semblé être quelqu'un de raisonnable.

Nous sommes repartis à l'arrière du restaurant et Mohammed s'est directement adressé au cuisinier :

— Désolé, mais je ne peux laisser manger ma sœur dans cet endroit, c'est trop sale. On ne fait que passer. On veut juste avaler quelque chose avant de reprendre la route.

Le cuisinier l'a écouté poliment, mais il lui a fait la même réponse que le serveur.

— Je regrette. Les femmes ne sont pas admises ici.

— Ça veut dire quoi ? Nous avons faim. Vous avez de quoi manger ?

— Oui.

— Vous le vendez ?

— Oui.

— Vous le servez ?

— Oui.

Mohammed a pris une profonde inspiration.

— Bon, ma sœur est un être humain, non ? Où est le problème ?

Le cuisinier a pris un air têtu et Mohammed a préféré ne pas insister.

— D'accord, les femmes ne peuvent manger ici. Dans ce cas, ma sœur peut peut-être s'asseoir quelques instants à l'extérieur et on emportera de la nourriture.

— Non.

Le cuisinier commençait à s'énerver.

— Je vous ai dit que les femmes n'étaient pas admises ici. En aucun cas.

Dans sa chemise en lambeaux et son *maa-a-weiss* usé jusqu'à la corde, il a croisé les bras avec l'air supérieur d'un souverain.

Mon frère n'a pas reculé.

— Tu veux que je te dise ? Allez vous faire foutre, toi et ta bouffe, *Aba'ha Wuss*.

Puis, il m'a lancé un coup d'œil.

— Allez viens, Waris, on s'en va.

Sans un mot, je l'ai suivi, le regard fier.

Nous sommes remontés en voiture et nous avons démarré dans un nuage de poussière. Moussa s'est retourné vers Mohammed.

— De toute façon, on mange mal ici, a-t-il commenté.

J'étais si heureuse que mon frère ait pris ma défense que je me serais jetée à son cou. Il fulminait.

— Ce pays va dans le mur si les gens continuent à respecter leurs vieilles traditions stupides. C'est vraiment de la folie !

Cela me faisait plaisir de voir qu'il commençait à considérer la situation sous un autre angle.

— C'est la mentalité de la Somalie profonde, avec son ignorance, qui empêche le pays d'évoluer, Mohammed. Les hommes et les femmes ne peuvent manger ensemble. Une femme ne peut couper les cheveux d'un homme. Les femmes sont cousues. Elles ne sont pas considérées comme les égales des hommes, dans aucun domaine.

J'ai fait une pause, avant d'ajouter :

— Je comprends que des gens puissent avoir cette conception du monde et je n'essaye pas de la leur faire changer, mais il n'en reste pas moins qu'ils n'ont pas à m'imposer la leur.

— Il faut que ça change, Waris. Quand on traite les femmes comme des moins que rien, on n'a aucun mal à faire de même avec les gens des autres tribus. Oui, il faut que ça change.

En moi-même, j'ai pensé : « C'est toi, Mohammed, qui as changé. » Et j'ai senti des larmes de fierté couler sur mes joues.

15
Aurore du désert

Donne à chacun ce qui lui est dû, à ton proche, au pauvre, au voyageur. Ceci sera plus avantageux à ceux qui veulent obtenir le regard bienveillant de leur Seigneur.

Coran, sourate 37, « Les Grecs ».

Mohammed cramponné au volant, la voiture avançait tel un insecte rampant sur le ventre de la Somalie, de la frontière éthiopienne à l'océan Indien. Nous avons traversé des agglomérations comme Garowe et Qardho, plus importantes que le petit campement où vivait ma mère, mais encore dépourvues d'équipements collectifs, notamment l'électricité, les écoles ou les hôpitaux. La route était semée de mares et d'ornières profondes. Souvent, la voiture dérapait et les roues patinaient, mais Mohammed arrivait toujours à arracher les pneus à la boue et à nous ramener en terrain sec.

En fin d'après-midi, nous nous sommes arrêtés près d'une rivière pour nous laver le visage et nous rafraîchir. Dans le désert, il y a toujours de l'eau qui coule quelque part. Dérangés, des étourneaux se sont envolés à notre arrivée, leur riche plumage bleu et or resplendissant dans le soleil. Deux paons se sont calmement éloignés en se dandinant. Les paons portent chance, surtout lorsqu'on en voit deux. En revanche, tomber sur des plumes seules est de mauvais augure. Mohammed a ôté ses chaussures et s'est mis à patauger dans l'eau. « Si seulement il y avait des rivières dans toute la Somalie, ai-je dit, ce pays serait le plus beau de la terre. » J'avais envie de plonger mes lèvres dans l'eau, comme une lionne assoiffée. Je me suis passé de l'eau sur le visage et sur les bras, mais j'aurais aimé me déshabiller et nager. Dès que j'ai relevé un peu ma jupe, Mohammed m'a demandé de la baisser. Un dromadaire, les pattes antérieures entravées, s'est approché en sautillant du bord de l'eau pour boire. L'entrave est destinée à empêcher les animaux de s'en aller trop loin. J'ai regardé mon frère.

— Tu veux que je te dise, Mohammed, je me sens comme lui, avec ces robes et ces foulards. Je n'ose pas bouger de peur de me prendre les pieds dedans.

— Il serait temps que tu cesses de courir partout, Waris.

Inutile d'insister. Mohammed ne me comprendrait pas. J'ai donc recommencé à me laver le visage avec mon foulard trempé dans l'eau. Moussa a aperçu une tortue tout près de la route. Elle nous regardait avec ses petits yeux noirs, mais dès que je me suis approchée d'elle, elle est rentrée dans sa carapace. J'ai souri.

— C'est peut-être un esprit qui vient me transmettre un message. Sa présence signifie que je suis en sécurité dans mon pays.

Lorsque nous sommes arrivés à Bosasso et que j'ai pu enfin sentir l'odeur de l'océan Indien, la ville dormait depuis longtemps. Tout était si calme qu'on entendait le ressac de la mer sur la plage à l'autre bout de la ville. Moussa nous a conduits vers un hôtel. Mohammed est allé voir s'il y avait des chambres et quelque chose à manger. Plus encore que de nourriture, j'avais besoin d'une bonne douche et d'un lit. Je ne pensais pas qu'il y aurait encore quelque chose d'ouvert. Le repas principal est le déjeuner et les restaurants ferment à la tombée de la nuit, parce qu'il n'est pas sûr que l'électricité fonctionne. Mon frère est revenu bredouille. L'hôtel était complet. Nous en avons essayé plusieurs, sans résultat. Finalement, Moussa nous a conduits dans un hôtel situé dans une petite rue. L'endroit n'était pas très emballant, mais j'étais trop fatiguée pour faire la difficile. J'ai suivi Mohammed à l'intérieur.

— Non, pas de chambre ce soir, a déclaré le gardien en frottant ses yeux ensommeillés.

Il avait les cheveux blancs et une barbe teinte en rouge par le henné.

Mohammed l'a regardé d'un air étonné.

— Mais enfin, comment cela se fait-il ? Les autres hôtels aussi sont complets.

— Il y a pas mal de monde qui attend de prendre l'avion d'Abou Dhabi.

Le gardien a montré du doigt les personnes installées dans le hall.

— Vous voyez, ce sont des gens qui travaillent pour les Nations Unies et d'autres organisations. On construit beaucoup en ce moment. Ça va et ça vient, sauf la semaine dernière.

Il a souri. Il lui manquait trois dents et les autres étaient noircies par le *khat*.

— L'avion n'a pas pu atterrir car il y avait des chèvres sur la piste. Le pilote était furieux. Il a tourné un moment avant de repartir pour Abou Dhabi.

L'anecdote l'amusait visiblement, mais je ne trouvais pas ça drôle du tout. Je devais impérativement regagner New York et je n'avais pas l'intention de passer une semaine à Bosasso parce qu'on était incapable d'éviter la présence d'animaux sur la piste d'atterrissage. Nous n'avions pas de cartes d'embarquement ni de places numérotées – il fallait se rendre à l'aéroport et faire la queue.

— J'espère qu'on pourra embarquer ! ai-je dit à Mohammed. Tu crois qu'il y aura un problème ?

— Je vais aller tout de suite à l'aéroport, voir comment les choses vont se passer.

Mohammed s'est tourné vers l'employé.

— A-t-on une chance de trouver des chambres ailleurs ?

— Je ne crois pas. Il y a peu d'hôtels à Bosasso et c'est une ville très active. Tout est plein en permanence.

Nous en étions là lorsqu'un homme s'est approché de mon frère et lui a demandé s'il était Mohammed Dirie.

— Mon père est Dahee Dirie, a répondu Mohammed.

Tous deux se sont mis à parler de notre père, mais j'étais trop fatiguée pour suivre la conversation. L'homme bedonnant portait le bonnet brodé montrant qu'il avait fait le pèlerinage à La Mecque. Mohammed me l'a présenté.

— Waris, voici Hadj Souleiman. Il est lié à notre famille à la fois du côté Majerteen et Hawiyé.

Hadj Souleiman m'a jeté un coup d'œil.

— Elle peut avoir ma chambre cette nuit.

Je n'en revenais pas de sa générosité. Il proposait son lit à une femme qu'il ne connaissait pas simplement parce qu'elle faisait partie de la même famille. Les mots me manquaient. En Occident, dans ce genre de circonstances, on doit répondre : « Oh non, je ne peux accepter. » On refuse, sauf si la personne insiste. Dans mon pays, toutefois, c'est ainsi qu'on traite un hôte et j'ai pu le constater durant la majorité du voyage. Refuser aurait été faire insulte à Hadj Souleiman. J'ai donc accepté en le remerciant.

Je l'ai suivi jusqu'à sa chambre, accompagnée par Mohammed. Il est allé prendre ses affaires à l'intérieur et m'a remis la clef, en me demandant de m'enfermer et de ne pas oublier de fermer la pièce à clef chaque fois que je sortirais. J'ai demandé à Mohammed où il allait dormir.

— Ne t'inquiète pas pour moi, je trouverai un endroit dehors. Mais d'abord, je vais aller à l'aéroport.

En entrant dans la pièce, j'ai eu un pincement au cœur. L'endroit était épouvantable. Il n'y faisait pas loin de quarante degrés et je ne pouvais aérer en laissant la porte ouverte. La fenêtre était toute petite et ne laissait entrer aucun souffle d'air. Le pire, c'était la saleté et l'odeur d'urine et de transpiration. J'aurais donné n'importe quoi pour des draps propres et une douche fraîche, mais il n'y avait pas de salle de bains. La minuscule chambre avait un sol de béton et le ventilateur accroché au plafond ne marchait pas. Mohammed, lui, allait pouvoir s'allonger sur sa *goa* posée sur le sol et s'endormir dans la fraîcheur de la brise du bord de mer.

Le lit était une sorte de matelas hors d'usage, puant et plein de trous, posé sur une rudimentaire structure de bois. Je ne pouvais décemment pas me plaindre, mais à vrai dire j'aurais préféré dormir à la belle étoile avec les hommes. Ce qui était hors de question.

Pour une fois, j'étais ravie de porter une robe longue. Je me suis entortillée dedans et j'ai replié mon foulard sur ma tête pour me protéger des punaises. Je n'arrivais pas à m'endormir à cause de la chaleur, sans compter que j'entendais des grattements dans l'obscurité. J'étais terrifiée à l'idée qu'il puisse y avoir des rats dans la pièce et j'ai passé la moitié de la nuit à essayer de voir ce qui faisait ce bruit.

Juste avant l'aube, j'ai entendu la voix du muezzin. Il devait être environ quatre heures du matin. Le muezzin monte au sommet du minaret de la mosquée pour appeler les fidèles à la prière en psalmodiant : « Il n'y a de Dieu qu'Allah et Mohammed est Son prophète. » Sa voix porte dans toutes les directions. C'est extraordinaire d'entendre la prière se répandre dans la ville. Cela se répète cinq fois par jour. Les activités s'arrêtent et la prière monte de partout. Il n'y a pas besoin de marquer le temps autrement.

Au matin, Mohammed est venu me chercher. Nous avons pris le thé en attendant Moussa, mais il ne s'est pas montré. D'après mon frère, il avait dû s'écrouler de fatigue. Cet homme passait sa vie à conduire pour gagner sa vie. Nous avons dû louer les services de quelqu'un d'autre pour nous conduire à l'aéroport, afin d'être sûrs de monter dans le prochain avion. Plusieurs hommes voulaient également se rendre à l'aéroport et deux autres ont fait du stop à la sortie de la ville, si bien que nous étions très serrés dans la voiture. Mais nous étions heureux de pouvoir rendre service. Le petit matin est l'heure la plus chaude de la journée, parce que aucune brise marine ne souffle. En approchant de l'aéroport, j'ai aperçu la mer bleue qui miroitait au loin et j'ai eu une envie folle d'aller prendre un bain. J'ai demandé quelle route menait à l'océan.

Un grand bonhomme, le visage balafré par une scarification tribale, s'est tourné vers Mohammed.

— Pourquoi est-ce qu'elle veut savoir ça ?

Je l'ai regardé.

— Vous pouvez me poser directement la question, vous savez. Vous n'avez pas besoin de vous adresser à mon frère.

— Qu'est-ce qu'elle veut faire dans l'océan ?

L'homme persistait à m'ignorer. Je lui ai tout de même répondu.

— Regardez, j'ai si chaud que mes vêtements sont trempés. Je voudrais prendre un bain et nager un peu pour me rafraîchir.

— Dites-lui qu'on ne nage pas, ici, chez les gens du désert, a dit l'homme à Mohammed.

Une fois arrivés à l'aéroport, j'ai attendu Mohammed dans la voiture pendant qu'il se rendait dans le bâtiment de briques. Il est revenu avec de mauvaises nouvelles. L'avion de Damal Airlines avait deux jours de retard. Nous allions devoir l'attendre à Bosasso. J'étais atterrée.

— Comment ? Il nous a déjà fallu un jour pour venir de Galcaio et on va devoir attendre deux jours de plus l'arrivée de l'avion ! Quand je pense que j'aurais pu passer un jour de plus avec maman ! À quoi bon arriver avec autant d'avance ?

— Il faut rester à Bosasso pour être sûrs d'avoir une place dans l'avion, parce qu'il n'y en a pas d'autre. On n'a pas de carte d'embarquement, tu sais bien.

— La compagnie d'aviation a vraiment des méthodes stupides. Tout cela nous fait perdre deux jours.

— C'est comme ça, ici. Ne t'inquiète pas, nous monterons dans l'avion.

— *Inch'Allah.*

Instinctivement, j'avais retrouvé la formule de ma mère. « Allah a un plan pour toi », me disait-elle. J'ai décidé d'utiliser ce délai pour parler avec les gens des projets des Nations Unies. Je voulais me renseigner directement sur leurs besoins, afin de déterminer les actions les plus efficaces.

Mohammed m'a présenté un autre de nos proches, Abdihalli Aden. Cet homme, qui connaissait également notre père, était le directeur de l'aéroport et il a fait en sorte que nous ayons une place réservée dans l'avion sans faire la queue. Nous sommes repartis avec lui à Bosasso. Pendant le trajet, il nous a parlé de l'expansion de la ville.

— Quand on a des raisons de croire en l'avenir, on a envie de travailler, de construire. C'est une excellente motivation. Avec un gouvernement qui mérite le respect, le Somaliland a la garantie d'une certaine stabilité. Nombreux sont les gens qui viennent s'installer à Bosasso. La ville est en plein boom.

Mohammed lui a expliqué que je venais de New York.

— C'est son premier séjour en Somalie depuis plus de vingt ans.

— *Hiiyea* ! New York ! Il paraît que c'est une ville dangereuse.

Je ne l'ai pas contredit.

— Dans une certaine mesure, oui.

— On m'a dit qu'on y mangeait du chien.

— Du chien ? Jamais de la vie !

Mon frère est intervenu :

— Abdihalli veut parler des hot dogs. En Amérique comme en Europe, on mange des hot dogs, ce qui veut dire « chiens chauds » en anglais. Mais il n'y a pas de chien dans les hot dogs. C'est du porc.

— Quel endroit épouvantable !

Abdihalli a hoché la tête d'un air moqueur et j'ai fini par comprendre qu'il me taquinait.

— Quand allez-vous revenir vivre en Somalie, tous les deux ? Il n'y a plus de problème ici, vous savez. Vous devriez le faire et cesser de manger du chien et du porc.

Le directeur de l'aéroport a essayé de le persuader de rentrer au pays pour participer à sa reconstruction, mais Mohammed a préféré regarder ailleurs.

Après déjeuner, Abdihalli nous a conduits dans un hôtel qui disposait encore d'une chambre libre. La pièce était d'un confort rudimentaire, mais propre, avec deux lits de bois étroits et une salle de bains. Mohammed et moi étions heureux de nous en contenter. J'ai pris une douche d'eau salée, venue tout droit de l'océan. Un vrai bonheur, pourtant, dont je remerciais le ciel.

Non loin de l'hôtel, il y avait un bâtiment portant une plaque avec le sigle de l'Onu. J'y suis allée avec Mohammed dans l'après-midi. Tout fermait aux heures les plus chaudes, pour ne rouvrir qu'après le déjeuner et la sieste. Plusieurs hommes étaient à l'intérieur. Le responsable n'avait pas les traits réguliers des Somalis, mais un nez fort et une peau marquée de petite vérole. Il venait de Sierra Leone. Lorsque j'ai pris la parole, il m'a regardée d'un drôle d'air.

Je lui ai demandé sur quel programme ils travaillaient.

— Je suis Waris Dirie. Je rentre à New York, aux Nations Unies, où j'ai une importante réunion et j'aimerais rapporter des informations sur les actions qui sont en cours à Bosasso. Est-ce que je peux vous poser quelques questions ?

Il contemplait la table en tirant sur sa lèvre inférieure. Sans me répondre, il s'est adressé à Mohammed d'un ton soupçonneux :

— Vous travaillez pour qui ? Qu'est-ce que vous voulez ?

J'ai répété que je m'appelais Waris Dirie et que je travaillais pour l'Onu, mais il a continué à interroger mon frère.

— Qui êtes-vous ? Que voulez-vous ?

Je me suis plantée devant lui.

— Excusez-moi, mais c'est moi qui vous parle.

Il a monté le ton, toujours tourné vers Mohammed. J'ai avisé deux autres hommes assis sur des chaises au fond de la pièce. Comme l'un d'eux avait l'air intelligent, j'ai réclamé son aide.

— S'il vous plaît, essayez de lui faire comprendre !

Il m'a regardée, a regardé le vieux type qui criait, puis s'est tourné vers son ami en disant :

— Viens, on s'en va.

Cela n'a fait qu'éveiller mes soupçons. J'étais de plus en plus déterminée à comprendre sur quel programme travaillaient ces gens. Je me suis de nouveau adressée à l'homme de la Sierra Leone.

— Monsieur, s'il vous plaît, regardez-moi en face et répondez-moi. C'est moi qui vous parle, pas lui.

Il a levé la main comme pour me frapper, mais il a suspendu son geste en voyant Mohammed se dresser de toute sa hauteur. Simplement, calmement, mon frère a expliqué que nous n'étions pas là pour faire un rapport sur eux, mais pour nous renseigner.

L'homme s'est remis à tirer sur sa lèvre inférieure.

— Soyez précise. Qu'est-ce que vous voulez savoir ?

— Je suis désolée si je vous ai donné l'impression de vous espionner. Je voudrais des informations sur les femmes et les enfants, notamment sur le plan sanitaire, et sur les actions entreprises par l'Onu.

— Ah, je ne peux rien vous dire à ce sujet. Il y a des gens qui discutent de ce genre de truc là-bas.

Il pointait l'index en direction d'un bâtiment de briques au coin de la rue.

Nous nous y sommes rendus. Effectivement, il y avait la plaque de l'Onu au-dessus de la porte. Dans l'unique pièce, environ six à sept hommes étaient plongés dans une partie de *shax*. Le *shax* est un jeu qui se joue à deux. Le premier joueur trace trois carrés sur le sol, dans la poussière, imbriqués les uns dans les autres. Chaque joueur pose douze petites pierres aux intersections des carrés. Celui qui parvient à en placer trois à la suite gagne une pièce de l'adversaire. Notre arrivée n'a guère dérangé le jeu. Il a fallu attendre qu'il soit terminé pour que l'on veuille bien s'intéresser à nous. L'accueil a été tout aussi soupçonneux que dans l'autre bâtiment. Tout le monde croyait que je voulais leur extorquer de l'argent. Pourtant, j'essayais d'expliquer que j'étais une volontaire de la paix.

— Je ne suis pas là pour chercher du travail ou me mêler de vos affaires. Je suis venue parce que j'aime mon pays et que je pense pouvoir être utile. Je rentre à New York, où j'ai une réunion importante aux Nations Unies la semaine prochaine.

Ils me regardaient en dansant d'un pied sur l'autre.

— Le but est d'expliquer quels sont vos besoins. Je ne vous demande rien. Au contraire, je veux vous aider.

Toujours aussi mal à l'aise, ils ne réagissaient pas. Écœurée, je me suis énervée.

— Pourquoi ne m'aidez-vous pas à vous aider ? Je ne comprends pas votre attitude.

Mais aucun d'entre eux ne voulait me parler. Ils ne me faisaient absolument pas confiance. Pas question pour eux de s'adresser à une femme.

En sortant, Mohammed m'a fait la leçon :

— Une femme ne peut se comporter ainsi, Waris. Entrer quelque part pour poser des questions aux hommes comme tu le fais est impensable. Ce n'est pas la coutume par ici.

— Comment croire que vous allez changer les choses avec ce genre de comportement ?

En retournant à l'hôtel, nous sommes passés devant un autre bâtiment portant une plaque des Nations Unies. J'ai jeté un œil par la fenêtre et j'ai vu qu'il y avait des femmes à l'intérieur. Cette fois, j'ai été accueillie chaleureusement. Elles m'ont orientée vers la responsable du programme santé et éducation des femmes et des enfants. Mohammed m'a accompagnée dans ses bureaux, des bâtiments préfabriqués qui se trouvaient à l'extrémité de la ville. Assia Adan, une femme très digne aux manières franches, s'est révélée être une vraie mine d'informations.

Elle m'a expliqué qu'elle avait pour mission l'éducation des femmes en matière d'hygiène et de santé. Sage-femme de formation, elle propose des soins et des conseils sur les dangers des mutilations génitales féminines.

— Nous donnons des cours sur les dangers de l'infection et nous parlons des jeunes filles qui sont mortes.

Cela m'a fait penser à ma sœur si belle, morte après avoir été infibulée.

— Nous souhaiterions bien évidemment voir cette pratique disparaître définitivement, mais nous avons du mal. Les gens n'osent même pas en parler. Les mères n'imaginent même pas la remettre en question. Elles sont persuadées d'agir ainsi pour le bien de leur fille.

J'ai approuvé.

— Jamais ma mère n'aurait pensé me faire du mal. Elle l'a fait pour me rendre propre et pure.

Assia et moi, nous savions que dans mon pays, on pratique l'infibulation pharaonique, la forme plus dure, au cours de laquelle l'on coupe le clitoris ainsi que les petites et les grandes lèvres avant de recoudre l'ouverture.

J'ai expliqué que ma mère m'avait demandé de dormir ensuite sur le dos, afin que la cicatrice soit lisse. « Elle tenait beaucoup à ce que mon corps soit parfaitement lisse. Comment vous y prenez-vous pour modifier ces comportements ? »

Assia m'a expliqué qu'elles essayaient d'informer les mères sur la *sunna*. Ce type de circoncision féminine, dite aussi symbolique, ne comporte pas d'ablation ni de suture. C'est un rituel. Il semble qu'en Arabie Saoudite certaines femmes au fait de la modernité aient adopté cette pratique comme alternative.

J'ai confié à Assia que je n'avais pu évoquer le sujet dans mon village.

— Personne n'a voulu en discuter avec moi. Personne ! Tout le monde m'a regardée comme si j'avais perdu la raison.

— Cela ne m'étonne pas. Nous n'en sommes qu'au début. Depuis six ans que nous sommes là, la situation n'a pas évolué. Mais nous tenons bon. Ce qui est rassurant, c'est que personne ne nous a obligées à arrêter notre action ou à partir. Même si nous n'avons progressé que de quelques millimètres, c'est déjà un pas important. Tous les espoirs sont permis.

— C'est vrai, Assia, je suis consciente que l'espoir est là. J'avais peur de revenir dans mon pays et d'être agressée parce que je me suis publiquement élevée contre les MGF. On m'avait dit que je risquais d'être retenue à la frontière, kidnappée, voire pire.

J'ai souri.

— Je reviendrai et nous travaillerons ensemble. Je vais essayer de vous aider par tous les moyens.

J'ai parlé à Assia des projets que j'avais pour ma fondation, Desert Dawn – Aurore du Désert – et des fonds que nous allions lever pour aider les femmes et les enfants. Nous projetons de construire un centre médical à Bosasso, d'organiser des séminaires de formation pour les femmes et de financer des unités mobiles médicales et éducatives qui iront à la rencontre des familles nomades dans les endroits reculés. Tant que des personnes comme Assia existent, nous pouvons agir.

Mohammed est si grand que lorsqu'il faisait un pas, j'en faisais deux. J'avais du mal à le suivre sur le chemin du retour à notre hôtel, surtout avec une longue robe qui traînait dans la boue et s'enroulait autour de mes chevilles. J'étais obligée de la soulever pour pouvoir trottiner derrière lui. Sur mon passage, deux femmes assises sur une terrasse ont poussé des exclamations.

— Regardez-moi ça ! Elle a remonté sa jupe au-dessus de la taille !

— Elle n'est pas somali pour faire ça !

Le soir, lorsque nous sommes sortis pour dîner, j'ai pris mon appareil photo pour prendre des clichés de la ville et des bureaux de l'Onu. Après le repas, j'ai repéré une jolie affiche avec de belles couleurs et une carte que j'ai photographiée avec le flash. Soudain, une grosse pierre m'a heurté la cheville. Sous la douleur, j'ai fait un bond, tandis qu'une pile de bouteilles de soda posée sur une charrette se renversait dans la rue. Le garçon qui m'avait lancé la pierre avait dû involontairement donner un coup de coude dedans. Je n'ai pas attendu la suite des événements pour remonter dans la voiture où m'attendait mon frère.

— Mohammed, on m'a lancé une pierre !

Il se nettoyait tranquillement les dents avec un cure-dents. Il m'a regardée en hochant la tête et m'a répondu, très pince-sans-rire :

— Tu étais leur objectif, en quelque sorte.

— Tu trouves ça drôle ? J'aurais pu être blessée.

— Waris, ma petite sœur, je t'ai dit cent fois de ne pas prendre de photos. Tu risques ta vie avec ça. Beaucoup de gens ici croient qu'en les prenant en photo, tu voles leur âme. Tu dois admettre qu'ils considèrent que c'est un manque de respect à leur égard. Si une inconnue brandissait un appareil photo devant moi, je ferais pareil.

Le soir, dans le bar de l'hôtel, nous avons fait la connaissance de plusieurs femmes somalis qui buvaient une tasse de thé.

— Vous me rappelez quelqu'un que j'ai vu à la télévision, a remarqué l'une d'elles, une femme très élégante.

Étonnée qu'elle ait une télévision, je lui ai demandé d'où elle venait.

— De Suède. Je vis en Suède.

— Vous avez vu une Somali à la télévision suédoise ?

— Oui, mais j'ai oublié son nom. Elle passe à la télé en Allemagne.

— Et qu'est-ce qu'elle fait ?

— Elle milite contre l'excision.

— Est-ce que je peux vous demander votre opinion sur cette question ?

— Pour ma part, je pense qu'il était temps que quelqu'un s'élève contre cette pratique. Je suis très fière d'elle.

Mon interlocutrice s'enflammait.

— Nous n'en parlons jamais, mais elle est très courageuse ! Je l'adore ! Grâce à elle, nous pouvons espérer que les choses vont changer.

— Vous ne connaissez vraiment pas son nom ?

— Il me semble que c'est Waris quelque chose. Ce n'est pas vous, vous êtes sûre ?

J'ai baissé la tête.

— Non, moi je ne suis pas très courageuse.

J'avais honte de moi. Pourquoi avais-je eu si peur de revenir en Somalie ? Pourquoi avais-je craint d'être tuée ? Mes compatriotes savaient ce que j'avais fait et ils m'aimaient toujours, néanmoins. À New York, tout le monde m'avait mise en garde. « N'allez pas en Somalie. C'est beaucoup trop dangereux. » Je les avais crus. Je ne m'étais pas dit que je connaissais bien les gens de chez moi et qu'ils n'avaient aucune raison de me faire du mal. Quand j'avais appris par les médias que la Somalie était un pays en guerre, je l'avais cru. Pourtant, en mettant le pied sur son sol, je m'étais sentie tout de suite intégrée. Je n'avais pas eu peur un seul instant. En tant que femme, j'étais en colère contre la façon dont certains hommes me traitaient, mais la plupart des gens m'avaient accueillie à bras ouverts. Je n'avais entendu que des formules du genre : « Vous voulez que je vous montre ceci ? Venez, je vais vous faire visiter. Vous êtes déjà venue ? Vous avez déjà vu cela ? Vous ne pouvez repartir sans l'avoir vu. » Peut-être existe-t-il quelque part un clan de fous furieux, mais je n'avais jamais été menacée par des soldats ivres de *khat*. Le pays que j'avais vu était un beau pays, habité par des gens formidables.

Il est relativement facile de s'élever contre une pratique quand on est loin, de parler des mutilations génitales féminines devant une salle pleine d'étrangers, mais il faut du courage pour risquer d'être désavouée par sa propre famille, pour contester les croyances de quelqu'un qui vous fait face. Traiter des MGF en Occident ne posait pas de problème. Le véritable terrain de la lutte, c'est la Somalie. Allah m'a ramenée dans mon pays pour que je découvre ce qu'il fallait faire. Je Le supplie de me donner la force de trouver les mots pour m'adresser à mon peuple en des termes qu'il sera capable d'entendre et de comprendre. Au cours de mon séjour, j'ai appris combien il était difficile de changer. Mais je porte l'espoir en moi. J'aime mon pays. Si vous me demandez en cet instant même où j'ai envie d'être, je vous répondrai par la chanson qui parle de l'Afrique : « *Hello, Mama Africa, how are you doing ? I'm feeling good and I hope you are too.* »

Desert Dawn, la fondation de Waris Dirie, est une organisation à but non lucratif qui a pour mission d'améliorer le sort des enfants de Somalie en matière de santé, d'éducation et de perspectives d'avenir.

Desert Dawn apporte une aide sur le terrain à tous ceux qui partagent la vision de Waris, celle d'une Somalie où la famine, la maladie et la violence ne menaceront plus la vie, les espoirs et les rêves des enfants.

Desert Dawn Inc
320 East 65th Street
Suitte 116
New York
NY 10021

Table

9883

Composition
IGS

Achevé d'imprimer en Slovaquie
par NOVOPRINT
le 11 mars 2012.

Dépôt légal mars 2012.
EAN 9782290038932

ÉDITIONS J'AI LU
87, quai Panhard-et-Levassor, 75013 Paris

Diffusion France et étranger : Flammarion